DuMont Reise-Taschenbücher

Elsaß

In der vorderen Umschlagklappe: Übersichtskarte Nord-Elsaß

In der hinteren Umschlagklappe: Übersichtskarte Süd-Elsaß

Elsaß

Manfred Braunger

DuMont Buchverlag Köln

Umschlagvorderseite: Fachwerk in Niedermorschwihr
Umschlagklappe vorn: Balkenschmuck am Haus zum Kragen (1419) in
    Colmar
Umschlagklappe hinten: Blick vom Kloster Ste-Odile auf die Rheinebene
Umschlagrückseite: Detail einer Hausfassade in Turckheim (links) und
    Blick auf Kaysersberg (rechts)
Abbildung S. 1: Storch im Ecomusée de Haute-Alsace, bei Mulhouse
Abbildung S. 2/3: Landschaft im Weinbaugebiet bei Ribeauvillé

Über den Autor: Manfred Braunger, 1945 geboren, studierte Politikwissen-
schaften und absolvierte eine Ausbildung zum Redakteur. Er lebt als freier
Journalist und Autor in Freiburg. Bei DuMont erschienen von ihm der
Band ›Richtig reisen: Südwesten – USA‹ und die Reise-Taschenbücher
›Normandie‹ und ›Chicago & die großen Seen‹.

© 1992 DuMont Buchverlag, Köln
3. Auflage 1994
Alle Rechte vorbehalten
Satz und Druck: Rasch, Bramsche
Buchbinderische Verarbeitung: Bramscher Buchbinder Betriebe
Printed in Germany   ISBN 3-7701-3039-1

Inhalt

Land und Leute

Natur und Wirtschaft

Geschichte, Gesellschaft, Kunst und Kultur

Schlemmen im Elsaß

Unterwegs im Elsaß

Städtetriade am Fuße der Vogesen

Herbe Höhepunkte: Die Südvogesen

Route du Vin

In Straßburg an der Ill ▷

Land
und Leute

»Das Land der Vogesen und das Land
des Schwarzwaldes waren wie die
zwei Seiten eines aufgeschlagenen
Buches ...«

René Schickele

Natur und Wirtschaft

Geographie

Klima

Flora und Fauna

Wirtschaft

Am Fuße der Vogesen:
Blühendes Rapsfeld im Frühjahr

Geographie

»Klein, aber oho!« so ließe sich das Elsaß auf eine kurze Formel bringen. Mit einer Gesamtfläche von nur etwa 8280 km^2 ist es die kleinste Region Frankreichs, aber dennoch ein faszinierender und abwechslungsreicher Landstrich mit einer bewegten Geschichte und einer bodenständigen Bevölkerung. Von der Grenze zur Pfalz im Norden erstreckt sich das Elsaß über knapp 200 km bis beinahe nach Belfort an der Burgundischen Pforte im Süden. In Ost-West-Richtung nur bis zu 45 km breit, reicht die Region vom Rhein und seinen Niederungen bis hinauf auf den Vogesenkamm.

Drei unterschiedliche Gesichter prägen die Landschaft des Elsaß: die linksrheinische Tiefebene, dann die sich im Westen anschließenden Vorberge und schließlich die bis auf über 1400 m Höhe ansteigende Vogesenkette selbst mit ihren teils abgerundeten, teils schroffen Erhebungen.

Auf einer Länge von etwa 190 km bildet ›Vater‹ Rhein von Basel bis Lauterbourg die Grenze zwischen Baden-Württemberg und dem Elsaß. Bis ins 19. Jh. hinein brachte der Fluß den Anwohnern dieses Abschnitts mit Hochwasser und Überschwemmungen häufig Not und Elend. Zwischen 1817 und 1866 ließ man daher nach Plänen von Tulla (1770–1828) die berühmte Rheinkorrektion durchführen. Man begradigte den schleifenreichen Fluß, der dadurch insgesamt 82 km Länge einbüßte, und zwängte seine Wasser zwischen die aufgeschütteten Dämme. Eine negative Folge bestand in der Absenkung des Grundwasserspiegels, durch die zuvor landwirtschaftlich nutzbare Flächen versteppten und wertlos wurden.

Größere linksrheinische Nebenflüsse sind Ill, Moder, Zorn und Lauter. Bei Niffer, nördlich von Kembs, zweigt vom Rhein der Rhein-Rhône-Kanal ab. Der Hafen von Straßburg steht mit dem Nordelsaß durch den Rhein-Marne-Kanal in Verbindung.

Vom Rheinufer steigt die Landschaft in westlicher Richtung über die Kulturflächen in der Rheinebene sanft zu den Vorbergen der Vogesen an, die häufig von Burgen gekrönt sind. Eiszeitliche Lößablagerungen haben die Voraussetzungen für die Fruchtbarkeit dieses Hügellandes geschaffen, in dem Obst, Gemüse und vor allem Wein gedeihen. Auch das Klima kommt den landwirtschaftlichen Kulturen zugute; denn der Gebirgssaum gilt zu Recht als ›Sonnenbank‹ des Elsaß. Der Frühling kommt hier früher als in anderen Landesteilen.

Die ca. 170 km lange Vogesenkette ist ein Mittelgebirge, das sich im Tertiär, vor etwa 70 Mio. Jahren, parallel zum Einbruch der Oberrheinischen Tiefebene aufzufalten begann. Als Resultat der Vergletscherungen während der Eiszeit entstanden die abgeschliffenen

Steckbrief Elsaß

Größe und Lage: 8280 km^2 große Region im Nordosten Frankreichs; grenzt im Norden und Osten an Deutschland, im Süden an die Schweiz, im Westen an Lothringen

Geographische Struktur: Gliederung von Osten nach Westen in die Oberrheinische Tiefebene, die Vogesenvorberge und die Vogesenkette mit Erhebungen von mehr als 1400 m Höhe

Bevölkerung: 1,59 Mio. Einw. (1990)

Hauptstadt: Straßburg, ca. 256 000 Einw. (im Großraum 388 000)

Größere Städte: Mulhouse (220 000 Einw.); Colmar (80 000 Einw.); Haguenau (30 380 Einw.); Sélestat (15 900 Einw.)

Verwaltung: Dem seit 1982 von der Bevölkerung gewählten Ratsgremium steht als Vertreter der Zentralregierung ein Kommissar zur Seite; verwaltungstechnische Gliederung der Region in die Départements Bas-Rhin (mit Präfektur in Straßburg) und Haut-Rhin (mit Präfektur in Colmar)

Wirtschaft: Die bedeutendsten Industriebranchen sind Maschinenbau, Textil- und Nahrungsmittelindustrie (insbesondere Bierbrauerei) sowie die Elektro- und Elektronikindustrie; Bergbau: Kaliminen bei Mulhouse; Landwirtschaft: beschäftigt nur noch ca. 10 % der arbeitenden Bevölkerung, Schwerpunkt Weinbau

Bergkuppen und Karseen, wie Lac Blanc und Lac Noir, die zum landschaftlichen Reiz der Bergregion beitragen, aber auch als Trinkwasserreservoire von Nutzen sind.

Geographisch unterscheidet man zwischen Nord- und Südvogesen. Die Trennlinie bildet das Tal der Bruche, das sich zwischen Molsheim und St-Dié erstreckt. Die Nordvogesen mit dem 1009 m hohen Donon als höchster Erhebung blieben von der Hobelarbeit eiszeitlicher Gletscher weitgehend verschont. Dadurch erhielten sich die Buntsandsteinschichten über dem Granit und Gneis. Im Mittelalter machten sich die Herrschergeschlechter diese geographischen Gegebenheiten zunutze. Sie errichteten Burgen, die mit dem gewachsenen roten Felsen eine fast natürliche Einheit zu bilden scheinen. Steinmetze und Baumeister haben aus diesem Gestein das Material für viele weitere historische Bauten gebrochen, die Besucher noch heute begeistern. Für Wanderer sind die Sandsteinvogesen mit teils bizarren, zerklüfteten Formationen nicht minder interessant.

In den Südvogesen kann man die jahrtausendelange Gletscherarbeit vielerorts noch deutlich erkennen: Die Eismassen schliffen aufliegende Sandsteinschichten ab und förderten Granit- und Grauwackergestein zutage. Der rundgeschliffene Grand Ballon ist mit 1424 m die höchste Vogesenerhebung. Gegliedert werden die Südvogesen durch die Flüsse Doller, Thur, Lauch, Fecht, Weiss und Lièpvrette. Sie sammeln sich in der Ill, die in den Rhein mündet.

Klima

Die Luftmassen nähern sich dem Elsaß meist von Westen. Da die Vogesen von allen über 1000 m hohen Mittelgebirgen Westeuropas dem Meer am nächsten liegen, ist der Hauptkamm des Gebirgszuges eine Klimagrenze. Wenn Regenwolken auf die natürliche Barriere des Vogesenkamms stoßen, fallen zunächst auf seiner Westseite Niederschläge, während der steilere Ostabhang im Regenschatten liegt.

Auf den Hochlagen der Vogesen werden jährlich bis zu 2000 mm Niederschlag gemessen, der oft als Schnee fällt. Im Durchschnitt liegt etwa am Col de la Schlucht an der Route des Crêtes an 130 Tagen im Jahr Schnee, teilweise bis zu 200 cm hoch. Typisch sind jedoch plötzliche Tauwetter, so daß der Wintersport hier weniger populär ist als etwa im Schwarzwald.

Auf dem Vogesenkamm herrscht eine mittlere Jahrestemperatur von 3,1 °C. Demgegenüber ist es in den Vorbergen an seiner Ostseite und in der Rheinebene sowohl trockener als auch wärmer. Die Durchschnittstemperatur im Juli beträgt in Straßburg 19 °C, im kalten Januar liegt sie bei 0 °C. Im März, April und Mai, wenn aus Südfrankreich kommende Luftmassen durch die offene Burgundische Pforte bei Belfort strömen und im Oberrheingebiet die Kunde vom nahenden Frühling verbreiten, entfalten Mandelbäumchen, Aprikosen und Kastanien an den von der Sonne aufgeheizten Hängen des Elsaß ihre Blütenpracht und schaffen eine geradezu mediterrane Atmosphäre.

Flora und Fauna

In den unterschiedlichen Landschaften des Elsaß existiert eine ar-

Natur in der Arche Noah

Petite Camargue und Parc de Schoppenwihr

An den Gedanken, daß wir in einer von vielen Seiten bedrohten Natur leben, haben wir uns längst gewöhnt, und selbst die Hiobsbotschaft, es sei fünf vor zwölf, ist für viele zur bloßen Zeitansage verkommen. Andere setzen sich aktiv dafür ein, ökologische Nischen und unverbaute Naturräume zu erhalten. Im südlichen Elsaß existieren zwei solcher intakter Areale, für deren Schutz Bürgerbewegungen in den letzten Jahren erfolgreich kämpften. Das erste liegt auf der linken Rheinseite nördlich des Stadtgebietes von Basel und nennt sich Petite Camargue; beim zweiten handelt es sich um den Parc de Schoppenwihr nördlich von Colmar, den einzigen englischen Garten im Elsaß.

Durch den Beruf zum genauen Beobachter geworden, entdeckte der ehemalige Chefredakteur der Zeitung ›L'Alsace‹, Jean-Pierre Luttenbacher, im Jahr 1957 im Dreieck zwischen den Ortschaften Village-Neuf, Rosenau und St-Louis-la-Chaussée eine damals noch weitgehend unberührte Naturlandschaft, die an die Camargue im Rhône-Delta erinnerte. Als das 130 ha große Gebiet rund 18 Jahre später nach langem Hin und Her auf Druck einer kleinen Bürgerinitiative zum Naturschutzgebiet erklärt wurde, hatte sich der Name Petite Camargue bereits eingebürgert, und zahlreiche von der Wichtigkeit des Naturschutzes überzeugte Elsässer hatten sich zum Verein ›Freunde der kleinen Camargue‹ zusammengeschlossen.

Worin liegt denn nun die Besonderheit dieser Naturinsel? Sowohl auf elsässischer wie auf badischer Seite sind die Auenlandschaften am Rhein seit dem 19. Jh. nach und nach fast ganz verschwunden, eine Folge der vorwiegend unter Gottfried Tulla bis zum Jahr 1866 durchgeführten Rheinkorrektion. Der Karlsruher Ingenieur senkte in einem gigantischen Unternehmen den Wasserspiegel des Rheins, um das Umland gegen die häufigen Überschwemmungen abzusichern. Damit begannen für die ausgedehnten Auenlandschaften die Totenglocken zu läuten. Denn sie trockneten aus, und der für sie typischen Flora und Fauna wurden im wahren Sinne des Wortes die Lebensbedingungen abgegraben.

In der Petite Camargue hat ein kleiner Idyllwinkel dieser Auenlandschaft bis heute überlebt, wenngleich es längst nicht mehr Rhein-, sondern Grundwasser ist, das hier für Leben sorgt. Dazu zählen botanische Raritäten, die andernorts von den Rheinufern längst verschwunden sind. Über 200 Vogelarten und Reptilien haben in der Petite Camargue einen angemessenen Lebensraum gefunden. Kein Wunder, daß sie sich zu einem beliebten Freizeitgebiet entwickelte, für das nun durch den zunehmenden Besucherdruck eine neue Gefahr entstanden ist.

Etwas anders liegen die Dinge im Parc de Schoppenwihr nördlich von Colmar. Zwischen der Schnellstraße 83, der westlich davon verlaufenden Eisenbahnlinie sowie dem Flughafen Colmar-Houssen ›eingeklemmt‹, führt er ein wahres Aschenbrödeldasein. Kaum jemand kennt ihn. Die etwa 30 ha große, in Privatbesitz befindliche grüne Oase mit einheimischen und exotischen Baumarten – eine Rarität ist der wunderschöne Pagodenbaum *(Gingko biloba)* aus China – wird seit Jahren durch die Ausdehnung des Colmarer Industrieriviers bedrängt, hat aber in jüngster Zeit durch die tatkräftige Unterstützung des Vereins ›Les Amis du Parc de Schoppenwihr‹ offenbar ihr Überleben sichern können.

tenreiche Pflanzen- und Tierwelt. Die Vogesen gelten als ausgesprochen waldreiches Gebiet. Bis in Höhen von etwa 600 m wachsen neben Laubbäumen wie Buchen, Erlen, Ulmen und Kastanien insbesondere Fichten. Oberhalb dieser Höhenmarke findet man vorwiegend Weißtannen und Kiefern. Bei etwa 1200 m liegt die Baumgrenze, über der sich trotz der rauhen Wetterverhältnisse beispielsweise Heidekraut und Blaubeersträucher noch wohlfühlen. Eine Besonderheit der Hochvogesen ist die Vegetation in der Umgebung der Hochseen sowie in den Hochmooren, wo man unter anderem das in Büscheln wachsende weiße Wollgras finden kann.

Vielerorts auf den oberen Hochlagen trifft man auf eine reiche Al-penflora, zu der Habichtskraut *(Hieracium vogesiacum)*, Berganemonen *(Anemone narcissiflora)* und Traubensteinbrech *(Saxifraga aizoon)* gehören. Außerdem kann man den schönen, aber giftigen Fingerhut *(Digitalis-*Familie) finden, den ebenfalls giftigen Türkenbund *(Lilium martageri)*, Vogesenstiefmütterchen *(Viola lutea vogesiacum)*, Arnika *(Arnica montana)* oder die weiße Küchenschelle *(Pulsatilla)*. Botaniker werden in einigen Gebieten, etwa auf dem Hohneck-Gipfel, sehr seltene Spezies entdecken.

Eine Sehenswürdigkeit ganz besonderer Art ist in den Südvogesen im Frühling die Narzissenblüte, die Weiden und Bergwiesen, vor allem an der Westflanke, in gelbe Blumenteppiche verwandelt.

Die elsässische Rheinebene ist in erster Linie Kulturland, wo Mais, Roggen und Hafer angebaut werden und sich ausgedehnte Äcker mit Feldfrüchten wie Kartoffeln und Zuckerrüben ausbreiten. Auch Tabak kultivieren die Bauern und nicht zuletzt das beliebte Weißkraut, das als *choucroute* auf dem elsässischen Speisezettel einen prominenten Platz einnimmt.

Je weiter man sich in Richtung Vogesenvorberge bewegt, desto häufiger trifft man auf Rebgärten; denn der Weinanbau hat im Elsaß seit Jahrhunderten eine große Tradition und herausragende wirtschaftliche Bedeutung (s. S. 50 ff.).

Was die Tierwelt anbelangt, so hat sich die Artenvielfalt in den vergangenen Jahrhunderten durch die stärkere Besiedlung und Kultivierung des Landes reduziert. Noch im Mittelalter waren in den abgelegenen Vogesen Bären und Wölfe keine Seltenheit. Heute findet man neben Damwild noch Hasen, Wildkaninchen und Füchse vor sowie viele Vogelarten, unter denen sich der Storch als Wappenvogel des Elsaß besonderer Beliebtheit erfreut (s. S. 147). Einige Rheinzuflüsse weisen große Bestände an Regenbogenforellen auf.

Sonnenblumen bei Scherwiller

Wirtschaft

Unwillkürlich denkt man an sattgrüne Rebberge, übervolle Trau-
benbottiche, dunkle Kellergewölbe
mit nach Weißwein duftenden Fäs-
sern, an Krautäcker und Obstbäu-
me, wenn von der elsässischen
Wirtschaft die Rede ist. Das Elsaß
hat noch immer das Image einer
ländlichen Region.

Die trockenen Zahlen der Statistik zeichnen jedoch ein anderes
Bild. Kurz vor der Jahrhundertwende verdienten etwa 38 % aller er-
werbstätigen Elsässer ihr Brot in der
Land- und Forstwirtschaft. Doch
inzwischen ist dieser Anteil auf unter 10 % gesunken, weil vor allem
seit dem Ende des Zweiten Weltkriegs **Industriebranchen** wie Tex-
til, Maschinenbau, Nahrungs- und
Genußmittelindustrie (fast die Hälfte des französischen Biers wird im
Elsaß gebraut), Fahrzeugbau und
Elektro- sowie Elektronikindustrie
stark zugelegt haben (s. S. 20 f.).

Unter den Bodenschätzen sind
im Elsaß vor allem die riesigen Ka-
livorkommen bei Mulhouse, die zu
den größten der Erde zählen, ein
Wirtschaftsfaktor. Aus dem Rohstoff
werden in erster Linie Düngemittel
produziert. Weil die Kaliminen zur
Versalzung des Rheins beitragen,
sollen sie um die Jahrtausendwende geschlossen werden.

Die Struktur der **Landwirtschaft**
hat sich in den vergangenen Jahrzehnten verändert. Während im
zurückliegenden Jahrhundert die

Zahl der landwirtschaftlichen Betriebe insgesamt von etwa 173 000
auf heute ungefähr 27 000 ge-
schrumpft ist, nahm die Zahl von
Betrieben mit zehn und mehr Hektar Betriebsfläche zu, weil viele un-
rentable Kleinhöfe von der elsässischen Landkarte verschwanden.
Außerdem wurde mehr und mehr
Boden in Ackerland verwandelt,
das rund 62 % der agrarischen
Nutzfläche einnimmt. Neben Wei-
zen wird vor allem Mais angebaut.
Während der Getreideanbau einen
Boom erfuhr, hat sich die Grün-
landwirtschaft hingegen um etwa
den gleichen Prozentsatz verrin-
gert.

Der **Weinanbau** war von den
Veränderungen im Agrarbereich im
großen und ganzen nicht betroffen.
Wie eh und je produzieren die elsässischen Winzer auf heute rund
12 500 ha Fläche Erzeugnisse von
internationalem Rang. An der berühmten Route du Vin gibt es Gemeinden, wie Niedermorschwihr,
Kientzheim und Riquewihr, deren
Nutzfläche zu rund 90 % von Reben eingenommen wird. Und obwohl der Anteil des Rebbaus an der
gesamten landwirtschaftlich ge-
nutzten Fläche des Elsaß nur etwa
5 % ausmacht, erwirtschaften die
Weinbauern doch rund 25 % des
agrarischen Produktionswertes. Zu
Beginn der neunziger Jahre produzierten sie jährlich rund 1 Mio. hl
oder 125 Mio. Flaschen Wein mit
einem Gesamtwert von schät-
zungsweise 1,8 Mrd. Francs. Mit
einem Anteil von 93 % Weißwein

Dienstags ist Wochenmarkt in der Altstadt von Sélestat

ist das Elsaß Frankreichs führendes
Weißweinanbaugebiet.

Ein weiterer wichtiger Wirt-
schaftssektor ist der **Tourismus**.
Schätzungen zufolge kommen pro
Jahr etwa 9 Mio. Besucher ins Elsaß
(darunter 14 % Deutsche). Ende
der achtziger Jahre registriert man
auf der linken Rheinseite jährlich
etwa 5,5 Mio. Übernachtungen,
wovon allerdings rund ein Drittel
auf Geschäftsreisende entfiel. Dabei spielte Straßburg in seiner Eigenschaft als Europazentrum und
als drittgrößte französische Messe-
stadt eine wichtige Rolle. Die Be-
schäftigungsstatistik unterstreicht
den bedeutenden Anteil des Tourismus an der regionalen Wirtschaft.
Immerhin hat jeder dritte Elsässer
einen Arbeitsplatz in der Gastronomie, dem Hotelgewerbe oder einer
anderen mit dem Fremdenverkehr
verbundenen Branche.

Größter Flughafen im Elsaß ist
der EuroAirport Basel-Mulhouse,
der einzige bi-nationale Flughafen
der Welt, der drei Länder – Frankreich, die Schweiz und Deutschland – bedient. 1993 wurden dort
ca. 2 Mio. Passagiere abgefertigt.

Nicht nur Wein und Sauerkraut

Industriestandort Elsaß

Wer das Elsaß von Ferienaufenthalten oder Wochenendfahrten kennt, schätzt die ländliche Atmosphäre der Dörfer in der Rheinebene, die stimmungsvolle Gemütlichkeit der Winzerflecken in den ausgedehnten Weingärten der Vogesenvorberge. Daß die Region über eine Reihe gutentwickelter Industriezweige verfügt, bleibt vielen verborgen. Allein in den letzten 30 Jahren haben sich im Elsaß ungefähr 500 neue Unternehmen aus dem In- und Ausland niedergelassen. Dabei reicht die Palette von der amerikanischen Insulinfabrik bis zum japanischen Videokamerahersteller.

Was Wirtschaftsfaktoren wie Bevölkerungsdichte, Bruttoinlandsprodukt und Arbeitsplätze anbelangt, rangiert das Elsaß im Vergleich mit anderen Regionen Frankreichs unter den Spitzenreitern. Selbst im europäischen Vergleich schneidet die Wirtschaft gut ab. Unter den 160 Einzelregionen der EG nimmt das Elsaß Platz Dreizehn ein. Eine Reihe begünstigender Voraussetzungen haben dabei eine nicht unerhebliche Rolle gespielt: die geographische Lage an den Grenzen zu Deutschland und der Schweiz, die austauschfördernde Zweisprachigkeit und nicht zuletzt die industrielle Tradition.

Manufakturen haben zwischen Rhein und Vogesen eine lange Vergangenheit. Zwar war das Elsaß bis zum Ende des 18. Jh. ein typisches Bauern- und Winzerland. Aber Gewerbe und Handwerk nahmen im regionalen Wirtschaftsleben bereits einen wichtigen Platz ein. Erste Manufakturen entstanden dort, wo es Rohstoffe zu verarbeiten gab, wie Ton und Löß in der Rheinebene, woraus man Töpfereiwaren oder Ziegel brannte. Die Herstellung von Porzellan erlangte in Straßburg und Haguenau schon am Anfang des 18. Jh. Bedeutung. Als wenig später die Industrialisierung einsetzte, sollte der Raum Mulhouse eine Vorreiterrolle spielen. Im Jahr 1742 hatte dort die erste Fabrik der Textilbranche, die sich zum wichtigsten Industriezweig entwickelte, ihre Pforten geöffnet. Die Entscheidung Napoléons im Jahr 1806, die Kontinentalsperre zu verhängen und damit die Einfuhr von Baumwollstoffen aus England zu unterbinden, gab der elsässischen Textilfabrikation einen ungeheuren Auftrieb.

Mitte des 19. Jh. entstanden die ersten Eisenbahnlinien, die den Aufbau neuer Industriestandorte ermöglichten, etwa in Straßburg. Aber auch neue Wirtschaftssektoren wurden geschaffen, so daß das Elsaß heute über eine große Branchenvielfalt verfügt: von der Holzindustrie bis zum Bergbau, vom Maschinenbau bis zur chemischen Industrie und von der Bierbrauerei bis zur Sauerkrautproduktion. Diese Diversifizierung hat es der Region ermöglicht, wirtschaftliche Talsohlen relativ gut zu überstehen. Den Niedergang der Textilindustrie im Raum Mulhouse konnte beispielsweise die dort angesiedelte Automobilindustrie ausgleichen.

Anfang der achtziger Jahre litt das Elsaß zwar unter hoher Arbeitslosigkeit, doch hat sich die Situation in der zweiten Hälfte der Dekade entspannt, unter anderem weil das Interesse neuer Investoren geweckt werden konnte. Japan engagiert sich mehr und mehr auf der linken Rheinseite: Bei Ribeauvillé fertigt ein japanischer Hersteller Videokameras und Compact Discs, bei Colmar laufen Fotokopierer vom Band, und in Saverne hat sich ein Hifi-Unternehmen angesiedelt. Um japanische Unternehmer und Fachkräfte mit der elsässischen Mentalität und Sprache vertraut zu machen, wurde in Kientzheim eine Privatschule für Nippons Töchter und Söhne eingerichtet.

Was den elässischen Wirtschaftsplanern von Zeit zu Zeit Kopfzerbrechen bereitet, ist die Tatsache, daß rund 35 % aller elsässischen Arbeitsplätze von ausländischen Firmen bereitgestellt werden. Zudem überqueren täglich Zehntausende von Elsässern den Rhein, um im benachbarten Ausland einer bezahlten Tätigkeit nachzugehen. Aber derlei Sorgen ob eventueller Abhängigkeiten werden durch die Aussicht eines vereinten Europa mehr und mehr zerstreut. Für eine grenzübergreifende französisch-schweizerisch-deutsche Zusammenarbeit am Oberrhein gibt es gute Aussichten. Im Jahr 1990 haben sich zum Beispiel die Oberbürgermeister aus 16 Städten des Elsaß, der Nordschweiz und Südbadens in Freiburg darauf geeinigt, ihre Vorstellungen von einem regionalen Entwicklungskonzept stärker zur Geltung zu bringen. Die Idee war im Grunde genommen nicht neu. Sie knüpft an den Zehnstädtebund an, der im 14. und 15. Jh. oberrheinische Reichsstädte im Zweckverband Dekapolis vereint hatte (s. S. 26).

Eine wichtige Rolle wird in diesem Zusammenhang die Verbesserung der Kommunikationssysteme und der Verkehrsverbindungen spielen. Auf die vorhandenen Mißstände machen nicht zuletzt die rund 50 000 Pendler aufmerksam, die im Dreiländereck täglich die Grenzen überqueren. Ein regionales Raumplanungsschema für das Elsaß und seine Nachbarregionen ist deshalb Voraussetzung für eine enge wirtschaftliche und politische Zusammenarbeit am Oberrhein.

Geschichte,
Gesellschaft,
Kunst
und Kultur

Daten zur Geschichte

Bevölkerung
und Brauchtum

Architektur

Malerei und Bildhauerei

Literatur

Figurenschmuck am Westportal des Thanner
Münsters St-Thiébaut

Daten zur Geschichte

um 2000 v. Chr.	Durch den Zustrom von Zuwanderern in die nachweislich seit der Altsteinzeit besiedelte Region gewinnt die bisher dünne Besiedlung am Oberrhein an Dichte
um 1500 v. Chr.	Bau der über 10 km langen ›Heidenmauer‹ auf dem Mont Ste-Odile (Odilienberg) durch Kelten, die auf dem Gebiet zwischen linkem Rheinufer und den Vorbergen der Vogesen siedeln
58 v. Chr.	Von den Kelten zu Hilfe gerufen, besiegen Cäsar und seine römischen Truppen in der Nähe von Mulhouse den germanischen Heerführer Ariovist, der mit seinen Sueben den Rhein überschritten hat und sie im Elsaß siedeln läßt
52 v. Chr.	Die von Vercingetorix geführten Kelten unterliegen nach anfänglichen Erfolgen den Römern. Im Jahr 46 v. Chr. wird der Keltenfürst hingerichtet
16 v. Chr.	Gründung der Militärsiedlung Argentoratum, Keimzelle der Stadt Straßburg, an der Ostgrenze des römischen Reiches
260	Alemannen überrennen den römischen Limes und dringen ins Elsaß ein
357	Römische Legionen schlagen nach Westen vordringende Alemannen bei Straßburg zurück
ab 389	Alemannen überschreiten den Rhein und siedeln im Elsaß. Im Jahr 406 erobern sie Straßburg. Die römische Herrschaft beginnt zu zerfallen
496	Die Konfrontation zwischen Franken und Alemannen nimmt zu. Mit dem Sieg des Merowingerkönigs Chlodwig über die linksrheinischen Alemannen wird das Elsaß ins Frankenreich integriert, das in Zentraleuropa an Bedeutung gewinnt
5.–7. Jh.	Das Christentum breitet sich in der Region aus, nicht zuletzt durch das Wirken des irischen Missionars Columbanus, der um die Wende zum 7. Jh. im Frankenreich und bei den Alemannen viele ›Heiden‹ bekehrt
625–639	Unter dem Merowingerkönig Dagobert I., Sohn Clothars II., wird die Abtei Wissembourg gestiftet
um 640	Gründung des Herzogtums Elsaß, das vom Geschlecht der Etichonen beherrscht wird. Herzog Etichos Tochter, die heilige Odilia, stiftet ein Kloster auf dem Mont Ste-Odile
um 727	Gründung der Abtei Murbach

803	Erste Erwähnung von Mulhouse als Mühlensiedlung am Flüßchen Ill
833	Schlacht auf dem ›Lügenfeld‹ bei Colmar: Ludwig der Fromme, Sohn Karls des Großen, der das Frankenreich zunächst unter seinen Söhnen Lothar, Pippin und Ludwig aufgeteilt hat, aber 829 in einem neuen Teilungsvertrag auch seinen Sohn Karl aus zweiter Ehe berücksichtigt, unterliegt gegen seine aufständischen Söhne. Kurze Zeit später wird er von Ludwig und Karl wieder auf den Thron gesetzt
842	Karl der Kahle und Ludwig der Deutsche besiegeln 842 gegen die Interessen ihres Bruders Lothar I. in den ›Straß-

Straßburger Eide
von 842, Holz-
stich um 1880

25

burger Eiden‹ die Teilung des Reiches. Dieser Bündnisschwur, in Altfranzösisch und Althochdeutsch abgelegt, zählt zu den ältesten Dokumenten in diesen beiden Sprachen überhaupt

843 Im Vertrag von Verdun wird das Frankenreich geteilt: Das Ostreich erhält Ludwig der Deutsche, das Westreich Karl der Kahle, das Mittelreich beherrscht Lothar I.

867/68 Der Geistliche Otfried von Weißenburg vollendet die für die deutsche Dichtkunst bedeutende Evangelienharmonie

870 Durch den Vertrag von Mersen wird das Elsaß dem ostfränkischen Reich unter Ludwig dem Deutschen zugeschlagen

880 Kaiserin Richardis, Gemahlin von Kaiser Karl III., gründet das Kloster Andlau

925 Unter König Heinrich I. wird das Elsaß mit Schwaben zum ›Herzogtum Schwaben und Elsaß‹ zusammengeschlossen

1048–54 Mit Leo IX. (Bruno von Dagsburg) besteigt der erste ›Elsässer‹ den Papstthron

1075 Friedrich von Staufen (ehedem von Büren) erhält das Elsaß als Lehen

11.–13. Jh. Unter der Herrschaft der Staufer gehört das Elsaß zum Kern der staufischen Besitzungen. Friedrich Barbarossa errichtet sich in Haguenau eine Kaiserpfalz, nachdem schon sein Vater Friedrich II. (1105–1147), Herzog von Schwaben und Elsaß, die Haut-Kœnigsbourg bei Sélestat gegründet hat. Die zahlreichen Kirchen- und Burgbauten zeugen von einer kulturellen Blütezeit

1135 Der Sundgau (Südelsaß) gelangt unter habsburgische Herrschaft

1226 Colmar wird Freie Deutsche Reichsstadt

Mitte 13. Jh. Niedergang der Stauferherrschaft nach 1238. Das Elsaß zerfällt in einen Flickenteppich kirchlicher und weltlicher Territorien. Straßburg ist zu jener Zeit die politische, wirtschaftliche und kulturelle Metropole der Oberrheinregion

1339–1453 Der Hundertjährige Krieg zwischen Frankreich und England, ausgelöst durch die Annahme des französischen Königstitels seitens Edwards III. von England, zieht auch das Elsaß in Mitleidenschaft. Mit einigen Unterbrechungen setzen sich die Kriegshandlungen bis 1453 fort

1354 Gründung des Zehnstädtebundes: Unter der Führung von Haguenau schließen sich zehn Städte (ohne Straßburg und Mulhouse) zusammen, um ihre Territorien und ihre

Freiheit zu sichern. Pilgerfahrt von Kaiser Karl IV. zum Grab der heiligen Odilia

1439 und 1444 Die Armagnaken (Söldnertruppen des französischen Königs, die im Hundertjährigen Krieg für Frankreich gegen Burgund und England eingesetzt wurden) ziehen marodierend durch das Elsaß

um 1445 Der gebürtige Mainzer Johannes Gutenberg, der in Straßburg lebt, erfindet den Buchdruck mit bleigegossenen, beweglichen Lettern. Die sogenannte Gutenbergbibel wird in Mainz gedruckt

1469–77 Das Oberelsaß wird an Karl den Kühnen verpfändet und gelangt so unter die Herrschaft Burgunds, bis Karl 1477 fällt

1493 Erste Erhebung der im ›Bundschuh‹ organisierten Bauern

ab 1520 Das Gedankengut der Reformation verbreitet sich

1525 Herzog Anton von Lothringen umzingelt mit Hilfe flandrischer Söldner bei Scherwiller einen Bauernhaufen. Seine Landsknechte erschlagen sämtliche 18 000 Aufständischen. Die Reichstädte im Elsaß schließen sich der Reformation an

1580 Mit der Gründung eines Jesuitenkollegs (später Universität) wird Molsheim zum Zentrum der Gegenreformation

1618–48 Der Dreißigjährige Krieg wütet auch im Elsaß. Weite Landesteile entvölkern sich. Mit dem Westfälischen Frieden von 1648 fallen die habsburgischen Besitzungen (Sundgau) sowie die Vogtei über die Reichstädte im Elsaß an Frankreich

1621 In Straßburg wird die erste Universität gegründet

1675 Marschall Turenne vertreibt mit seinem Sieg bei Turckheim die kaiserlich-habsburgische Rheinarmee aus dem Elsaß

1681 Nach seiner Eroberung durch Louis XIV. gelangt auch Straßburg unter französische Herrschaft

1789–80 Mit der Französischen Revolution endet die Zeit der absolutistischen Herrschaft. Schaffung der beiden Départements Haut-Rhin (Hauptstadt Colmar) und Bas-Rhin (Hauptstadt Straßburg)

1798 Mulhouse wird französisch

1834 In Colmar kommt der spätere Bildhauer Frédéric Auguste Bartholdi zur Welt

1840 Mit der Inbetriebnahme der Linie Straßburg–St-Louis beginnt im Elsaß am 19. September das Eisenbahnzeitalter

Versailler Friedenskonferenz 1919

1870–71	Nach dem Deutsch-Französischen Krieg wird Elsaß-Lothringen durch den ›Frankfurter Frieden‹ Teil des Deutschen Reiches. Fortan bestehen zwischen Frankreich und Deutschland Spannungen wegen dieses Gebiets
1914–18	Zahlreiche Dörfer und Städte des Elsaß sind von den Kriegshandlungen im Ersten Weltkrieg besonders stark betroffen
1919	Laut Versailler Vertrag, der das Ende des Ersten Weltkrieges besiegelt, wird Elsaß-Lothringen wieder französisch
1939–45	Während des Zweiten Weltkrieges läßt Hitler das Elsaß dem nationalsozialistischen deutschen Staat einverleiben, ein Übergriff, der mit der Niederlage Deutschlands endet
1949	Gründung des Europarats, der seinen Sitz in Straßburg erhält
1952	Der Elsässer Albert Schweitzer, geboren in Kaysersberg, wird mit dem Friedensnobelpreis ausgezeichnet
1958	Straßburg wird zum Sitz des Europäischen Parlaments erhoben
1993	Eröffnung des Kulturzentrums La Filature in Mulhouse

Bevölkerung und Brauchtum

Rund 1,6 Mio. Einwohner zählt die Region heute. Ein Viertel davon lebt im Ballungsgebiet Straßburgs, der größten elsässischen Stadt. Mit rund 220 000 Einwohnern folgt Mulhouse, das sich zu einem wichtigen Verkehrszentrum im Dreiländereck entwickelte. Auf dem dritten Platz unter den größten Städten des Elsaß rangiert Colmar mit rund 80 000 Einwohnern. Etwa die Hälfte der Landeskinder lebt in schmucken Dörfern mit herausgeputzten Fachwerkhäusern, meistens eingebettet in ein grünes Rebenmeer.

Über ›den‹ Elsässer, seine Ursprünge und seine Mentalität sind Bände geschrieben worden – auch deshalb, weil der Region in ihrer jüngsten Geschichte ein mehrmaliger Nationalitätenwechsel diktiert wurde. In über zweitausend Jahren prägten Kelten, Römer, Alemannen, Franken, Franzosen und Deutsche, die alle am linken Oberrhein ihre kulturellen Spuren hinterließen, den Landstrich und seine Bewohner. Längst sind diese Einflüsse zu einer ausgeprägten, eigenständigen Kultur verschmolzen.

Unter den grenzübergreifenden Gemeinsamkeiten am Oberrhein sticht eine ganz besonders hervor. Hüben wie drüben feiern die Menschen gern – ein durchaus sympathischer Zug. Im Elsaß spiegelt sich in zahlreichen Festen und Veranstaltungen die Lust auf weltliche Genüsse, aber auch das Traditionsbewußtsein der Bevölkerung. Anlässe, zu denen sich die Menschen versammeln, gibt es das ganze Jahr über. Eines der ältesten Feste ist der Pfeifertag in Ribeauvillé: Gaukler und Spielleute des Elsaß kommen zusammen und wählen in Anknüpfung an eine 600jährige Tradition alljährlich den Pfeiferkönig. Die gesamte Innenstadt von Ribeauvillé wird anläßlich dieses Festtages gesperrt, um berittenen Herzögen, Burgfräuleins, rauschebärtigen Knappen und prachtvoll gewandeten Hofdamen Platz zu schaffen.

Elsässische Trachten sieht man heute selbst bei Festakten nur noch selten. Eine Ausnahme ist etwa das mit einer Trachtenschau verbundene Weinfest in Barr. Die traditionellen Gewänder kamen im Elsaß in den Nachkriegsjahren noch schneller und gründlicher aus der Mode als im benachbarten Baden. Selbst an hohen kirchlichen Feiertagen schmücken sich die Elsässer nicht mehr selbstverständlich mit ihren Trachten. Links wie rechts des Rheins hat die Kleiderordnung der modernen Industriegesellschaft den schönen historischen Festtagsputz in die Vitrinen der Museen verbannt. Neben Modegesichtspunkten sind dafür wirtschaftliche Gründe verantwortlich. Denn häufig sind die alten Stücke abgetragen und bedürfen der fachgerechten Ausbesserung oder eines Ersatzes – eine meist kostspielige Angelegenheit.

Elsässerinnen in Festtagsputz: Die historischen Trachten der Region

Die ursprünglichen historischen Trachten der Region waren bereits in der zweiten Hälfte des 19. Jh. weitgehend verschwunden. Doch nach dem Deutsch-Französischen Krieg von 1870/71 leiteten die Deutschen auf der linken Rheinseite eine Trachtenrenaissance ein. Französische Grafiker und Maler wurden herangezogen, um Entwürfe für neue elsässische Volksgewänder anzufertigen, die letztendlich die veränderte nationale Zugehörigkeit des Elsaß auch im Bereich der Volkskunst und des Brauchtums dokumentieren sollten.

Seit einigen Jahren gibt es nun im Elsaß unterschiedliche Initiativen, alte Trachten auf der Basis von historischen Dokumenten zu rekonstruieren und wiedereinzuführen. In Thann existiert etwa eine kleine Gruppe, die an altes Brauchtum anknüpft und zu bestimmten Anlässen die traditionelle Festtagskleidung aus der Zeit vor 1830 trägt. Die Frauen setzen dann ihre engsitzenden Spitzenhauben auf, die Männer den ›Nabelspalter‹ genannten Dreieckshut, der schon Ende des 18. Jh. verbreitet war.

Das heute bekannteste und häufig auf Folklorefotos zu sehende Detail der elsässischen Tracht ist der Schleifenkopfschmuck der Frauen, der zu Beginn des Jahrhunderts im Rahmen der deutschinspirierten Trachtenrenaissance von einem in deutschen Diensten stehenden Colmarer Zeichner entworfen wurde. Die Unterkappe besteht meist aus schwarzem, mit Stickereien ver-

Kutscher in Obernai präsentiert sich in traditionellem Gewand

ziertem Samt. Vom Hinterkopf werden dann breite Seidenbänder nach vorne um diese Kappe gewunden und über dem Scheitel zu einer flügelartigen Schleife verknüpft, die meist aus schwarzer, bei Unverheirateten auch aus roter Seide besteht. Im alten Château des Rohan in Saverne gibt es eine Sammlung von Trachtenkopfschmuck (s. S. 223).

Elsässerditsch

Gerangel um eine Sprache

Der Gedanke ist bestechend einfach und logisch. Warum, so fragt sich der elsässische Schriftsteller und Poet André Weckmann, warum soll eigentlich eine Grenzlinie nur trennen und nicht auch verbinden? Gerade am Oberrhein, wo drei Landes- und zwei Sprachgrenzen aufeinandertreffen, bestünde doch die Chance, diesen Grenzen ihre separierende Funktion zu nehmen und die sprachlich-kulturellen Gemeinsamkeiten zu verstärken: Das Dreiländereck als Kern eines geeinten Europa unter Wahrung der Vielfalt der Kulturen ...

André Weckmanns Vorschläge kommen nicht von ungefähr. Seit geraumer Zeit macht man sich im Elsaß Gedanken über die Sprachentwicklung. Denn eine Studie des René-Schickele-Kreises, einer Initiative für die Zweisprachigkeit in Elsaß-Lothringen, ergab, daß der Elsässerdialekt in den kommenden 25 bis 30 Jahren aussterben wird, wenn die derzeitigen Tendenzen anhalten. Damit würde, so die Initiatoren der Studie, ein Stück regionaler Identität für immer verlorengehen.

In den elsässischen Schulen, so wissen die Lehrkräfte, nehmen die Kenntnisse der deutschen bzw. elsässischen Sprache rapide ab. Deshalb wurde im Dezember 1990 eine ›Elternvereinigung für die Zweisprachigkeit vom Kindergarten an‹ gegründet. Diese Initiative beruft sich auf einen ministeriellen Beschluß aus dem Jahr 1982, der die Einrichtung von zweisprachigen Klassen vorsieht, sofern die Eltern dies wünschen. Im Baskenland und der Bretagne unterhält die nationale Schulbehörde bereits solche Klassen.

Andere Eltern schützten ihre Kinder vor dem Elsässerdeutsch wie vor einer Krankheit, und da hilft auch der Hinweis nicht, daß große Geister wie Schiller und Dürrenmatt, Horvath und Gryphius wesentlich zwangloser mit ihren ›Dialekten‹ umgingen. Nicht nur in Schulen und Kindergärten gibt es Anzeichen für ein Aussterben des Elsässischen. Die sinkenden Auflagen der zweisprachigen Regionalzeitungen ›Alsace‹ in Mulhouse und ›Dernières Nouvelles d'Alsace‹ in Straßburg bringen den Trend deutlich zum Ausdruck.

Ein Silberstreifen am Sprachhorizont ist 1992 für all jene aufgetaucht, die sich um den Erhalt des Elsässischen in der Region bemühen. In Straßburg lösten die Pläne der Stadtverwaltung, rund 60 Straßen- und Platznamen mit elsässischen oder deutschen ›Untertiteln‹ zu versehen, heftige Diskussionen aus. Nicht nur im Elsaß schlug dieses Thema hohe Wellen, sondern auch im übrigen Frankreich. Es galt zu entscheiden, ob Straßenschilder in der Europastadt überhaupt zweisprachig gehalten werden sollten und, wenn ja, ob mit elsässischen oder deutschen Namen. Schließlich verständigte man sich auf eine Kompromißlösung. Die ›Zweitnamen‹ sind elsässisch, werden aber so geschrieben, daß Deutsche sie mühelos verstehen. Während man in Straßburg noch diskutierte, machte der Gemeinderat von Sélestat bereits Nägel mit Köpfen. Heute ist auf dem Ortsschild neben Sélestat bereits die Bezeichnung Schlettstadt zu lesen – und rund 50 andere Schilder folgten diesem Beispiel.

Nach dem Zweiten Weltkrieg sprachen und verstanden noch etwa 95 % der Elsässer das ›Elsässerditsch‹. Heute sind es noch rund 65 %. Aber ein fast ebenso hoher Anteil weigert sich, seinen Kindern diesen regionalen Dialekt, den manche auf keltische oder romanische Ursprünge zurückführen, weiterzugeben. Zwei Gründe dafür wurden von der Schickele-Erhebung ausfindig gemacht: Erstens betrachten viele Eltern den Dialekt als unnütz, und zweitens fürchten sie für ihre Kinder Nachteile beim Erlernen der französischen Sprache. Zumindest in diesem Punkt vertreten Zehntausende von Elsässern eine andere Meinung. Das sind jene, die tagtäglich über die Grenze zu ihren Arbeitsplätzen in die Schweiz oder nach Deutschland fahren und dort von ihrer Zweisprachigkeit profitieren.

Die Untersuchung des Schickele-Kreises zeigt, daß dem Elsässerdialekt seit Kriegsende ein negatives Image anhaftet, ein Resultat der unseligen deutsch-französischen Vergangenheit. So sollten denn auch deutsche Besucher der Region wissen, daß Deutschtümelei im Elsaß verpönt ist. Wer sich zumindest um ein paar Brocken Französisch bemüht, wird dagegen erfahren, daß ein Elsässer – so er kann – gern mit ein paar deutschen Vokabeln weiterhilft. Die Zweisprachigkeit könnte zukünftig eine große Chance haben, wenn es auch auf deutscher Seite entsprechende Bemühungen gäbe. Dann nämlich könnte am Oberrhein die Basis für eine deutsch-französische Verständigung im Sinne des Wortes geschaffen werden und zugleich ein Kern für ein multikulturelles Europa entstehen.

Nach dem Ende des Zweiten Weltkrieges waren die französischen Behörden bemüht, die vermeintlich ›eingedeutschten‹ Elsässer sprachlich umzuorientieren. Es galt als vornehm, Französisch zu sprechen. Heute erinnern sich viele ältere Elsässer dieser Kampagne und konstatieren selbstbewußt: »Es ist vornehm, Elsässisch zu sprechen.«

Architektur

Erstmals prägten die **Römer** der Kulturlandschaft im Elsaß einen markanten Stempel auf: Zum Schutz ihrer Provinz am Oberrhein errichteten sie Militärsiedlungen wie Castrum Argentoratum (Straßburg), aber auch Militärstraßen wie die Oberrheinstraße von Augst über Straßburg nach Speyer oder die Verbindung vom Schwarzwald über Straßburg nach Lothringen, die nicht nur die Truppenbewegungen, sondern schließlich auch den Güter- und den geistigen Austausch erleichterten.

Im frühen Mittelalter entstanden im Zuge der Christianisierung die ersten Klosterniederlassungen, um die sich später Marktplätze mit Gewerbesiedlungen, ja sogar Städte herausbildeten wie im Falle Wissembourgs. Darüber hinaus kamen aus den Abteien entscheidende Anstöße für die wirtschaftliche und geistig-künstlerische Entwicklung, vor allem auch für die Baukunst im Elsaß.

Seit Beginn des 11. Jh. schuf man eine Vielzahl sakraler und profaner Bauten im Stil der **Romanik**. Aus dieser Zeit stammt noch der sogenannte Dompeter in Avolsheim, vermutlich die älteste Kirche des Elsaß. Zwar wurde sie erst im Jahr 1049 von Papst Leo IX., einem gebürtigen Elsässer, eingeweiht, doch erhebt sie sich auf karolingischen bzw. vorkarolingischen Fundamenten. Wahrscheinlich etwas früher,

nämlich um die Jahrtausendwende, entstand nur wenige hundert Meter entfernt die Taufkapelle Chapelle St-Ulrich, ein zentraler Rundbau mit vier hufeisenförmigen Apsiden, der über die Jahrhunderte mehrfach verändert wurde. Nur der Innenraum mit Fresken aus der Zeit um 1160 blieb im Original erhalten.

Die berühmte Kirche von Ottmarsheim, eindeutig am Vorbild der in Aachen stehenden Pfalzkapelle Karls des Großen orientiert, wurde ebenfalls kurz nach der Jahrtausendwende errichtet. Als eine von nur vier Rundkirchen in Mitteleuropa gehört sie zu den herausragenden Beispielen der ottonischen Architektur.

Auch die Kirchen von Rosheim, Marmoutier, Sélestat sowie Murbach sind großartige architektonische Zeugnisse des von christlichem Glauben und Selbstbewußtsein geprägten Zeitgeistes. Elsässische Baumeister verbanden in der Hochblüte der Baukunst unter der Stauferherrschaft karolingische und ottonische Merkmale mit Einflüssen aus der Lombardei und Burgund. Die Meisterwerke dieser Epoche lassen vor allem in der Architekturplastik regionale Eigenarten erkennen. Typisch für die romanischen Bauwerke im Elsaß ist auch die Kombination von Sandsteinblöcken unterschiedlicher Färbung.

Zur Zeit der Staufer entstanden neben romanischen Kirchen zahlreiche Burgen. Bis das Elsaß Jahr-

Durchs Zeitalter der Staufer

Der elsässischen Romanik auf der Spur

Perle der Romanik: Kirche in Ottmarsheim mit oktogonalem Zentralbau

Lange Zeit führten die Meisterwerke romanischer Baukunst im Elsaß ein Schattendasein – zumindest auf den Landkarten von Urlaubsplanern. Das hat sich 1990 geändert: Das elsässische Denkmalschutzamt hat mit Hilfe des renommierten einheimischen Kunsthistorikers Claude-Gérard Benni Routen durch das südliche, mittlere und nördliche Elsaß ausgearbeitet, die durch insgesamt 29 Ortschaften und zu einer Vielzahl architektonischer Kostbarkeiten des Mittelalters führen und jedem Kunsthistoriker das Herz höherschlagen lassen. Die Städte Colmar und Straßburg blieben auf den Streckenplänen unberücksichtigt, weil deren kunsthistorische Sehenswürdigkeiten ohnehin bekannt sind.

Mit den Stauferkaisern (1075–1238) setzte im Elsaß eine einmalige kulturelle Blütezeit ein. Die damals geschaffenen steinernen Kunstwerke – Kirchen und Klöster, Burgen und Festungsanlagen – liegen über die ganze Region verstreut. Die ersten romanischen Bauwerke entstanden allerdings schon vor 1075, als Friedrich von Büren das Elsaß und das Herzogtum Schwaben als Lehen erhielt. So finden sich in der Krypta unter dem Straßburger Münster Spuren eines frühromanischen Vorgängerbaus, dessen Errichtung 1015 von Bischof Werinher veranlaßt wurde. Und 1049 weihte Papst Leo IX. zwei Kirchen ein, die heute als älteste romanische Sakralbauten des Elsaß gelten.

Im 12. Jh., der Zeit der Hochromanik, erreichte die Bautätigkeit der Staufer am linken Oberrhein ihren Höhepunkt. Neben Burgen wie Château St-Ulrich über Ribeauvillé (s. S. 165) wurden Klöster errichtet, von denen die Abteikirche Murbach (s. S. 144) und die Benediktinerabtei Marmoutier (s. S. 227 f.) verblieben sind – um nur zwei Beispiele zu nennen.

Eine Studienfahrt in die Zeit der Romanik kann im Süden des Elsaß im Örtchen Feldbach (Sundgau, s. S. 190) beginnen, um dann nach einem Abstecher nach Ottmarsheim am Rhein (bei Mulhouse, s. S. 195 f.) in das Tal des Flüßchens Lauch hinaufzuführen: Guebwiller, Murbach und Lautenbach präsentieren sich dort als ›romanische Dreifaltigkeit‹ (s. S. 144). An der Weinstraße (s. S. 139 ff) lassen sich zahlreiche Kleinode der mittelalterlichen Architektur entdecken: In Rouffach, Pfaffenheim, Gueberschwihr, Hattstatt und Eguisheim. Nördlich von Colmar führt die Romanikroute durch Sigolsheim, Kaysersberg, Ribeauvillé, Sélestat, Epfig, Andlau, Rosheim und Avolsheim nach Marmoutier, einer Hochburg der romanischen Baukunst. Südlich des Städtchens Saverne ist das Château du Haut-Barr (s. S. 226) unbedingt sehenswert, bevor man St-Jean-lès-Saverne und Neuwiller-lès-Saverne (s. S. 228 ff.) nördlich der Stadt und im Nordosten des Elsaß Haguenau (s. S. 210 ff.), Surbourg (s. S. 215) und Wissembourg (s. S. 216 ff.) ansteuert. Altenstadt ist die letzte Station der *Route Romane*.

Diese Straße der Romanik, die von Feldbach im Sundgau bis nach Wissembourg/Altenstadt an der deutsch-französischen Grenze im Norden führt, ist keine in sich abgeschlossene kunsthistorische Route. Denn das Wirkungsfeld von Benediktinern und Staufern, denen eine Vielzahl romanischer Meisterwerke zu verdanken ist, reichte weit über die Grenzen des Elsaß hinaus. Man denke nur an die architektonischen Kostbarkeiten in Speyer oder Worms. So betrachtet ist die elsässische *Route Romane* nur ein kleiner Abschnitt einer im Prinzip durch ganz Mitteleuropa verlaufenden Romanikstraße. Dennoch: mit Bauwerken wie denen von Murbach und Marmoutier spielt die Region auf dieser Route nicht nur eine geographisch zentrale Rolle.

hunderte später in das französische Königreich eingegliedert wurde, war die Region in eine Vielzahl von Territorien zersplittert, so daß die Höhen der Vogesen mit Burgen und Befestigungsanlagen verschiedener Herrschergeschlechter übersät sind. Als besonders schöne Beispiele des romanischen Stils gelten Château St-Ulrich bei Ribeauvillé, dessen Baubeginn im frühen 12. Jh. lag, sowie die Kapelle des Château du Haut-Barr bei Saverne, die aus der zweiten Hälfte des 12. Jh. stammt und mit Lisenen und Rundbogenfriesen geschmückt ist. Zwei weitere bedeutende Burgen stehen ›mit den Füßen‹ in der Romanik: Sowohl die Haut-Kœnigsbourg als auch die spektakuläre, teils aus dem gewachsenen Felsen herausgehauene Burg Fleckenstein wurden im 12. Jh. gegründet.

Im Hochmittelalter bildeten sich dann zahlreiche Städtchen heraus, zumeist im Rebland gelegen. Der Wohlstand der Winzergemeinden schlug sich in wunderschönen Bürgerhäusern und auffallend großen Rathäusern nieder, wie man sie noch vielerorts entlang der Route du Vin bewundern kann.

Ist im Elsaß die romanische Stilepoche vor allem mit dem Namen der Staufer verbunden, so gilt ein ähnliches Verhältnis zwischen der **Gotik** und dem Geschlecht der Habsburger. Ausgehend von der Ile de France, begann sich der gotische Stil seit Ende des 12. Jh. im Elsaß durchzusetzen, um im vielgerühmten Straßburger Münster einen überregional anerkannten Höhepunkt zu erreichen. In der Tat ist der Eindruck, den das Münster auf seine Besucher macht, gewaltig, besonders die Westfassade mit dem reichdekorierten Portal und der darüber befindlichen Rose. Trotz seiner Größe strahlt der Monumentalbau eine gewisse Leichtigkeit aus. Die Arbeiten begannen bereits im Jahr 1176, endeten aber erst 1439, als der Turm fertiggestellt war. Die Hauptbauphase lag in der Zeit zwischen 1284 und 1318, der Hochblüte der Gotik, als Erwin von Steinbach die Münsterbauhütte leitete.

Auch in anderen Städten entstanden damals Gotteshäuser mit beispielhaftem Charakter für diese Stilepoche. Zu den schönsten zählt die Eglise St-Thiébaut in Thann, in der sich die Stilgeschichte von der nüchternen Frühgotik (im südlichen Seitenschiff) über die ausgereifte Hochgotik (im Chor und Mittelschiff) bis hin zum Flamboyant-Stil der Spätgotik (nördliches Seitenschiff und Turm) eindrucksvoll präsentiert. Weitere Bauwerke von Rang sind die ehemalige Jesuitenkirche in Molsheim, die Eglise St-Martin in Colmar und die heute protestantische Eglise St-Thomas in Straßburg sowie die Kirchen St-Pierre-et-Paul in Wissembourg und St-Georges in Sélestat.

Ein charakteristisches Element der gotischen Architektur sind große, hohe Fenster, die lichte Räume schaffen sollten. So bildeten sich Glasmalerwerkstätten heraus, de-

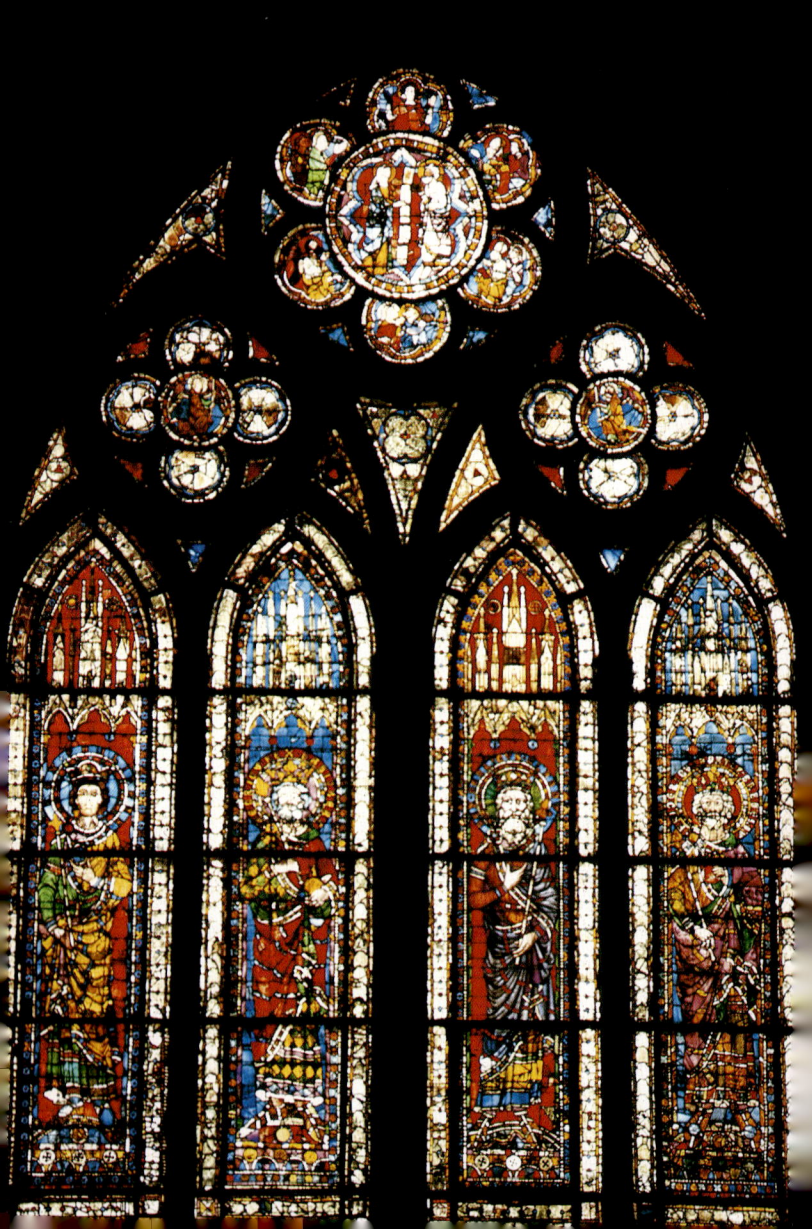

ren Kunstwerke heute noch im Straßburger Münster, in Wissembourg, in Sélestat und anderswo bewundert werden können. Einer der führenden Meister in diesem Metier war Peter Hemmel (1447–1505), der nicht nur im Elsaß, sondern auch im Raum zwischen Nancy und Innsbruck arbeitete.

Ist der gotische Stil in erster Linie im Bereich der Sakralarchitektur zu finden, so spielte im Elsaß des 16. Jh. der **Renaissancestil** in der städtisch-bürgerlichen Architektur eine ausschlaggebende Rolle. Zu den herausragenden Beispielen dieses Stils gehört das Kammerzellsche Haus mit seiner geschnitzten Balkenkonstruktion (neben dem Straßburger Münster) ebenso wie die Maison Katz in Saverne, die Maison Pfister mit ihrer bemalten Fassade in Colmar oder das reizvolle ehemalige Haus der Fleischerzunft in Molsheim, die Alte Metzig. Auch das alte Koifhus in Colmar – der untere Teil ist noch dem gotischen Stil verpflichtet – wurde in der Zeit der Renaissance verändert. Derselben Epoche zugehörig sind die dekorativen Sechseimerbrunnen in Obernai, Bœrsch und Rosheim.

In weitaus geringerem Umfang als beispielsweise in Süddeutschland kam der **barocke Baustil** im

Elsaß zum Tragen. Denn nach dem Ende des Dreißigjährigen Krieges und dem Anschluß der Region an Frankreich wirkten sich am linken Oberrhein eher französische Einflüsse aus, in diesem Fall der Neoklassizismus. Untypisch für den Barock sind etwa die Traufseitenstellung und die Mansardendächer der Bürgerhäuser, die im 17. und 18. Jh. an der Rue du Dôme oder an der Place Kléber in der Straßburger Altstadt errichtet wurden. Der französische Einfluß auf den barocken Stil zeigt sich auch deutlich am 1730 bis 1742 erbauten Château des Rohan in der Europastadt, dessen Entwurf sich an Pariser Adelspalästen orientierte. Die Vorbildfunktion der Architektur in der Kapitale Paris demonstriert ebenso die in derselben Zeit erbaute Festung von Neuf-Brisach.

Das bemerkenswerteste sakrale Bauwerk des Barock ist im Elsaß die Ancienne Abbaye d'Ebersmunster. Das Kloster wurde zwar vermutlich schon im 7. Jh. gegründet, doch blieben nach dem Dreißigjährigen Krieg nur einige gotische Grundmauern übrig, auf denen die neue Kirche entstand. Der Anfang des 18. Jh. errichtete Bau stammt allerdings von einem ›Ausländer‹, nämlich vom Vorarlberger Barockbaumeister Peter Thumb (1681–1766).

Die **Architektur des 19. Jh.** schließlich ist durch eine Reihe neuromanischer und neugotischer Kirchbauten gekennzeichnet, die aber durchgehend Reiz und Anmut

---

Eines der beiden ›Kaiserfenster‹ im Münster von Straßburg

der in früheren Jahrhunderten entstandenen, unterschiedlichen Stilrichtungen verpflichteten Bauwerke vermissen lassen.

Den Blick im Elsaß nur auf Sakralbauten, Burgen, Befestigungen und Patrizierhäuser zu lenken hieße, die ausgeprägte **Dorfarchitektur** auszublenden. Auf Postkarten und in den Broschüren der Tourismuswerbung wird das Elsaß vorzugsweise in dekorativ mit Blumen geschmückten Fachwerkbauten vorgestellt, die aber keineswegs für die gesamte Region repräsentativ sind. In erster Linie trifft man in den Weinbaugegenden der Vogesenvorberge sowie in den Städten der Rheinebene auf Fachwerkhäuser, teilweise mit phantasievoll geschnitzten und bemalten Balken. Dagegen überwiegen auf den Vogesenhöhen massive Steinbauten, häufig zur Wetterseite mit Schindeln verkleidet und mit großen, nicht gerade steilen Dächern versehen. Im Krummen Elsaß (im Nordwesten der Region) wiederum zeigen die mit der Traufseite zur Straße gerichteten, häufig schmucklosen Häuser lothringische Einflüsse.

Links oben: Buntglasiertes Dach des Koifhus in Colmar; rechts oben u. außen: phantasievoller Balkenschmuck in Riquewihr; unten: Hausfassaden im Wilhelminischen Viertel (nahe der Universität) von Straßburg

40

Ein Unterscheidungsmerkmal innerhalb der Dorfarchitektur sind die Dachformen der Häuser. Am ältesten und verbreitetsten ist das Satteldach. Im 17. Jh. kam dann das Walmdach in Mode. Doch sieht man auch häufig Halbwalmdächer bzw. Mansardendächer.

Je nach Region variiert nicht nur der Haustyp, sondern auch die Gesamtanlage der Dörfer. Im Krummen Elsaß, in zahlreichen Vogesentälern, im Sundgau sowie in der Rheinebene trifft man häufig auf Straßendörfer, in denen die Häuser überwiegend entlang der Durchgangsstraße aufgereiht sind. Älter und in der ganzen Region verbreitet sind Haufendörfer. Des weiteren existieren Ringdörfer, wie beispielsweise das aus Verteidigungsgründen in konzentrischen Kreisen angelegte Eguisheim, sowie Gemeinden mit planvoll angelegten Siedlungsquadraten.

Malerei und Bildhauerei

Zahlreiche Kirchen, die der romanischen Stilepoche angehören, wurden mit plastischem Bauschmuck versehen, wobei die in Stein gemeißelten Skulpturen und Reliefszenen, die Tier- und Menschenfiguren, häufig karikaturenhaft-satirische Züge tragen. Die Verwandtschaft dieser Bildersprache mit den Illustrationen zu den beiden wichtigsten romanischen Handschriften des Elsaß, dem ›Codex Guta-Sintram‹ und dem ›Hortus deliciarum‹ (s. S. 177), sind unverkennbar.

Besonders imposant sind die Portalplastiken am Thanner und Straßburger Münster. Welchen Anteil Erwin von Steinbach an den in Stein gehauenen Bildwerken an der Westfassade des Straßburger Münsters hatte, ist umstritten. An den Meisterwerken der Architektur des 15. Jh. waren jedenfalls herausragende Bildhauer beteiligt, so Nikolaus Gerhaert von Leyden, Nikolaus Hagenauer, Hans Hammer und Hans von Aachen. Maler von Rang arbeiteten damals ebenfalls im Elsaß. Zu ihnen zählt der aus Würzburg stammende Mathias Grünewald (um 1480–1528), der Schöpfer des beeindruckenden Isenheimer Altars, der heute im Colmarer Unterlindenmuseum zu besichtigen ist (s. S. 94 f.). Doch auch gebürtige Elsässer taten sich mit ihrer Kunstfertigkeit hervor, allen voran Martin Schongauer (1430–1491), der die ›Madonna im Rosenhag‹ schuf, heute ebenfalls in Colmar zu bewundern. Als Maler und Kupferstecher genoß Schongauer einen über die Landesgrenzen hinausreichenden Ruf. Hans Baldung, genannt Grien (1485–1545), war zunächst Schüler Albrecht Dürers in Nürnberg. Danach lebte er in Straßburg und war von 1512–17 in Freiburg tätig. Der größte Teil der Arbeiten von Kaspar Isenmann aus Colmar (1410–1472) ist verschollen. Auch

Die ›weisen Jungfrauen‹, Straßburger Münster, rechtes Westportal

von Hans Hirtz, der 1463 in Straßburg starb und zu den großen spätgotischen Malern zählt, und von Hans Tieffenthal kennt man heute nur wenige Werke.

Ein elsässischer Künstler des 19. Jh., dessen Name heute noch einen guten Klang hat, ist der Colmarer Frédéric Auguste Bartholdi (1834–1904). Er schuf die monumentale Freiheitsstatue von New York. Bartholdis Geburtshaus ist heute ein Museum, das seinem Leben und Werk gewidmet ist. Hans

Arp (1887–1966) aus Straßburg, zugleich Maler und Bildhauer, gehörte 1916 zu den Mitbegründern des Dadaismus, schloß sich aber später den Surrealisten an.

Literatur

Ähnlich wie die Sakralarchitektur erhielt seit dem Mittelalter auch die Literatur Impulse aus den Klöstern als geistig-kulturellen Hochburgen. Vor allem das Kloster Wissembourg spielte diesbezüglich eine führende Rolle. Dort vollendete im Jahr 867/68 der Mönch Otfried die in rheinfränkischer Mundart abgefaßte Evangelienharmonie ›Krist‹. Diese poetische Darstellung des Lebens Jesu gilt als erstes Beispiel der Dichtung in deutscher Sprache. Von den paarweise gereimten vierhebigen Versen sind je zwei nach dem Vorbild kirchlicher Hymnen zu einer Langzeile verbunden.

Im 12. Jh. stand das Geistesleben ganz im Zeichen des von Friedrich Barbarossa geförderten Klosters Hohenbourg auf dem Mont Ste-Odile (Odilienberg), das sich zu einem wahren Hort elsässisch-staufischer Kultur entwickelte. Die Äbtissin Herrad von Landsberg (1167–97) verfaßte hier Ende des 12. Jh. die berühmte Schrift ›Hortus deliciarum‹ (›Im Garten der Wonne‹), eine reich illustrierte Sammlung des Wissens der damaligen Zeit, die der Unterrichtung von Novizinnen diente. Neben anderen literarischen Zeugnissen belegt dieses einmalige Dokument, das im Jahr 1870 bei einem Brand vernichtet wurde, von dem aber einige Teilabschriften existieren, die Bedeutung der Oberrheingegend für die klassische mittelhochdeutsche Dichtkunst.

Nachdem der aus dem Eguisheimer Grafengeschlecht stammende Papst Leo IX. (1048–54) als Musiker und Verfasser liturgischer Gesänge weltberühmt geworden war, bezeugt die ›Manessische Liederhandschrift‹, in der ein halbes Dutzend elsässischer Minnesänger vertreten sind, die poetische Fruchtbarkeit der Region im Mittelalter. Es handelt sich um die umfangreichste und wichtigste Sammlung von Minnegesängen. Unter den Verfassern erscheint auch der Stauferkaiser Heinrich VI. (1190–97), einer der herausragenden Dichter seiner Zeit. »Mir sind die Reiche und die Länder under-

Buchmalerei zu Gottfried von Straßburgs Epos ›Tristan und Isolde‹, Werkstatt des Meisters Hesse, um 1240

tan«, dichtete der Herrscher, »wenn ich bei der Liebenswerten bin… eher als sie aufzugeben, gäbe ich die Krone auf«.

Einer der bedeutendsten Minnesänger deutscher Sprache war um die Wende vom 11. zum 12. Jh. der Elsässer Reinmar der Alte aus Haguenau (ca. 1150–1205). Er komponierte ungefähr 70 Lieder in Mittelhochdeutsch. Zu seinen Nachfolgern gehörte Conrad Puller von Hohenbourg (ca. 1262–1312). Während Hartmann von Aue, dessen Werke vor allem in den beiden letzten Jahrzehnten des 12. Jh. vorgetragen wurden, wahrscheinlich aus dem rechtsrheinischen Gebiet um Freiburg stammte, wurde der im 13. Jh. lebende Gottfried von Straßburg der »französischste aller deutschen Dichter der damaligen Zeit« genannt. Er bearbeitete in ›Tristan und Isolde‹ den auf einer keltischen Sage beruhenden Stoff. Dieses Epos gilt als eines der bedeutendsten Werke der mittelalterlichen Literatur.

Im 15. und 16. Jh. spielte die Humanistenschule von Sélestat für das Geistesleben im Elsaß eine große Rolle, und aus ihr gingen bahnbrechende Kulturleistungen hervor. Bald nachdem Johannes Gutenberg (ca. 1400–1468) in Straßburg den Buchdruck erfunden hatte, verfaßte Sebastian Brant (1458–1521) sein ›Narrenschiff‹, eine Anprangerung von Lastern und Torheiten der Menschen. Der Humanist Beatus Rhenanus (1485–1547) schrieb das Geschichtswerk ›Re-

Buchmalerei aus der Manessischen Liederhandschrift (ca. 1300–1340): Gottfried von Straßburg liest im höfischen Kreis seine Dichtung

rum Germanicarum‹, während Jakob Wimpfeling (1450–1528) – zuerst Domprediger in Speyer, dann Professor der Poesie in Heidelberg – mit historischen und pädagogischen Veröffentlichungen bzw. mit lateinischen Komödien an die Öffentlichkeit trat. Johannes Geiler von Kaysersberg (1445–1510) war einer der großen Prediger seiner Zeit, und Thomas Murner (1475–1535) verfaßte Satiren, darunter eine gegen Martin Luther. Herzhafte Volksdichtung schufen Jörg Wickram (1505–1566) und Johann Fischart (1546–1590).

Ir gesellen / kumen har noch ze hant
Wir faren jnn schluraffen landt
Vnd gstecken doch jm mür / vnd sandt

Ad Narragoniã
Gaudeamus omnes

Das schluraffen schiff

Mit meyn / vns narren syn alleyn
Wir hant noch brüder groß / vnd kleyn
Jnn allen landen über al
On end / ist vnser narren zal

t .iiij.

In späterer Zeit ist das Literaturschaffen im Elsaß untrennbar mit dem Namen Johann Wolfgang von Goethe (1749–1832) verbunden, dessen Volksliedaufzeichnungen auf die Straßburger Zeit zurückgehen. Ein Zeitgenosse des großen Deutschen, der Colmarer Schriftsteller Gottlieb Conrad Pfeffel (1736–1809), verfaßte Fabeln sowie volkstümliche Verserzählungen. Rund 60 Jahre nach Goethe weilte mit Georg Büchner (1813–1837) wieder ein berühmter Student in Straßburg. Er ließ sich von elsässischen Volksliedern inspirieren, die ihm seine Verlobte, die Straßburger Pfarrerstochter Mina Jäglé, vortrug.

Zu Büchners Zeit kamen die späteren Autoren Emile Erckmann (1822–1899) und Alexandre Chatrian (1826–1880) zur Welt, die im Elsaß vor allem durch ihre gemeinsam verfaßten volkstümlichen ›Ami-Fritz‹-Geschichten ein breites Publikum ansprachen. Im Mittelpunkt dieser geistreichen und humorvollen Erzählungen steht mit ›Freund Fritz‹ ein junger Mann, der als elsässisches Original die Charakterzüge seiner Landsleute verkörpert.

In den vergangenen hundert Jahren, vor allem auch in der jüngsten Vergangenheit, sahen sich Dichter und Literaten, Sänger und Satiriker in wachsendem Maße mit dem Problem der Zweisprachigkeit konfrontiert. René Schickele (1883–1940) war als Sohn eines deutschen Vaters und einer französischen Mutter ebenso in beiden (Sprach-)Kulturen zu Hause wie der 1924 im Unterelsaß geborene André Weckmann, der heute zu den prominentesten Vertretern der elsässischen Kultur zählt. Sein Glaubensbekenntnis formulierte Weckmann in wenigen elsässerdeutschen Worten, deren Übersetzung etwa so lautet: »Wissen wollen wir, was wir gewesen sind. Wissen wollen wir, was wir sind. Erst danach können wir bestimmen, was wir werden wollen.«

Seite aus Sebastian Brants ›Narrenschiff‹, der Holzschnitt ist Albrecht Dürer zugeschrieben

Schlemmen im Elsaß

Weinland Elsaß

Ein Paradies für Feinschmecker

Originelle Schilder weisen den Weg
durchs Schlemmerparadies Elsaß

Schöne Landschaften und gemütliche Winzerdörfer, Monumente jahrtausendealter Geschichte und berühmte Kunstschätze – das Elsaß bietet seinen Besuchern eine Palette vielfältiger Sehenswürdigkeiten, bietet Erholung und Entspannung, aber nicht zuletzt auch eine Überfülle an Köstlichkeiten aus Küche und Keller, die – wie man im alemannischen Sprachraum am Oberrhein sagt – Leib und Seele zusammenhalten. Die Namen elsässischer Weißweine haben unter Kennern einen verführerischen Klang. Und der Ruf der Küche der Region reicht weit über die regionalen Grenzen hinaus.

Weinland Elsaß

Das Elsaß hat auf Wein gebaut, und diese Rechnung scheint aufzugehen. 120 Mio. Flaschen, deren Inhalt zu einem nicht unwesentlichen Teil durch deutsche Kehlen rann, wurden im Jahr 1993 verkauft. Deutschland ist der größte Abnehmer elsässischer Weine, vor allem der Sorten Riesling, Gewürztraminer und Pinot noir. Gut zwei Drittel der regionalen Produktion wurden innerhalb Frankreichs getrunken, wobei die zahlreichen Touristen kräftig mithalfen.

Der Weinbau im Elsaß ist vermutlich den Römern zu verdanken. Zur Zeit Cäsars sollen sie die ersten Reben mitgebracht und so die Weinfässer ›ins Rollen‹ gebracht haben. Diese Pionierstat der antiken Besatzungsmacht trug reichlich Früchte. Wohin das Auge blickt, sieht sich der Besucher des Elsaß von Weinbergen umgeben. Durch Vogesen und Schwarzwald geschützt und vom Regen weitgehend verschont, wachsen die Trauben in einem Gebiet von ungefähr 120 km Länge zu beachtlicher Güte heran.

Schon seit dem Mittelalter ist die Gegend um Colmar mit ihrem besonders günstigen Klima das Kernland des elsässischen Weinbaus. Hier fallen nicht mehr Niederschläge als in Südfrankreich, und einige geschützte Zonen verfügen über ein Mikroklima mit durchschnittlich 1 bis 2 °C höheren Temperaturen. Ein Hinweis auf die Kraft der Sonne ist der Name des Anbaugebietes ›Brand‹ in Turckheim, eine der sonnigsten und besten Lagen im ganzen Elsaß. Schon im Mittelalter war Wein aus dieser Gegend begehrt. Wer es sich leisten konnte, ließ ihn sich in die Schweiz oder nach England bringen. Manchmal war der Durst der Auftraggeber größer als ihr Portemonnaie. Jedenfalls besitzt das Stadtarchiv von Turckheim Aufzeichnungen, die von schlechter Zahlungsmoral berichten.

Schmucke Weindörfer und fein herausgeputzte Restaurants lassen den Schluß zu, daß die Genießer von heute wohlgefüllte Geldbörsen besitzen und der Weinbau ein einträgliches Geschäft ist. Das war nicht immer so. Krieg und die von Amerika eingeschleppte Reblaus machten den Winzern im 19. Jh. zu schaffen, der Weinbau ging zurück, und erst in diesem Jahrhundert nahm er neuen Aufschwung. Aufgrund einer Schönwetterperiode seit Anfang der achtziger Jahre konnte die Verkaufsmenge seit damals um 40% gesteigert werden.

Heute produziert jede Gemeinde im elsässischen Weinbaugebiet Qualitätsweine. Dabei wird die harte Arbeit des ›Herbstens‹, das heißt der Weinlese, teilweise schon den Maschinen überlassen. Sie schütteln die Rebstöcke und befördern die herabfallenden Trauben auf Laufbändern weiter. Die Unabhängigkeit des Winzers von helfenden Händen während der Lese hat jedoch auch ihren Nachteil: Rebstöcke und Böden werden in Mitleidenschaft gezogen. Wer auf eine sorgfältige Lese Wert legt, muß die mühselige Arbeit per Hand nach wie vor auf sich nehmen.

Qualität hat ihren Preis. Und die Winzer möchten ihre Mühe mit Markterfolg und in blanker Münze belohnt sehen. Kamen einstmals viele Schweizer oder Deutsche ins Elsaß, um ihren Weinkeller preiswert aufzustocken, so müssen sie inzwischen tiefer in die Tasche greifen. In den letzten Jahren stiegen die Preise je nach Rebsorte um 30 bis 100%. Wer sich also auf die Reise begibt, um Kellerregale zu füllen, sollte für einen Qualitäts-

wein (0,7-Liter-Flasche) ab 9 DM rechnen, für einen *Grand Cru* ab ca. 20 DM.

Eine ideale Zeit zum Reisen und Degustieren ist der Herbst. Bunt getönte Rebberge und die goldene Herbstsonne lassen dann Wanderern und Weinfreunden gleichermaßen die Herzen höher schlagen. Im Elsaß beginnt die Weinlese meist erst im Oktober. Dies ist dann auch die Zeit der Winzerfeste, die manche Besucher in weinselige Stimmung versetzen und ihr ursprüngliches Ziel vergessen lassen.

Die wohl bekannteste Route durch das Elsaß, die **Weinstraße** (Route du Vin), führt von Thann im Süden bis nach Marlenheim auf

der Höhe von Straßburg. Sie verläuft über die Hänge der Weinberge, durch alte Dörfer mit Fachwerkhäusern und Kirchtürmen, vorbei an mittelalterlichen Abteien und Burgen. Verheißungsvolle Schilder geleiten zu den Weinbauern, die ihre Erzeugnisse direkt verkaufen. Die *domaines* (Weingüter), aber auch die selbstvermarktenden Winzer und die Winzergenossenschaften besitzen meist eine Probierstube, in der die Weine verkostet werden können. Probieren geht über Studieren, heißt es so schön. Dennoch: über einige Besonderheiten der elsässischen Weine Bescheid zu wissen, befördert den Genuß ganz sicher.

Noch im letzten Jahrhundert war es üblich, die Rebsorten zu mischen. Heute werden ›Verschnitte‹ häufig als Tafelweine *(vin de table* oder *vin ordinaire)* angeboten. Der bekannte Edelzwicker ist ein solcher Verschnitt, der wie mancher andere Wein zwar nicht den offiziellen Ansprüchen an Qualitätsweine genügt, sich aber als Schoppenwein anbietet und durchaus ein guter Tropfen sein kann.

Im Unterschied zu solchen Tafelweinen werden Qualitätsweine aus einer einzigen Rebsorte hergestellt. Sie tragen die Bezeichnung *Appellation d'Origine Contrôlée.* Vorschriften bezüglich Rebsorte, Rebschnitt und Höchstertrag pro

Hektar Anbaufläche garantieren eine gleichbleibende Güte. Noch strenger sind die Kriterien, die ein *Grand Cru* erfüllen muß. Die Anbaumenge ist geringer als beim Qualitätswein, und nur besondere Spitzenlagen erhalten diese Auszeichnung. Ca. 50 elsässische Weine dürfen diese Bezeichnung auf ihrem Etikett tragen.

Mit mehr Qualität wollen die Winzer auch höhere Preise erzielen. So kam die Idee einer neuen Qualitätsstufe auf, einer mittleren Güteklasse unter der Bezeichnung ›Côtes d'Alsace‹, die ebenfalls nur für besondere Lagen vergeben werden soll. Wer dagegen einem *Réserve* oder *Grande Réserve* begegnet, hat es mit einem phantasievollen Weinproduzenten zu tun, denn eine Ursprungsbezeichnung solchen Namens existiert nicht.

Mit Ausnahme von qualitätvollen Spätlesen (*vendanges tradives* = süß ausgebaute Spätlesen) und Trockenbeerenauslesen (*sélection des grains nobles* – SGB = überreife Trauben mit Edelfäule) trinken Elsässer im allgemeinen gern trockenen Wein mit natürlichem Säuregehalt. Daher läßt man ihn in der Regel durchgären und verzichtet auf den ›biologischen Säureabbau‹. Man trinkt elsässischen Wein jung, im Alter von einem bis fünf Jahren. In dieser Zeit der Reife entfaltet er sein volles Bouquet, das nicht zuletzt von der Bodenbeschaffenheit abhängt. Abgefüllt in die typischen hohen Flûte-Flaschen, erhält er eine ›Geburtsurkunde‹ in Form des Etiketts. Der Name gibt schlicht die Rebsorte wieder. Die ›Eltern‹, das heißt Name und Adresse des Winzers oder des Weingutes, folgen als wichtige Produzentenbezeichnungen. Der Geburtsort, in diesem Falle die Lage, interessiert ebenso wie der Jahrgang nur bei den exklusiven *Grands Crus*.

Von den sieben angebauten Rebsorten bringen es die vier ›edlen‹ zum *Grand Cru*. Dazu gehören Riesling, Muscat d'Alsace, Pinot gris (auch Tokay d'Alsace genannt, in Deutschland unter den Namen Ruländer oder, als leichterer Wein, als Grauburgunder bekannt) und Gewürztraminer. Außerdem gedeihen im Elsaß Sylvaner und Pinot blanc, und als einzige rote Traube wird der Pinot noir (Blauer Burgunder) bei Ottrott zwischen Obernai und Rosheim angebaut.

Der Sylvaner ist ein leichter, frischer und fruchtiger Wein. Der Gewürztraminer ist rassig, kräftig und elegant, der Muscat d'Alsace fruchtig und herb, und der Pinot blanc gilt als geschmeidig und harmonisch, während der Tokay d'Alsace vollmundig und kräftig schmeckt. Die Pinot-noir-Traube ergibt einen trockenen, herben Rosé oder Rotwein.

Als ›König‹ der elsässischen Weine gilt jedoch der Riesling. Ihm gebührt der erste Platz unter den ›Edlen‹. Riesling eignet sich hervorragend als Begleiter zum Essen, ist aber auch demjenigen zu empfehlen, der schlicht ein Glas Wein genießen möchte. Seine Frische, die angenehme Säure, sein Bouquet und seine Rasse haben ihm den ersten Rang eingebracht.

Mit der alten Regel ›roter Wein zu rotem Fleisch und weißer Wein zu weißem Fleisch‹ nimmt man es heute nicht mehr so genau. Allein der persönliche Geschmack zählt. Wer sich nicht entscheiden kann, welcher Wein zu welchem Menü paßt, liegt mit Riesling immer richtig. Im Allgemeinen gelten folgende Empfehlungen:

Sylvaner: zu Meeresfrüchten, Fisch und Wurst, Zwiebelkuchen, Schnekken, geräucherter Schweineschulter (Schiffala)

Gewürztraminer: als Aperitif und zum Dessert, hier speziell zum Munsterkäse

Muscat d'Alsace: als Aperitif

Pinot blanc: zu Vespergerichten, Flammenkuchen, zum Baeckeofe und zur Schweineschulter

Tokay d'Alsace: als Aperitif und zu kräftigen Gerichten wie Braten und Gänseleber, Baeckeofe und Fasan

Riesling: zu Zanderfilet, Fischragout, Forelle blau, Hecht, Lachs, Hähnchen in Riesling, Sauerkraut nach Elsässer Art sowie als idealer Begleiter zu einem ganzen Menü.

Zu besonderen Anlässen oder als feinen Aperitif kann man auch zu einem Glas **Crémant d'Alsace** greifen, dem Dritten im Bunde der Weinerzeugnisse mit kontrollierter Ursprungsbezeichnung. Dieser Schaumwein aus den ›edlen‹ Rebsorten – mancherorts ist auch rosa

Crémant aus Pinot noir erhältlich – wird nach dem Champagnerverfahren hergestellt. Bis sich Pierre Hussherr von der Cave Vinicole in Eguisheim 1976 seiner annahm, führte dieser Sekt ein Mauerblümchendasein. Hussherrs Bemühungen hatten Erfolg: Innerhalb eines Jahrzehnts erhöhte sich der Verkauf des schäumenden Getränkes um das Vierfache auf 8,8 Mio. Flaschen pro Jahr. Den Crémant gibt es als *brut de brut* oder *brut* (der trockenste Schaumwein), *extra-sec* (sehr trocken), *sec* (trocken), *demi-sec* (halb-trocken) und *doux* (süß).

Wer sich näher mit den Weinen und ihrer Herstellung beschäftigen möchte, kann die Gelegenheit zu einem Spaziergang auf einem der Weinlehrpfade in den Orten Marlenheim, Pfaffenheim, Scherwiller, Dambach-la-Ville, Epfig, Obernai, Turckheim und Bergheim nutzen. Hier erfährt man alles über Rebsorten, über Anbau und Pflege der Weingärten.

Weinstuben

Eine ganz und gar elsässische Einrichtung ist die *Winstub*, eine gastronomische Oase, in der sich Elsässer wie Besucher gleichermaßen wohlfühlen. Solche Weinstuben, die sich meist durch ein gemütliches, rustikales Interieur auszeichnen, bieten die lokalen oder regionalen Weine an, dazu verschiedene Kleinigkeiten zu essen. Die Speisekarten einiger Lokale lesen sich sogar wie die von besseren Restaurants. Nicht selten sind es ehemalige Winzer, die nun eine Weinstube betreiben, oder Weinbauern, die ›nebenher‹ noch immer ihre Weinberge bewirtschaften. Die folgenden Weinstuben sind besonders zu empfehlen:

in Colmar: Winstub au Cygne, 15–17, Rue Edouard-Richard, ☎ 89 23 76 26. La Krutenau, 1, Rue de la Poissonnerie, ☎ 89 41 18 80

in Guebwiller: S'Bratzala, 32, Rue de l'Eglise, ☎ 89 76 29 50, Mo abend und Di geschlossen

in Kaysersberg: Au Tonneau d'Or, 13, Rue du Général-Rieder, ☎ 89 78 24 74

in Mertzen: Le Moulin de Mertzen, 9, Rue de Strueth, ☎ 89 08 00 14, Mo abend und Mi geschlossen

in Mulhouse: Aux Caves du Vieux Couvent, 28, Rue du Couvent, ☎ 89 46 28 79, So und Mo mittag geschlossen, ehemaliger Klosterkeller

in Niedermorschwihr: Caveau Morakopf, 7, Rue des Trois-Epis, ☎ 89 27 05 10, sehr gute Küche (z. B. Kutteln in Rieslingsauce) zu fairen Preisen, So geschlossen

in Ribeauvillé: Zum Pfifferhus, 14, Grand-Rue, ☎ 89 73 62 28, Mi und Do Ruhetage, Restaurant-Weinstube im ehemaligen Haus der Gaukler- und Pfeiferzunft; auf der Speisekarte stehen zahlreiche elsässische Spezialitäten

in Riquewihr: A L'Arbalétrier, 12, Rue du Général-de-Gaulle, ☎ 89 49 01 21, Mo geschlossen, im restaurierten Kellergewölbe eines mittelalterlichen Hauses werden

neben ausgesuchten Weinen raffinierte Küchenkreationen serviert (z. B. gefüllte Forelle)

in Straßburg: Chez Yvonne/Winstub S'Burjerstuewel, 10, Rue du Sanglier, ☎ 88 32 84 15, So und Mo mittag geschlossen, gemütliche Atmosphäre und gutes Essen. Au Clou, 3, Rue du Chaudron, ☎ 88 32 11 67, So Ruhetag, von den Straßburgern sehr geschätzte Weinstube mit ›klassischen‹ elsässischen Gerichten

Winzerbetriebe

Während einer Elsaßreise ist der Besuch einer der folgenden Winzergenossenschaften oder Weingüter zu empfehlen, die Weinproben bzw. Kellerbesichtigungen anbieten.

in Ammerschwihr: Eppele, 19, Grand-Rue, ✆ 89 47 14 71, Mo–So 9–19 Uhr; Weinprobe gegen Bezahlung, Speisen (im ehemaligen Pferdestall) Mo–Do ab 16 Uhr, Sa–So ganztags

in Bergheim: Berger, 20, Rue des Vignerons, ✆ 89 73 68 22, Mo–Fr 8–20 Uhr, Sa–So 9–20 Uhr; Kellerbesichtigung

in Eguisheim: Beyer, Léon, 2, Rue de la 1ère Armée, ✆ 89 41 41 05, Mo–Fr, im August und während der Weinlese geschlossen; Weinkeller mit Weinprobe. Wolfberger – Cave Vinicole Eguisheim, 6, Grand-Rue, ✆ 89 41 11 06, Mo–Sa 8–18 Uhr, So 10–18 Uhr; Weinkeller mit Weinprobe gegen Bezahlung

in Guebwiller: Schlumberger, 100, Rue Théodore-Deck, ✆ 89 74 27 00, Mo–Fr 8–12 und 14–17 Uhr, während der Weinlese geschlossen; Kellerbesichtigungen

in Marlenheim: Laugel, ✆ 88 87 52 20, Mo–So 9–18 Uhr; Weinkeller mit Weinprobe und Restaurant

in Riquewihr: Dopff Au Moulin, 8, Rue du Gal.-de-Gaulle, ✆ 89 47 93 13, Mo–Fr 8–12 und 14–18 Uhr, Sa und So 9–12 und 14–18 Uhr; Weinkeller mit Weinprobe und mit Restaurant

in Wintzenheim: Meyer, 76, Rue Clemenceau, ✆ 89 27 01 57, Mo–Fr 8–11 und 14–17 Uhr, Sa 8.30–11 Uhr, während der Weinlese geschlossen; Weinkeller mit Weinprobe. Zind-Humbrecht, 34, Rue Maréchal-Joffre, ✆ 89 27 02 05, Mo–Fr 9–11 und 14–17 Uhr, während der Weinlese geschlossen; Kellerbesichtigungen

Ein Paradies für Feinschmecker

Sauerkrautstraße, Karpfenstraße, Käsestraße, Forellenstraße, Straße der Feinschmecker... nur eine Flammenkuchenstraße gibt es noch nicht. Das oft als Schlemmerparadies apostrophierte Elsaß versteht nicht nur etwas vom flüssigen Gaumenkitzel. Die Werbetrommel für die Kochkunst in der Region wird kräftig gerührt, und zahlreiche Restaurants rühmen sich ihrer Auszeichnung mit Kochmützen.

Besucher werden zuerst einmal das Typische kennenlernen wollen. Die kräftigen und deftigen Gerichte sind der beste Grundstock für eine anschließende ausgiebige Weinprobe.

Wer Glück hat, findet ein Restaurant, das sich die Mühe macht, einen **Baeckeofe** zuzubereiten. Früher kam dieser Eintopf in jedem Haushalt am Samstag auf den Tisch. Je nach Familienrezept werden Kartoffeln, verschiedene Fleischarten, Gewürze und Zwiebeln in einem Topf geschichtet und mit einem Schuß Wein abgeschmeckt. Das Ganze landete dann im Bäckerofen, damit die Hausfrau Zeit für den Hausputz hatte. Da die Zube-

Pause für
den Koch

reitung des Baeckeofe viel Zeit kostet, nämlich gut zwei Stunden, gibt es ihn heute nur selten auf den Speisekarten von Hotels und Restaurants. In vielen Lokalen kann man ihn jedoch vorbestellen, um ihn dann ofenfrisch serviert zu bekommen.

In einem Weinbaugebiet wie dem Elsaß entwickelte sich naturgemäß eine Küche, die diese ›flüssige Zutat‹ zu einem Bestandteil vieler Speisen macht. Der **Coq au Riesling** ist ein in Riesling geschmortes Hähnchen, das mit Nudeln oder Spätzle serviert wird – eine wahre Gaumenfreude. Ein Glas gutgekühlter Riesling ist als Getränk zu diesem Essen geradezu Pflicht.

Fisch will schwimmen, sagt der Volksmund, und im Elsaß tut er das schon während der Zubereitung,

bevor er dann etwa als **Zanderfilet in Riesling**, mit Nudeln serviert, oder als **Forelle blau**, pochiert in Riesling oder Sylvaner, die Gaumen erfreut.

Auch **Wildgerichte** findet man oft auf elsässischen Speisekarten. Fasan, Kaninchen oder Hirschbraten werden ebenso mit einem Schuß guten Weines zubereitet. Der Fasan nach Elsässer Art kommt mit Sauerkraut auf den Tisch, während Kaninchen und Wild mit Nudeln serviert werden.

Die drei Renner in jedem auf Touristen spezialisierten Lokal sind jedoch nach wie vor der Zwiebelkuchen *(tarte à l'oignon)*, das Sauerkraut nach Elsässer Art *(choucroute garnie à l'Alsacienne)* und der Munsterkäse *(Munster-Géromé)*. Als Klassiker der elsässischen Küche werden sie häufig zu Touri-

stenmenüs kombiniert. Statt Zwiebelkuchen wird oft auch Lauch-
oder Flammenkuchen angeboten.
Diese kräftigen Gerichte sind die
Grundfesten der einfachen elsässischen Küche.

Der **Zwiebelkuchen** besteht aus
einer dicken Schicht in Schmalz
gebratener Zwiebeln auf einem
Mürbeteig, das Ganze mit Speckstreifen und Béchamelsoße über-
backen. Beim **Lauchkuchen** werden die Zwiebeln durch Porree
ersetzt. Beide Torten kommen warm
auf den Tisch. Der **Flammenkuchen**
ist eine besondere Spezialität der
Region. Ein sehr dünn ausgerollter

Brotteig, garniert mit einem Zwie-
bel-Rahm-Gemisch und Speck,
dazu einige Tropfen Öl, wird in
den Ofen geschoben und nach
dem Garen auf großen Holzbret-
tern an den Tisch gebracht. Manche Gasthäuser haben sich auf dieses Gericht spezialisiert, und ganze
Heerscharen pilgern zu solchen
tarte flambee-Hochburgen.

Sauerkraut wird meist mit Wein
verfeinert und mit Eisbein, Würstchen und Speck sowie Kartoffeln
oder mit *Schiffala* (geräucherter
Schweineschulter) und Kartoffelsa-
lat angeboten.

Den krönenden Abschluß einer
Mahlzeit bildet der **Munsterkäse**,
der zwar unfein riecht, aber groß-
artig schmeckt. Seit Jahrhunderten
wird er nach strengen Vorschriften

Herstellung von Flammenkuchen

Das tägliche
Brot in
origineller
Vielfalt

im Gebiet rund um Munster hergestellt (s. S. 118 f.). Um dem Magen
bei der Verdauung zu helfen, sollte
man den Munster, zu dem ein
Glas Gewürztraminer hervorragend paßt, mit Kümmel genießen.

Meist nicht im Touristenmenü enthalten, aber gerade nach dem kräftigen Käse zu empfehlen ist ein süßer
Nachtisch. Je nach Jahreszeit runden Apfel-, Himbeer- oder Zwetsch-
gentorte das Mahl ab. Ein hochpro-
zentiges Lebenselixier in Form eines
Edelschnapses aus Himbeeren, Kir-
schen oder Zwetschgen zum Abschluß läßt den Schlemmer dann
schließlich zufrieden in sein Hotel-
bett kriechen.

Oder nicht? Bei aller Begeiste-
rung über die elsässische Kochkunst
– das Preis-Leistungs-Verhältnis
stimmt nicht immer und überall.
Salzige Preise für lasche Gerichte
kommen gerade dort vor, wo sich
Touristenströme konzentrieren.

Schlemmerrouten

Einige Wirte, deren Betriebe nicht
an der bekannten elsässischen
Weinstraße liegen, haben die um-
satzfördernde Wirkung von Touri-
stenstraßen erkannt und die **Route
de la Choucroute** aus dem Kraut-
faß gezaubert. Sie führt durch das
Gebiet südlich und westlich von
Straßburg. Krauthauptstadt ist
Krautergersheim – Nomen est
Omen – wo jeweils im Herbst ein
Sauerkrautfest veranstaltet wird.
Schilder mit einem Storch auf ei-
nem Sauerkrautberg weisen solche
Wirte aus, die sich zu besonderer
Güte der Speisen und zu angemes-
senen Preisen verpflichten. Je nach
Standard des Hauses variieren je-
doch auch hier die Preise erheb-
lich.

Die **Route du Fromage** ist schon
etwas älteren Datums; sie wurde
im Jahr 1978 kreiert. An dieser

Straße liegen zahlreiche *Fermes-Auberges*, Käsefarmen, die auch Gasträume eingerichtet haben und den berühmten ›Stinker aus dem Munstertal‹ auftischen. Zusammen mit frischem Brot und Wein genossen, ist er einen Abstecher wert. Wer ihn als Souvenir mit nach Hause nehmen möchte, sollte ihn gut verpacken lassen, damit es im Auto nicht nach Käsefabrik duftet. Die ausgeschilderte Route beginnt in Munster im gleichnamigen Tal, führt über die Hochvogesen und endet am Col du Bonhomme, von wo man über Kaysersberg zurück nach Colmar gelangt.

Die interregionale **Route de la Truite** führt den Touristen seit 1990 von Uffholz bei Cernay an der Weinstraße quer über die Vogesen nach Remiremont im benachbarten Lothringen. Entlang der Strecke bieten Gasthäuser Forellen in verschiedenen Zubereitungsarten an. Spezialitäten sind *Truite au Riesling*, *Truite au Pinot noir,* Forelle blau oder Müllerin Art sowie Forellenterrine und Forellenauflauf. Wer seine Forelle selbst aus dem Teich auf seinen Teller befördern möchte, erhält die Gelegenheit zum Angeln mit einer Tageskarte, die man in zahlreichen Restaurants erwerben kann. Der Wirt wird den Fang ganz nach Wunsch zubereiten.

Im etwas stilleren Sundgau gibt es seit 1975 die **Route de la Carpe frite**. Diese Strecke beginnt in Mulhouse bzw. Altkirch und läßt sich leicht anhand der blau-weißen Schilder mit Karpfen und Gabel verfolgen. Eine Anzahl von Weihern ermöglicht in diesem Teil des Elsaß die Karpfenzucht. In zentimeterdicke Scheiben geschnitten, wird der Fisch gewürzt, in Mehl gewendet und in einer Mischung aus Milch, Eiweiß und Grieß gebadet, bevor die Stücke in heißem Öl fritiert werden und mit Mayonnaise als *carpe à la semoule* auf den Tisch kommen. Abweichend von diesem traditionellen Rezept gibt es den Karpfen auch in Bierteig gebraten als *carpe à la bière*. Angler erhalten im Sundgau in vielen Restaurants Tageskarten.

Dort, wo sich die **Route Gourmande de la Vallée de la Sauer** befindet, nördlich von Straßburg, wirbt die Gastronomie mit Feinschmecker-Restaurants. Die gibt es natürlich nicht nur in dieser Gegend, aber das nördliche und das Krumme Elsaß möchten am Tourismusgeschäft teilhaben und erfanden eine Feinschmeckerroute. Eine Reihe guter Restaurants bietet denn auch die ›feinere‹ elsässische Küche an, etwa die berühmte *foie gras*.

Was so unverfänglich klingt, ist schlicht eine aus Gänsestopfleber hergestellte Pastete – wobei das Wörtchen ›stopfen‹ gerne unterschlagen wird. *Foie gras* ist eine 1793 in Straßburg erfundene Delikatesse. Louis XVI. war so begeistert von der Speise, daß er den Koch belohnte – und damit begann der Leidensweg der Gänse. Das Gänsestopfen ähnelt einer damals verbreiteten Foltermethode – und

Speisekarten-Vokabular

ail	Knoblauch	lapin	Kaninchen
artichauts	Artischocken	légumes	Gemüse
asperges	Spargel	lentilles	Linsen
baekeofe	Fleisch- und	lotte	Seeteufel
	Gemüsetopf	maquereau	Makrele
beurre	Butter	morue	Kabeljau
canard	Ente	moules	Miesmuscheln
choucroute	Sauerkraut	moutarde	Senf
chou-fleur	Blumenkohl	oignons	Zwiebeln
consommé	Kraftbrühe	pâté	Fleischpastete
coq au Riesling	Huhn in Ries-	pâtes	Nudeln
	ling	perche	Barsch
crevettes	Krabben	petits pois	Erbsen
crudités	Rohkostsalat	plat du jour	Tagesessen
demi-sec	halbtrocken	poireaux	Lauch
dessert	Nachtisch	pommes de	Kartoffeln
entrée	warme Vor-	terre	
	speise	porc	Schwein
épinard	Spinat	potage, soupe	Suppe
escalope	Schnitzel	poulet	Hähnchen
escargots	Weinberg-	quenelles	Leberklößchen
	schnecken	de foie	
farci	gefüllt	riz	Reis
flétan	Heilbutt	rognon	Niere
foie gras	Gänseleber-	salade	Salat
	pastete	salé	gesalzen
fromage	Käse	saucisson	Wurst
fruits	Obst	saumon	Lachs
fumé	geräuchert	sec	trocken
gibier	Wildbret	sole	Seezunge
glace	Eis	tarte à l'oignon	Zwiebel-
gratiné	überbacken		kuchen
grillades	gegrilltes	tarte flambée	Flammen-
	Fleisch		kuchen
hareng	Hering	tripes	Kutteln
haricots verts	grüne Bohnen	truite	Forelle
homard	Hummer	truite aux	Forelle mit
hors d'œuvre	kalte Vorspeise	amandes	Mandeln
jambon	Schinken	veau	Kalb
laitue	Kopfsalat	volailles	Geflügel

endet manchmal tödlich. Was die Tiere nicht freiwillig fressen, wird ihnen mittels eines Trichters in den Magen hineingedrückt, der platzen kann. Vor dem Hintergrund dieses Herstellungsverfahrens von *foie gras,* sollte man auf diesen Teil eines Menüs vielleicht besser verzichten und etwas anderes aussuchen.

Salmsoufflés, Ente in Orangensauce, Rinderscheiben mit Mark, Lachsgugelhupf, Illhecht in Rahm und was es an Schlemmereien noch alles gibt – die Haute Cuisine im Elsaß ist mit Sternen gekrönt. Weit über die Grenzen der Region hinaus bekannt sind die Gebrüder Häberlin: Gekrönte Häupter, Minister, Schauspieler lassen ihre Gaumen von den Kochkünstlern aus Illhaeusern verwöhnen (Auberge de l'Ill s. u.).

Aber auch in nicht gar so herausgeputzten Häusern präsentiert sich das Elsaß oft als Schlemmerparadies. Große Schilder an der Fassade müssen nicht notwendigerweise große Kochkunst bedeuten. *Fermes-Auberges,* gemütliche Weinstuben und kleine Restaurants, in denen am Sonntag die Elsässer tafeln, servieren oft Köstlichkeiten, die man anderswo teuer bezahlt.

Routeninformationen

Route de la Truite: Tageskarten für den Forellenfang gibt es im Restaurant Frantz, 41, Rue de Soultz, Uffholz, ✆ 89 75 54 52

Route de la Carpe frite: Informationen über Angelmöglichkeiten und Restaurants, die Karpfengerichte anbieten, erhält man bei CCI, Mulhouse Cedex, 8, Rue du 17 Novembre, ✆ 89 66 71 71

Route Gourmande: Nähere Information erteilen die Association des Hôteliers-Restaurateurs de la Vallée de la Sauer, ✆ 88 09 50 59, bzw. die Touristenbüros im Unterelsaß

Auberge de l'Ill: an der Durchgangsstraße in Illhaeusern gelegen, ✆ 89 71 83 23, Mo abend und Di geschlossen, das bekannteste Feinschmeckerrestaurant im Elsaß mit einer weit über die Landesgrenzen hinausreichenden Reputation

von Simone Holzhäuser

Unterwegs im Elsaß

»Drei Schlösser auf einem Berg,
drei Kirchen auf einem Kirchhof
drei Städte in einem Tal –
so ist das Elsaß überall.«
        Alter elsässischer Vers

Städtetriade am Fuße derVogesen

Europametropole Straßburg

Colmar –
Perle des Oberelsaß

Mulhouse –
Tummelplatz der Museen

Blick vom Straßburger Münster auf die Altstadt

Zweitausend Jahre Vergangenheit prägen die Münsterstadt Straßburg am Ufer des Rheins, im Schnittpunkt der europäischen Kunst- und Geistesgeschichte. In Colmar weht der Hauch des Mittelalters durch den Stadtkern aus historischen Fachwerkbauten. Mulhouse, alte Drehscheibe im Dreiländereck, regt an zu Wanderungen in der facettenreichen Museumslandschaft.

Straßburg

Straßburg ist die Hauptstadt der Region Elsaß und das Verwaltungszentrum des Département Bas-Rhin. Die am Ufer der Ill gelegene Stadt mit ihren rund 256 000 Einwohnern hat eine lange und bewegte Geschichte. Das großartige Münster und die anheimelnde Altstadt zeugen von der Blüte im Mittelalter. Straßburg bildet heute einen Mittelpunkt Europas. Es ist Sitz des Europarates und Tagungsort des Europaparlaments.

Geschichte

Schon in vorchristlicher Zeit wählten Menschen den heutigen Standort Straßburgs als Siedlungsplatz. In der Bronzezeit ließen sich auf einer großen Lößbank an der Ill Fischer nieder, die ihre Behausungen auf Pfähle stellten, um sie vor Hochwasser zu schützen. Zur Keltenzeit soll der Ort immerhin 1500 Einwohner gezählt haben. Wo sich heute das Straßburger Münster erhebt, standen einst die heidnischen Tempel der Kelten, die den Rhein als Gottheit verehrten.

Die Herren der römischen Provinz Germania erkannten die strategische Bedeutung der Gegend um die Illmündung in den Rhein, denn hier kreuzten sich die Verbindungswege durch Vogesen und Schwarzwald mit dem Rhein als Nord-Süd-Achse. So war es kein Zufall, daß die Römer an dieser Stelle, vermutlich zwischen 12 und 16 n. Chr., ein Kastell errichteten – Waffen- und Vorratsdepot sowie Sammelplatz für etwa 6000 Legionäre. Daraus entwickelte sich nach und nach die Ortschaft Argentoratum. Ihr rechteckiger Grundriß ist noch heute in der Siedlungsstruktur der Altstadt wiederzuerkennen.

Nachdem die Römerherrschaft zusammengebrochen war, besiedelten Alemannen die Region. Eine Phase des Aufschwungs erlebte der Ort im 6. Jh., als er zum Frankenreich gehörte und sich Bischof Arbogast seiner annahm. Mit ›Strataburgum‹ (›Burg an den Straßen‹)

bekam Straßburg damals seinen heutigen Namen.

Im 11. Jh. sprengte das Wachstum der Stadt die durch den Grundriß des Römerkastells vorgegebene Begrenzung. Handel und Handwerk gewannen immer mehr an Bedeutung, so daß sich die Auseinandersetzungen zwischen dem alleinherrschenden Bischof und dem Bürgertum verschärften. Neben Köln und Nürnberg zählte Straßburg mit 5- bis 10 000 Einwohnern zu den größten Städten des Heiligen Römischen Reiches Deutscher Nation. Im Jahr 1262 wurde es Freie Reichsstadt, unterstand also nicht mehr der Herrschaft des Bischofs und genoß Steuerfreiheit. Die Interessengegensätze zwischen Bürgertum und Zünften einerseits sowie Adel und Patriziern andererseits dauerten jedoch an. 1482 gewannen die Handwerkszünfte die Mehrheit im Rathaus und erlangten durch eine neue Stadtverfassung größere politische Freiheit. Erasmus von Rotterdam zeigte sich von den veränderten Verhältnissen sehr angetan, als er 1514 notierte: »Endlich habe ich eine Monarchie ohne Tyrannei gesehen, einen Adel ohne Parteien, eine Demokratie ohne Aufruhr, Reichtum ohne Luxus, Wohlstand ohne Arroganz.«

Es wundert nicht, daß Straßburg unter diesen Vorzeichen auch auf geistigem und kulturellem Gebiet unter den Reichsstädten eine führende Rolle spielte. Gottfried von Straßburg widmete sich dem kelti-schen Stoff von ›Tristan und Isolde‹, Reinmar von Haguenau war der Lehrer des Walther von der Vogelweide, Erwin von Steinbach und Ulrich von Ensingen taten sich als Münsterbaumeister hervor, Sebastian Brants ›Narrenschiff‹ wurde zu einem Bestseller, Johannes Geiler galt am Straßburger Münster als bekanntester Prediger seiner Zeit, Beatus Rhenanus, Jakob Wimpfeling, Bucer und Sturm traten als Humanisten, Philosophen und Reformatoren in Erscheinung, die Mystiker Meister Eckart und Johannes Tauler lehrten in der Stadt – Geistesgrößen, die ein selbstbewußtes Bürgertum repräsentierten.

Gute nachbarschaftliche Beziehungen pflegten die Straßburger mit den Eidgenossen aus der Schweiz. Als Zeichen ihrer Freundschaft kochten die Züricher im Jahre 1576 einen überdimensionalen Topf voll Hirsebrei und luden ihn auf einen Kahn, den 18 Männer auf dem Rhein zum Schützenfest nach Straßburg ruderten. Als die Riesenmahlzeit dort ausgeladen wurde, soll der Brei noch gedampft haben. Der ortsansässige Dichter Johann Fischart hat dieses ungewöhnliche Unternehmen unter dem Titel ›Das Glückhaffte Schiff‹ in 1174 Versen beschrieben.

Im Dreißigjährigen Krieg wurde Straßburg zum Auffanglager vieler politischer Flüchtlinge. Die Stadt selbst versuchte, sich aus den Auseinandersetzungen herauszuhalten. Nach dem Westfälischen Frieden von 1648 reklamierte Ludwig

Goethes Straßburger Zeit

Man schreibt den 18. April 1770. Rege Betriebsamkeit herrschte an diesem Tag auf dem Straßburger Fischmarkt, als ein junger Mann aus dem Haus Rue du Vieux-Marché-aux-Poissons Nr. 36, das Kürschnermeister Schlag gehörte, auf die Straße trat. Vorbei an den Marktständen mit frischem Flußfisch, bahnte sich der junge Herr den Weg durch das belebte Altstadtviertel. Sein Ziel: die Universität der etwa 50 000 Einwohner zählenden Münsterstadt, wo er sich am selben Tag als ›Ioannes Wolfgang Goethe Moeno-Francofurtensis‹ einschrieb. Wenige Tage zuvor war der damals 20jährige Studiosus in Straßburg angekommen, das zwar bereits seit 90 Jahren zu Frankreich gehörte, aber immer noch seine deutsche Vergangenheit erkennen ließ. Sein Vater hatte ihn an den Rhein geschickt, um dort das juristische Studium abzuschließen.

Da Goethes ›Studentenbude‹ in unmittelbarer Nähe des Münsters lag, machte er häufig die wenigen Schritte hinüber zur Kathedrale. »Je mehr ich die Fassade betrachtete«, notierte er später, »desto mehr bestärkte und entwickelte sich jener erste Eindruck, daß hier das Erhabene mit dem Gefälligen in Bund getreten sei.« Den Chronisten zufolge stieg der junge Dichter häufig auf die Münsterplattform hinauf, um die wunderbare Aussicht auf die Stadt zu genießen, wie es Jahr um Jahr Tausende von Besuchern tun. Wenn die Wächter in der Stube auf der Plattform deutsche Töne vernehmen, wissen sie, daß gleich die obligatorische Frage gestellt wird: »Wo befindet sich Goethes Namenszug?« Denn hartnäckig hält sich das Gerücht, der Poet, der seine Eindrücke aus luftiger Höhe in ›Dichtung und Wahrheit‹ niederlegte, habe seinen Namen im Sandstein an der Nordwestseite der Plattform verewigt. Das mag man glauben oder auch nicht. Ob das berühmte Gekritzel tatsächlich vom jugendlichen Johann Wolfgang stammt, ist eher unwahrscheinlich: Goethe war nicht schwindelfrei.

In unmittelbarer Nähe des Münsters gab es zwei Lokale, in denen er gelegentlich verkehrte. Im Jahr seines Umzugs nach Straßburg eröffnete an der Place de la Cathédrale Nr. 12/13 das Gasthaus Dauphin. Hier setzte sich Goethe gern mit Freunden zusammen, die wie er den Vorlesungen des Medizinprofessors Jakob Spielmann im Haus der alten Pharmacie du Cerf in der Rue Mercière/Ecke Münsterplatz zuhörten. Diesen Professor lernte Goethe in einer regelmäßig bei den Schwestern Lauch in der Rue de l'Ail Nr. 19 stattfindenen Tischgesellschaft

Goethes Wohnhaus

kennen. Zu denjenigen, die hier im Haus ›Zu den Drei Hasen‹ ihr Mittagessen einzunehmen pflegten, zählte auch der Medizinstudent Johann Heinrich Jung, der sich später als Schriftsteller Jung-Stilling nannte.

Am Quai St-Thomas Nr. 7 stand zu Goethes Zeit das 1932 zerstörte Hotel ›Zum Geist‹, in dem Goethe in der Anfangsphase seiner Straßburger Studienzeit einige Tage wohnte. Hier lernte er Johann Gottfried Herder kennen, was manche Germanisten zur folgenreichsten Begegnung für die deutsche Geistesgeschichte hochstilisierten. Goethe selbst maß den nachfolgenden Treffen mit Herder große Bedeutung bei, doch müssen Mutmaßungen über Herders Einfluß auf den großen deutschen Dichter angesichts fehlender Dokumente vage bleiben.

Goethes Tischgenosse bei den Geschwistern Lauch, der Mediziner Weyland, führte den Studenten vermutlich im Oktober 1770 in das Haus des Pfarrers Johann Jacob Brion ein, der mit seinen beiden Töchtern in der Ortschaft Sessenheim nördlich von Straßburg lebte. In die 18 Jahre alte blondzopfige Friederike verliebte sich Goethe heftig, aber die Liaison war nicht von Dauer, hatte kein ›Happy End‹. Ähnlich sah es zunächst mit Goethes Doktorarbeit über ein Thema aus dem Kirchenrecht aus, das von der juristischen Fakultät abgelehnt wurde. Der Prüfling durfte daraufhin ein Thesenpapier einreichen. Den vor der Fakultät stattfindenden Disput über dessen Inhalt bestand der Doktorand glänzend. Im August 1771 kehrte Goethe Straßburg den Rücken.

XIV. seinen Anspruch auf die Freie Reichsstadt, ließ sie besetzen und gliederte sie 1681 Frankreich ein. Wegen ihrer Grenzlage und wegen des Mißtrauens gegenüber der Bevölkerung beauftragte Paris den Festungsbaumeister Vauban, im Osten der Stadt eine sternförmige Zitadelle zu errichten.

Das 18. Jh. stand ganz im Zeichen des französischen Einflusses, der sich auch in den Villen und Palästen spiegelte, die in Straßburg wie Pilze aus dem Boden schossen. Aus der damaligen Zeit (1730 bis 1742) stammt das Château des Rohan, bis zur Französischen Revolution Residenz der Kardinal-Bischöfe des Hauses Rohan-Soubise.

Mit der Großen Revolution von 1789 wurde Straßburg zwar Verwaltungszentrale des neugeschaffenen Départements Bas-Rhin, büßte aber gleichzeitig seine letzten Privilegien ein und wurde der französischen Kapitale völlig untergeordnet. Zudem dauerte es nicht lange, bis Terror, Denunziation und Verfolgung das neue Zeitalter der Freiheit, Gleichheit und Brüderlichkeit verdüsterten. Erst mit der Hinrichtung Robespierres 1794 endete das jakobinische Schreckensregiment. Die Grenzstadt am Rhein wurde wieder zur Hoffnungsträgerin des politischen Liberalismus. Doch auch diesmal dauerte der Frieden nicht lange.

Im Jahr 1870 brach der Deutsch-Französische Krieg aus. Im August und September hagelte es in der Stadt fast 200 000 Artilleriegeschosse, die rund 450 Gebäude in Schutt und Asche legten. Nach sieben Wochen der Beschießung kapitulierten die Verteidiger Straßburgs. Die Stadt wurde als Teil des neugeschaffenen Reichslandes Elsaß-Lothringen dem deutschen Kaiserreich angeschlossen, was einen Zeitgenossen zum bedeutungsschweren Ausspruch veranlaßte: »Franzose kann ich nicht sein, Preuße will ich nicht sein, Elsässer bin ich.« 47 Jahre dauerte Straßburgs neue nationale Zugehörigkeit. Am 22. November 1918 rückten französische Truppen in die elsässische Metropole ein. Am 28. Juni 1940 waren es dann die Marschtritte nationalsozialistischer Stiefel, die durch die Straßen der Münsterstadt hallten. Und am 23. November 1944 hielten wiederum die Truppen des französischen General Leclerc Einzug – Glanz und Elend einer Stadt im Grenzgebiet, zwischen Krieg und Frieden.

Zwei Plätze in der City stehen in einem besonderen Zusammenhang mit der Geschichte der Stadt und der Region. Auf der Place de la République, unter dem Namen ›Kaiserplatz‹ einst das machtpolitische Zentrum des wilhelminischen Straßburg, steht ein Kriegerdenkmal, das man als eindringliche Mahnung verstehen kann: Mutter Elsaß hält zwei tote Söhne in ihren Armen. Der eine ließ auf deutscher, der andere auf französischer Seite sein Leben. An der Place Broglie wohnte zur Zeit der Französischen Revolution der erste Bürgermeister der Stadt, in dessen Haus mit der *Marseillaise* die französische Nationalhymne geschaffen wurde. Den Raum zwischen Place de la République und Place Broglie nimmt ein symbolträchtiges Werk des elsässischen Künstlers Tomi Ungerer ein – ein sprudelnder Brunnen mit einem Januskopf.

Nationalismen haben im heutigen Straßburg keinen Platz mehr – oder doch? Vor dem Europapalast flattern die Flaggen der Mitgliedsländer der Europäischen Gemeinschaft im Wind. Nachdenklich stimmt jedoch die Tatsache, daß

Palais du Conseil de l'Europe

Jean-Marie Le Pens Front National mit ihrem deutlich rassistischen Programm bei Straßburger Kommunalwahlen mehr als 10 % der Stimmen erhielt – in einer Stadt, in der Zehntausende Nord- und Schwarzafrikaner, Türken, Spanier und andere Ausländer leben.

Straßburg hat sich nach 1945 auf vielfältige Weise verändert. An der Peripherie entstanden Satellitenstädte, Wohnsilos, die man mit Legehennenbatterien vergleichen möchte. Der mittelalterliche Stadtkern mit seinen denkmalgeschützten Häusern und Palästen im Umkreis des Münsters, den man zu Fuß erkunden muß, blieb von diesen städtebaulichen ›Neuerungen‹ glücklicherweise verschont.

Der politische Nabel Europas

Seit Straßburg im Mai 1949 auf Vorschlag des britischen Außenministers Bevin zum Sitz des Europarates auserkoren wurde, gilt die Münstermetropole als ›carrefour de l'Europe‹, als Straßenkreuzung Europas. Der heute 23 Mitgliedsstaaten repräsentierende Rat tagt dreimal jährlich, und zwar je nach anstehendem Problem als Gremium der Außen-, Wirtschafts- oder Verkehrsminister etc. Zugleich ist Straßburg die Adresse der Europäischen Menschenrechtskommission und des Europäischen Gerichtshofs für Menschenrechte. Beide Institutionen sind im neuerrichteten Palais des Droits de l'Homme untergebracht. Der Europäische Gerichtshof für Menschenrechte, der als Organ des Europarates seit 1959 existiert, setzt sich aus je einem Richter der Mitgliedsstaaten zusammen. Seine Aufgabe ist es, über Auslegung wie Anwendung der Europäischen Menschenrechtskonvention zu entscheiden. Er kann von den Mitgliedsstaaten wie von Einzelpersonen angerufen werden.

Darüber hinaus ist Straßburg Tagungsort des Europaparlaments, dessen Abgeordnete die zwölf Mitgliedsländer der Europäischen Gemeinschaft vertreten. Gesetzgebende Kompetenzen besitzt es nicht, aber seit 1979 werden die Abgeordneten direkt von den Bürgern gewählt, wodurch das Parlament eine politische Aufwertung erfuhr.

Außer den bekannten europäischen Institutionen haben weitere Einrichtungen ihren Sitz in der Europastadt, so das Centre et Fonds Européen de la Jeunesse (Europäisches Jugendzentrum), das Internationale Institut für Menschenrechte, die Zentralkommission für die Rheinschiffahrt, die Europäische Wissenschaftsstiftung, die Europäische Regionalversammlung sowie das Europäische Zentrum für regionale Entwicklung.

Wer den Palais du Conseil de l'Europe besuchen möchte, kann sich außerhalb der Sitzungszeiten Führungen anschließen (Mo–Fr jeweils um 9 und 15 Uhr in Deutsch, um 10 und 16 Uhr in Englisch, um 11 und 17 Uhr in Französisch). Wer Sitzungen des Europäischen Parlaments oder des Europarates mitverfolgen möchte, wendet sich an das Bureau des Visites du Parlement Européen bzw. an das Bureau des Visites du Conseil de l'Europe (✆ 88 17 20 07). Für Gruppen werden Spezialführungen und Filme über die Funktion des Europarates (Anmeldungen ✆ 88 41 20 29) bzw. des Europäischen Parlaments (Anmeldungen ✆ 88 17 40 01) angeboten.

Das Straßburger Münster

Gerühmt und bewundert als eine der herausragenden Architekturleistungen des Abendlandes, steht das Münster natürlich im Mittelpunkt eines Straßburg-Besuches. Die Errichtung der dreischiffigen Basilika begann 1176. Den abschließenden Teil der Arbeiten bildete der 1439 vollendete Turm, der mit 142 m Höhe bis ins 19. Jh. hinein als höchster Bau der Christenheit galt.

Gemeinhin verbindet man mit dem Münster vor allem die Namen Erwin von Steinbach und Ulrich von Ensingen. Aber die lange Bauzeit von rund 250 Jahren macht deutlich, daß Generationen von Baumeistern und Heerscharen von Arbeitern mit der Ausführung der gewaltigen Kathedrale betraut gewesen sein müssen. Erwin von Steinbach entwarf die kunstvolle Portalfront und die berühmte Rose der Westfassade.

Vom Vorgängerbau, einer unter Bischof Werinher von Habsburg im Jahr 1015 begonnenen romanischen Kirche, überdauerte nur ein Teil der Krypta die Zeit. Das heutige Münster erhebt sich auf den Fundamenten dieser Kirche, die mehrmals durch Brände beschädigt wurde, ehe man 1176 beschloß, sie durch ein neues Gotteshaus zu ersetzen. Elf Jahre später, als eine päpstliche Delegation in Straßburg mit Kaiser Friedrich Barbarossa zusammentraf, war schon ein beachtlicher Teil des Querhauses fertiggestellt, und bis Mitte des 13. Jh. war auch der Chor vollendet. Der Umbau des Langhauses dauerte bis 1275, ehe dann Westwerk, Turmspitze sowie die Seitenflügel des Querschiffs in Angriff genommen wurden. Die Diskussionen um die Fertigstellung eines zweiten Turmes dauerten so lange, daß man sich schließlich an die Einturmfassade als Straßburger Spezifikum gewöhnt hatte und dieses Wahrzeichen der Münsterstadt am Rhein auch nicht mehr zu verändern gedachte.

Veränderungen ganz anderer Art brachte die Französische Revolu-

Straßburger Münster
1 Hauptportal der Westfassade
2 linkes Seitenportal   3 rechtes Seitenportal   4 Aufstieg zur Plattform   5 Portail de l'Horloge   6 Laurentiusportal   7 Johanneskapelle   8 Katharinenkapelle   9 Laurentiuskapelle
10 Kanzel   11 Engelspfeiler
12 Astronomische Uhr

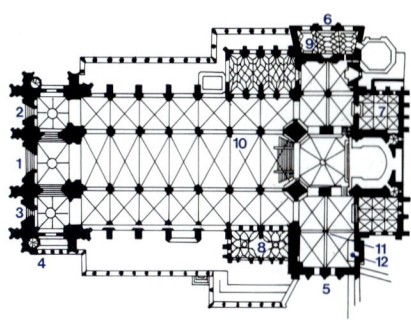

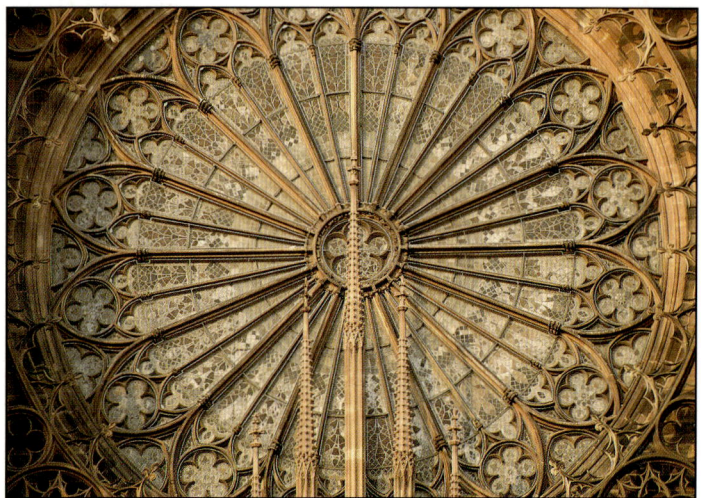

Rose der Westfassade

tion mit sich. Für Fanatiker paßte der erhabene Bau nicht in die neue Zeit. Sie plädierten dafür, den Turm abzutragen. Daß es nicht zu dieser Verschandelung kam, verdankt sich gewitzten Straßburgern, die ihn mit einer Blechverschalung versahen, um ihm dadurch das Aussehen einer gigantischen Jakobinermütze zu geben. Die Zerstörung vieler Skulpturen ließ sich jedoch nicht verhindern.

Als Meisterwerk gotischer Baukunst und -plastik gilt die **Westfassade** des Münsters mit dem Hauptportal und der 16blättrigen Rose, die einen Durchmesser von 15 m hat. Im Tympanon, dem Bogenfeld über dem Türsturz des Portals, ist auf vier Querfeldern die Passionsgeschichte dargestellt. Der Löwenthron Salomos darüber und Maria mit Kind in der Giebelspitze sind Kopien. In Stein gemeißelte biblische Szenen schmücken die Bogenläufe, ein Zyklus der Propheten das Portalgewände. Über der Rose sieht man eine Apostelgalerie und an der Fassade der Glockenstube die Darstellung des Weltgerichts. Ein Teil des Skulpturenschmucks um das Portal, der vorwiegend aus den beiden letzten Dekaden des 13. Jh. stammt, wurde während der Französischen Revolution zerstört und später nachgebildet. Teilweise handelt es sich aber auch um Kopien von Stücken, deren Originale aus Rettungsmaßnahmen im Musée de l'Œuvre Notre-Dame, der früheren Münsterbauhütte, ausgestellt sind (s. S. 88).

Laurentiusportal an der
Nordseite

Am linken Westportal wird im Gewände der Sieg der Tugenden über die Laster symbolisiert, und am rechten Westportal beeindrucken vor allem die klugen und törichten Jungfrauen.

Einer Legende zufolge wurden einige Bildwerke der Westfassade von Erwin von Steinbachs Tochter Sabine geschaffen. Belege dafür gibt es ebensowenig wie für die bloße Existenz dieser Frau. Nicht einmal der tatsächliche Name des großen Baumeisters, der 1318 starb, ist bekannt: ›Von Steinbach‹ bezieht sich wohl auf den Herkunftsort des Künstlers.

Das älteste Portal des Münsters, das **Portail de l'Horloge** (Uhrenportal, um 1220), befindet sich auf der Südseite. Die Bildwerke dieses dem Baustil nach romanischen Doppeleingangs zählen zu den schönsten des Münsters. Im linken Tympanon ist der Marientod dargestellt, rechts die Marienkrönung. Die Originale der Synagoge mit verbundenen Augen sowie der Ecclesia stehen ebenfalls in der früheren Münsterbauhütte.

Das spätgotische **Laurentiusportal** an der Nordseite ist mit Statuen der Gottesmutter, der heiligen drei Könige sowie des heiligen Laurentius geschmückt, die Hans von Aachen schuf.

Nicht nur kunsthistorisch Interessierte sollten auch das Innere des Prachtbaus besichtigen. Das 32 m hohe dreischiffige und siebenjochige **Langhaus** entstand etwa zwischen 1240 und 1275. Der gesamte Kirchenraum, in dem man auch die Johanneskapelle aus dem frühen 13. Jh., die Katharinenkapelle aus dem 14. Jh. und die Laurentiuskapelle aus dem frühen 16. Jh. beachten sollte, besticht durch seine großartige Architektur. Unter den Glasgemälden finden sich die sogenanntnten ›Kaiserfenster‹, vor allem im nördlichen Querhaus. Besonders sehenswert sind auch die spätgotische Steinkanzel, der Engelspfeiler, der das Gewölbe des südlichen Querschiffes trägt und mit einer Darstellung des Jüngsten Gerichts geschmückt ist, sowie die Astronomische Uhr, die in der zweiten Hälfte des 16. Jh. nach Plänen des Mathematikers Conrad Dasypodius von einem Schaffhau-

ser Brüderpaar gebaut wurde. Im Original erhalten ist das 18 m hohe Gehäuse, während das Uhrwerk zwischen 1834 und 1842 vom Uhrengenie Jean-Baptiste Schwilgué erneuert wurde.

Selbst bei schlechtem Wetter lohnt sich der Aufstieg zur 66 m hohen Plattform oder gar zum 106 m hohen Umgang zwischen den Ecktürmen, um den Ausblick auf den unregelmäßigen Dächerteppich und das Labyrinth der Gassen in der Altstadt zu genießen.

Zu Fuß durch die Altstadt

Während der Hauptsaison dient der gepflasterte Münsterplatz, das historische Stadtzentrum, als Freilichtbühne für Laienschauspieler und Amateurakrobaten, für Straßenmusikanten und Feuerschlucker, Pantomimen und ›Electric Men‹, die mit ihren mechanischen Bewegungen die Touristenscharen unterhalten.

Unweit des Münsters steht eines der schönsten Bürgerhäuser der Stadt, das **Maison Kammerzell** aus dem Jahr 1589. Kein anderer Fachwerkbau Straßburgs ist so reich mit Holzschnitzereien (biblische Gestalten und Helden der Antike) geschmückt, wie sie in der Renaissance beliebt waren. Im 19. Jh. bewohnte Kolonialwarenhändler Philipp-Franz Kammerzell das Haus.

Sehenswert ist auch die **Pharmacie du Cerf**, Frankreichs älteste, seit 1268 bestehende Apotheke.

Detail vom Kammerzellschen Haus

Das Haus an der Ecke zur Rue Mercière wurde 1567 fertiggestellt. In der Rue Mercière stehen weitere historische Häuser aus dem 16. und 17. Jh., darunter Haus Nr. 8 mit einem schönen Balkon aus dem 18. Jh.

Für eine Erkundung des historischen Zentrums bietet sich eine Umrundung der von den Armen der Ill umschlossenen Altstadtinsel an. Von diesem Weg aus lassen sich über kleine Abstecher die bedeutendsten Sehenswürdigkeiten der Stadt aufsuchen. Vom Münsterplatz begibt man sich über die gepflasterte Rue du Maroquin mit ihren zahlreichen Restaurants zur **Place du Marché-aux-Cochons-de-Lait**, dem alten Ferkelmarkt, an dem noch etliche Fachwerk- und Renaissancebauten aus dem 17. und 18. Jh. stehen. Am prächtigsten ist Haus Nr. 1 aus dem Jahr 1617.

Dann stößt man auf die Uferstraße an der Ill, wo Barkassen zu ihren Rundfahrten ablegen. Um das **Musée Historique** herum und dann über den Pont du Corbeau (Rabenbrücke) gelangt man zum **Cour du Corbeau**, einem idyllischen Hof aus dem 16. Jh. Hier stand früher ein Gasthof, in dem so illustre Persönlichkeiten wie Voltaire, Friedrich der Große, Kaiser Joseph II. von Österreich und Marschall Turenne eingekehrt waren.

Zurück über den Pont du Corbeau, von dem übrigens früher Verbrecher in Käfigen im Wasser der Ill untergetaucht wurden – je schwerer die Tat, desto länger die

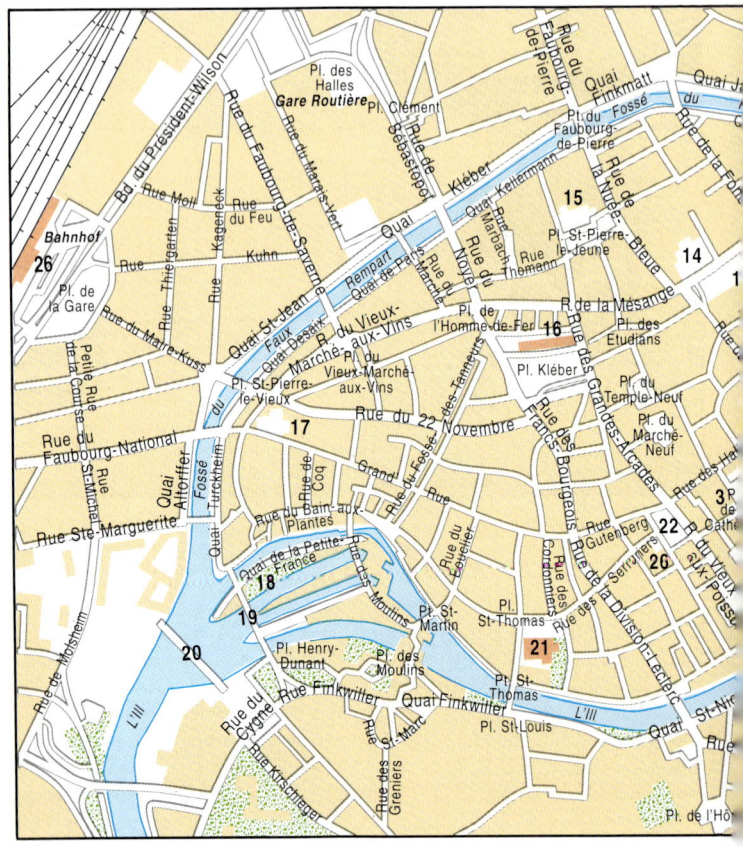

Prozedur, die nicht selten zum Tode führte. Dann geht es an der Ill entlang zur **Place du Marché-aux-Poissons**, dem ehemaligen Fischmarkt mit seiner Fachwerkbebauung. Jenseits einer breiten Terrasse befindet sich das **Château des Rohan**, Residenz der Kardinal-Bischöfe aus dem Hause Rohan-Sou-bise, von Robert de Cotte zwischen 1730 und 1742 errichtet. Kenner halten diesen Prachtbau mit korinthischen Säulen an der Hauptfassade für einen der schönsten Bischofspaläste des ganzen Landes. Heute sind in dem Komplex bedeutende Museen untergebracht: das Museum der Schönen Künste und das

Straßburg

1 Münster
2 Maison Kammerzell
3 Pharmacie du Cerf
4 Place du Marché-aux-Cochons-de-Lait
5 Cour du Corbeau
6 Place du Marché-aux-Poissons
7 Château des Rohan
  (Musée des Beaux-Arts,
  Musée d'Art Moderne u. a.)
8 Théâtre Municipal
9 Brunnen von Tomi Ungerer
10 Préfecture
11 Bibliothèque Nationale
12 Palais du Rhin
13 Hôtel de Ville (Rathaus)
14 Banque de France
15 Eglise St-Pierre-le-Jeune
16 L'Aubette (Hauptwache)
17 Eglise St-Pierre-le-Vieux
18 Petite France
19 Ponts Couverts
20 La Grande Ecluse
21 Eglise St-Thomas
22 Gutenberg-Denkmal
23 Musée Alsacien
  (Elsässisches Museum)
24 Musée Historique
25 Musée de l'Œuvre Notre-Dame
26 Office de Tourisme

Museum Moderner Kunst, das Museum der Dekorativen Künste sowie ein Archäologisches Museum (s. S. 87).

Ein schmaler, mit Steinplatten ausgelegter Fußweg führt weiter direkt an der Ill entlang. Sobald man die Flußverzweigung erreicht hat, steigt man über eine Treppe zum Quai St-Etienne hoch und folgt dann dem Fossé du Faux-Rempart bis zum neoklassizistischen **Stadttheater**, das zwischen 1872 und 1875 nach dem Deutsch-Französischen Krieg wiederaufgebaut wurde. In seiner Nachbarschaft liegt der von Tomi Ungerer zum 2000jährigen Jubiläum Straßburgs entworfene **Brunnen mit Janus-kopf**. Über den Pont du Théâtre sollte man einen Abstecher zur **Place de la République** machen, auf der das bekannte Denkmal der Mutter Elsaß mit ihren beiden toten Söhnen steht. Auf der Nordseite des Platzes befindet sich die **Präfektur** des Départements Bas-Rhin,

an der Ostseite das im letzten Jahrzehnt des 19. Jh. errichtete Gebäude der **Bibliothèque Nationale et Universitaire**. An der Westseite flankiert das als kaiserlicher Wohnsitz geplante **Palais du Rhin** (erbaut 1883–1889) den Platz.

Dann geht es zurück und am Theater vorbei zur platanenbestandenen

Straßengeschichten

Bei einem Blick auf den Stadtplan fällt auf, daß viele Straßen, Gassen und Plätze teils merkwürdige, teils amüsante Namen haben. Liegt es bei Bezeichnungen wie Rue des Serruriers (Schlosserstraße) oder Rue du Vieux-Marché-aux-Vins (Straße zum Alten Weinmarkt) nahe, auf ein bestimmtes Handwerk oder auf eine bestimmte Funktion zu schließen, so wird man sich jedoch fragen, was es beispielsweise mit dem Namen **Rue du Bain-aux-Plantes** (Pflanzbadstraße) für eine Bewandtnis hat.

Diese kleine Straße im Viertel Petite France hieß im 14. Jh. ›Glanzhof‹, woraus durch Verballhornung ›Pflanzhof‹ wurde. Der französischen Übersetzung ›Cour aux Plantes‹ wurde dann nur noch das öffentliche Bad hinzugefügt, das sich seit 1341 in der Straße befand.

Nicht minder seltsam ist der Name **Rue du Renard-Prêchant**, zu deutsch ›Straße des predigenden Fuchses‹. Sie liegt im Südosten der Altstadt, in einem im Mittelalter von zahlreichen Kanälen durchzogenen Wohnviertel, wo ein bettelarmer Fischer namens Fuchs lebte. Da der Mann alle Not hatte, die hungrigen Mäuler seiner Kinder zu stopfen, lockte er eines Tages mit Rufen und Futterhappen die fetten Gänse eines Nachbarn heran, die auf den Kanälen schwammen. Zwar gelang dem listigen Fuchs der rechtswidrige Fang, doch brachte ihn die Obrigkeit dafür hinter Gitter.

In etwa derselben Stadtgegend liegt an der Rue de Zurich die **Place du Pont-aux-Chats**, der Katzenbrückleinplatz. Im Mittelalter verlief durch die heutige Züricher Straße noch ein kleiner Wasserlauf, und dort, wo sich der Platz befindet, führte ein so schmaler Steg über das Flüßlein, daß einmal sogar eine Trauergesellschaft samt Totenwagen

Place Broglie mit dem **Rathaus**. Der Platz ist zugleich Geburtsstätte der französischen Nationalhymne: Im Gebäude der **Banque de France**, damals die Wohnung des ersten Bürgermeisters, de Dietrich, wurde 1792 zum ersten Mal der Franzosen Freiheitslied, die *Marseillaise,* gesungen.

Am Ende des mit herrschaftlichen Bauten umgebenen Platzes biegt rechts die Rue de la Nuée-Bleue zur 700 Jahre alten **Eglise St-Pierre-le-Jeune** ab. Eine Gruft aus

Bilderbuchidylle in Petite France ▷

hinabstürzte. Die Brücke war eben nur breit genug für ein paar Katzenpfoten.

Eine ganz andere Geschichte besitzt die **Rue de Fil**, die ›Fadenstraße‹, in der sich seit Jahrzehnten die Straßburger Gefängnisanstalt befindet. Früher konnte man alteingesessene Straßburger herumlungernden Landstreichern auf Elsässerdeutsch »Fadegass, Fadegass!« zurufen hören – ein unmißverständlicher Hinweis darauf, wo man die Betreffenden am liebsten gesehen hätte.

In der Nähe der Place Kléber liegt die **Place de l'Homme-de-Fer**, der ›Platz des Mannes aus Eisen‹. Die Bezeichnung geht auf den Werbegag eines mittelalterlichen Waffenschmieds zurück, der vor seinem Haus als ›Firmenzeichen‹ eine Menschenfigur in Ritterrüstung anbrachte. Diese ›eiserne‹ Werbeidee kann man im Historischen Museum betrachten. Die Landsknechtsstatue, die heute die Stellung hält, ist eine Kopie.

Etliche Straßennamen beruhen auch auf Mißverständnissen oder Übersetzungsfehlern. Östlich der Eglise St.-Thomas verläuft beispielsweise die **Rue de l'Ail**, die ›Knoblauchstraße‹, ursprünglich nach einem praktischen Arzt namens Knobloch benannt.

Schließlich hat auch die Bezeichnung **La Petite France** für Straßburgs Renommierviertel einen ›besonderen‹ Ursprung. Dort, wo heute wunderschön restaurierte und wiederaufgebaute Fachwerkhäuser ihre Schatten auf die Pflastergassen werfen und die Touristenmassen im Sommer den Elsässer Wein probieren, befand sich Ende des 15. Jh. ein Spital. Hier heilten die Soldaten von König Charles VIII. ihre Geschlechtskrankheiten aus, die sie sich in Italien bei der Eroberung des Königreichs Neapel in den Jahren 1494/95 zugezogen hatten. Südlich der Alpen nannte man diese Krankheit ›die französische‹, was sich auf das Krankenhausviertel übertrug.

der Merowingerzeit mit fünf Bestattungsnischen unter dem südlichen Seitenschiff weist auf einen Vorgängerbau aus dem 7. Jh. hin. Das heutige im 13. Jh. errichtete Gotteshaus präsentiert sich als vierschiffige gotische Pfeilerbasilika. Die Fundamente des Glockenturms gehen auf einen 1050 eingeweihten romanischen Bau zurück. Der Innenraum wurde Ende des 19. Jh. im neugotischen Stil gestaltet.

Die Petite Rue de l'Eglise verbindet den Vorplatz der Kirche mit der

Rue de la Mésange. Schräg über sie hinweg erreicht man die Rue des Grandes-Arcades und die **Place Kléber**. Dieser zentrale Platz ist dem Straßburger General Jean-Baptiste Kléber gewidmet, der im Juni 1800 als Oberbefehlshaber Napoléons in Kairo ermordet wurde. Das kleine **Denkmal** ist zugleich Grabstätte des Generals. Die **Aubette**, die ehemalige Hauptwache an der Nordseite des Platzes, wurde im 18. Jh. von Architekt Jean-François Blondel erbaut (s. S. 88). Von hier aus sollte man sich zu den Quais am Fossé du Faux-Rempart begeben und ihm nach links folgen. Entlang dieses ehema-

---

Die Ponts Couverts

ligen Verteidigungsgrabens wurde im 12. Jh. eine Mauer errichtet, die der Stadterweiterung im 14. Jh. weichen mußte. Den Graben ließ man mit dem Wasser der Ill vollaufen. Unweit des Ufers liegt die **Eglise St-Pierre-le-Vieux** am gleichnamigen Platz. Die Kirche ist ein Unikum, weil Schiff und Chor durch eine Mauer voneinander getrennt wurden, ehe man das Gotteshaus auf Anordnung des Sonnenkönigs im Jahre 1681 auch funktional so aufteilte, daß die Protestanten für ihre Gottesdienste das Schiff, die Katholiken den Chor erhielten. Erst knapp 200 Jahre später baute die katholische Gemeinde an der alten Stelle eine neue Kirche.

Am Fluß entlang gelangt man nach **Petite France**, einem malerischen Stadtteil mit krummen Pflastergassen, verwinkelten Höfen und idyllischen Wasserwegen, wo sich in der Hauptsaison die Touristen auf die Füße treten, sofern sie sich nicht von den Ausflugsbarkassen durch die Kanäle chauffieren lassen. Früher galt dieses älteste Wohn- und Handwerkerviertel der Stadt als verrufen, es stank nach Gerberei, Abfall und billigem Fusel, der in den düsteren Spelunken in Strömen floß. Heute ist Petite France das aufgemöbelte und

schön dekorierte Fenster Straßburgs ins Fachwerkzeitalter. Die Restaurants sind auf Kundschaft aus aller Welt eingestellt. Hauptstraße des Postkartenviertels ›Klein-Frankreich‹ ist die Rue du Bain-aux-Plantes (s. S. 80) mit einigen sehenswerten Bauten. Das Haus, in dem sich das Restaurant Lohkäs befindet, stammt ebenso aus dem 16. Jh. wie Haus Nr. 27, das 1591 fertiggestellt wurde.

Von Petite France zu den **Ponts Couverts** ist es nur ein Katzensprung. An einem der vier schmalen Illkanäle entlang erreicht man die früher einmal ›gedeckten‹ drei Brücken, von denen aus die Illarme durch Fallgitter zu Verteidigungszwecken blockiert werden konnten. Zwischen den Brücken erheben sich trutzige Türme aus dem 13. bis 15. Jh. Gegenüber von den Ponts Couverts überspannt **La Grande Ecluse** die Ill. Das Große Wehr gehört zu den von Vauban Ende des 17. Jh. errichteten Verteidigungsanlagen, Wällen, Vorwerken und Kasematten, die Straßburg in seinen dunkelsten Zeiten allesamt wenig nützten. Von der Aussichtsterrasse auf dem Wehr (von November bis Februar Gratiseintritt) hat man den wohl schönsten Blick über die Ill, die ›gedeckten‹ Brücken und das Viertel Petite France auf die Stadt. Jedes Jahr am französischen Nationalfeiertag, dem 14. Juli, wird auf der Terrasse ein Feuerwerk abgebrannt.

Nach dem Überqueren des Pont St-Martin biegt man nach rechts ab, um die **Eglise St-Thomas** aus dem frühen 13. Jh. zu erreichen. Diese Kirche, im 14. Jh. zu einer fünfschiffigen Halle ausgebaut, hat Geschichte gemacht, da sich ihre Gemeinde als erste Straßburgs zur Reformation bekannte. Mit einer Vielzahl an Grabmälern im Innern bildet sie zugleich eine Art überdachten Friedhof. Die monumentale Grabstätte des 1750 verstorbenen Marschalls Moritz von Sachsen, der in den Diensten Ludwigs XV. stand und sich vor allem im Österreichischen Erbfolgekrieg auszeichnete, ist mit Bildwerken des Künstlers Jean-Baptiste Pigalle (1714–1785) geschmückt, der barocke Gestaltung und Formen des beginnenden Klassizismus meisterlich zu verbinden wußte.

Der kürzeste Weg zurück zum Münster führt über die Rue des Serruriers zur **Place Gutenberg**, benannt nach dem Erfinder des Buchdrucks. Gutenberg, dem hier ein Denkmal errichtet wurde, lebte und arbeitete einige Jahre lang in Straßburg. Am Platz befindet sich auch die Touristeninformation. Von dort sind es nur noch wenige Schritte bis zum Ausgangspunkt. Alternativ kann man von der Eglise St-Thomas entlang der Ill über den Quai St-Thomas gehen und dann von der Rue de la Douane nach links in den Straßenzug Rue de l'Ecurie/Rue de l'Epine einbiegen. Dort stehen stattliche Bürgerhäuser, im 17. bzw. 18. Jh. für jene Geschäftsleute erbaut, die häufig mit dem Zoll zu tun hatten und deshalb in seiner Nähe wohnen wollten.

Museen

Alle Museen der Stadt sind unter ☎ 88 52 50 00 zu erreichen und haben (falls nicht anders vermerkt) folgende Öffnungszeiten: Mi–Mo 10–12 und 14–18 Uhr.

Château des Rohan, 2, Place du Château: Im Erdgeschoß dieses großartigen Baus (s. S. 78 f.) befinden sich repräsentative Säle, **Gro-ßes und Kleines Appartement** genannt, deren Innendekoration aus dem 18. Jh. stammt. Die Räume im ersten und zweiten Stock des Hauptgebäudes sind durch das **Musée des Beaux-Arts** belegt, dessen Sammlung italienische, spanische, französische und niederländische Gemälde unterschiedlicher Epochen umfaßt. Hier sind Werke von Hans Baldung Grien, Mathias Grünewald und Martin Schongauer ebenso zu sehen wie Gemälde von Fra Angelico, Botticelli, Tintoretto, Caravaggio, Goya, Zurbarán,

Pont Ste-Madelaine nahe dem Chateâu des Rohan

El Greco, Rubens, van Dyck, Watteau, Fragonard oder Brueghel. Das **Musée Archéologique** stellt in 28 Sälen des Untergeschosses Exponate aus der Frühzeit und dem ersten nachchristlichen Jahrtausend aus. Zu den Sammlungen des Musée des **Arts Décoratifs** im rechten Flügel gehören Fayencen und Porzellanarbeiten, auch aus Straßburg und Niderviller, sowie Goldschmiedearbeiten und Möbel. Schließlich ist das **Musée d'Art Moderne** im Rohan-Schloß untergebracht. Es besitzt bedeutende Werke moderner und zeitgenössischer Kunst, darunter von Klimt, Klee, Arp, Ernst und anderen.

Musée de L'Œuvre Notre-Dame, 3, Place du Château (südlich der Kathedrale): Ehemalige Dombauhütte mit Malereien und Skulpturen, Kirchenfenstern und Mobiliar aus dem mittelalterlichen Elsaß und der Zeit der Renaissance. Hier sind etliche Originalskulpturen des Straßburger Münsters zu sehen, die dort heute als Kopien vorhanden sind.

Musée Alsacien, 23, Quai Saint-Nicolas: Kunsthandwerk und Volkstümliches aus dem Elsaß in drei Gebäuden.

Musée Historique, 3, Place de la Grande- Boucherie: Sammlung von Dokumenten, Waffen, Uniformen und Ausrüstungsgegenständen aus der Stadtgeschichte des Mittelalters und der Zeit der Reformation.

Aubette, Place Kléber, ☎ 88 60 90 90, Anschluß 85 75: Vom

Straßenmusiker in Petite France

Künstlertrio Theo van Doesburg, Hans Arp und Sophie Taeuber-Arp gestalteter Repräsentativbau mit avantgardistischer Innenarchitektur, im ursprünglichen Stil restauriert.

ⓘ **Information:** Office de Tourisme, Bureau d'Accueil, 10, Place Gutenberg, ☎ 88 52 28 28; Pavillon d'Accueil, Place de la Gare, ☎ 88 32 51 49; Pavillon d'Accueil, Pont de l'Europe (Europabrücke nach Kehl), ✆ 88 61 39 23; Öffnungszeiten Mo–Fr 9–12.30 und 13.45–18 Uhr; Sa ist nur das Büro an der Place Gutenberg geöffnet.

Diese Ämter verkaufen den *Strasbourg-Paß,* der drei Tage gültig ist und einige Vergünstigungen wie freien Eintritt in ein Museum und eine kommentierte Schiffsrundfahrt sowie Preisermäßigungen beinhaltet.

Unterkunft: Maison Rouge, 4, Rue des Francs-Bourgeois, ✆ 88 32 08 60: zentrale Lage in der Altstadt, FFFF. Le Grand Hôtel Concorde, 12, Place de la Gare, ✆ 88 32 46 90; Vier-Sterne-Hotel, FFFF. Continental, 14, Rue du Maire Kuss, ✆ 88 22 28 07, FF-FFF. Des Rohan, 17–19, Rue du Maroquin, ✆ 88 32 85 11, FFF. Le Relais de Strasbourg, 4, Rue du Vieux-Marché-aux-Vins, ✆ 88 32 80 00, FF-FFF. Michelet, 48, Rue du Vieux-Marché-aux-Poissons, ✆ 88 32 47 38, F-FF. La Couronne, 26, Faubourg de Saverne, ✆ 88 32 35 45, F-FF.

Jugendherbergen: Auberge de Jeunesse R. Cassin, 9, Rue de l'Auberge-de-Jeunesse, Route Nationale 392, ✆ 88 30 26 46; Auberge de Jeunesse du Parc du Rhin, Rue des Cavaliers, ✆ 88 60 10 20; CIARUS, Centre d'Hébergement, 7, Rue Finkmatt, ✆ 88 32 12 12.

Restaurants: Le Crocodile, 10, Rue de l'Outre, ✆ 88 32 13 02, So/Mo Ruhetag: anerkanntes Feinschmeckerrestaurant – Besitzer Emile Jung wurde 1989 zum besten Koch Frankreichs gekürt, FFFF. Buerehiesel, 4, Parc de l'Orangerie, ✆ 88 61 62 24, Di abend und Mi Ruhetag: ein Highlight unter den Gourmet-Treffs im Elsaß, z. B. mit traumhaften Fasanenfilets,

FFFF. Kammerzell, 16, Place de la Cathédrale, ✆ 88 32 42 14: Vier-Sterne-Restaurant in einem der schönsten historischen Häuser der Stadt, FFF-FFFF. Le Clou, 3, Rue du Chaudron, ✆ 88 32 11 67, So Ruhetag und zwei Wochen im Aug. geschlossen: Weinstube mit elsässischer Küche, FF-FFF. Hailich Graab (Saint Sépulcre), 15, Rue des Orfèvre, ✆ 88 32 39 97, So/Mo Ruhetag und Mitte Juli bis Anfang Aug. geschlossen: vor allem bei Nicht-Elsässern sehr beliebte Weinstube, FF. Weberstub, Pont St-Martin, im Viertel Petite France, ✆ 88 32 45 13: eine der beliebtesten Weinstuben der Stadt, FF. Strissel, 5, Place de la Grande-Boucherie, ✆ 88 32 14 73, So/Mo Ruhetag: auf Vorbestellung Baeckeofe am Freitagabend, dazu Wein aus der Karaffe, FF. S' Burjerstuewel, s. S. 55.

Theater: Straßburg hat eine beachtliche ›Theaterlandschaft‹. Stolz ist die Stadt auf das Théâtre National des Strasbourg (1, Rue du Général-Gouraud, ✆ 88 35 63 60), das einzige in einer Regionalmetropole angesiedelte französische Nationaltheater. Es wird von der Regierung subventioniert. Le Théâtre Municipal (19, Place Broglie, ✆ 88 75 48 23) präsentiert häufig elsässisches Theater und Boulevard-Theater, während die Opéra du Rhin, eine von Straßburg, Colmar und Mulhouse gemeinsam getragene Einrichtung, vielfältige Produktionen – von Opern über Schauspiele bis zu Ballett – vorstellt. Le Maillon (12, Place André-Maurois, ✆ 88 27 61 81) bietet eine breite Palette an Kulturveranstaltungen: von Tanz und Theater über Variétés und Konzerte bis hin zu Filmveranstaltungen. La Maison des Arts et Loisirs (1, Rue du Pont-St-Martin, ✆ 88 32 74 04) und Le Théâtre Jeune Public (7, Rue des Balayeurs, ✆ 88 35 70 10) bieten meist auch für Kinder geeignete Theater-, Ballett- und Marionettenprogramme. Das Théâtre Universitaires – ARTUS (22, Rue Descartes, ☎ 88 61 68 40) zeigt unterschiedlichste Theaterstücke. La Choucrouterie (20, Rue Saint-Louis, ☎ 88 36 07 28) ist eine Straßburger Kneipenbühne des bekannten elsässischen Barden Roger Siffer (Kleinkunst, Chansons, Lieder und Theaterstücke). Les Drapiers (Centre Théâtral Rhenan, 31, Rue Louis-Apffel, ☎ 88 36 67 49) ist bekannt für experimentelles Theater.

Musik: Liebhaber klassischer Musik kommen im Palais de la Musique et des Congrès (Avenue Schutzenberger, ☎ 88 37 67 67), wo man das Straßburger Philharmonie-Orchester hören kann, sowie in der Opéra du Rhin (s. o.), die in Straßburg im Théâtre Municipal konzertiert, auf ihre Kosten. Kammermusikkonzerte veranstaltet Le Conservatoire de Musique (Place de la République, ☎ 88 36 55 02). In der Sommersaison sind die Orgelkonzerte im Münster eine Attraktion für viele Besucher. Ähnliche Veranstaltungen gibt es in der Eglise St-Pierre-le-Jeune sowie in der Eglise St-Thomas.

Folk-, Rock-, Pop- und andere Konzerte finden oft auf dem Ausstellungsgelände Parc des Expositions Wacken statt. Über das aktuelle Kulturangebot und die in Straßburg ausgetragenen Festivals informieren neben den Tageszeitungen auch die Veranstaltungshefte ›Hebdoscope‹ und ›Strasbourg Actualités‹, die man an den Zeitungskiosken bekommt.

Bars: Nachschwärmer treffen sich in Bars wie Bistro Piano Bar (30, Rue des Tonneliers), Cabaret d'Aiglon (27, Rue du Vieux-Marché-aux-Vins, Tanz- und Striptease-Bar), Le Viking (11, Rue Kageneck, Nachtbar und Club) oder Gery's Piano Bar (1, Rue de la Grange).

Flughafen: Der Flughafen Aérogare Strasbourg-Entzheim liegt etwa 10 km von Zentrum entfernt an der Straße 392 (☎ 88 64 67 67).

Züge: Straßburg bildet den zentralen Eisenbahnknotenpunkt des Elsaß. Der SNCF-Bahnhof (Place de la Gare, ☎ 88 22 50 50) liegt nicht nur an der internationalen Ost-West-Verbindung Paris–München/Frankfurt mit Haltestellen in Saverne und Kehl am Rhein, sondern auch an der Linie Saarbrücken–Basel–Mailand mit Haltestellen in Sélestat, Colmar und Mulhouse. Auf Nebenstrecken sind von Straßburg darüber hinaus Lauterbourg, Wissembourg, Haguenau und Molsheim zu erreichen.

Busse: Verbindungen von Straßburg nach Nancy (über Sélestat und Ste-Marie-aux-Mines) sowie nach Saverne (via Haguenau, Neubourg, Bouxwiller, Dossenheim/Zinsel und Steinbourg). Die Überlandbusse fahren am Gare Routière (Place des Halles) ab. In der Stadt verkehren CTS-Busse (Zentrale: 14, Rue de la Gare-aux-Marchandises, ☎ 88 28 20 30). Der Bus der Linie 21 fährt vom Gare Central über die deutsche Grenze zum Bahnhof in Kehl.

Taxis: Die Taxizentrale ist unter ☎ 88 36 13 11 erreichbar. Taxistände: an der Place de la Gare, Place Kléber, Place Arnold, Place de l'Hôpital sowie am Palais d'Europe.

Abendstimmung, eingefangen beim Bummel über die Grand' Rue

Colmar

Wer sich Colmar, der drittgrößten Stadt des Elsaß, vom deutsch-französischen Grenzübergang in Neubreisach nähert und zunächst die Außenviertel durchfährt, wird kaum ins Schwärmen geraten. Und wer von der Durchgangsstraße Mulhouse–Straßburg nicht rechtzeitig Richtung Zentrum abbiegt, wird sich mit dem Anblick des Industrieviertels und einiger Supermärkte zufriedengeben müssen. Aber die 80000 Einwohner zählende Schöne am Fuß der Vogesen hat mehr zu bieten als Fertigungskomplexe und Einkaufszentren.

Der mittelalterliche Stadtkern mit seinen herausgeputzten Fachwerk- und Renaissancehäusern zählt zu den sehenswertesten des ganzen Elsaß. Daß dieses schöne Ensemble bis heute erhalten blieb, verdankt sich einem Bau- und Denkmalschutzgesetz, das Eingriffe im historischen Kern unterbindet. Hausbesitzer können zwar ihre alten Wohnungen sanieren, müssen aber die originalen Fassaden stehenlassen.

Geschichte

Im Jahr 823 wurde Colmar erstmals als fränkischer Königshof namens ›Columbarium‹ erwähnt. Er stand im Süden der Altstadt am Boulevard St-Pierre, dort, wo sich heute das Lycée Bartholdi befindet. Rund

400 Jahre später, 1226, erhob Kaiser Friedrich Barbarossa den inzwischen gewachsenen Ort zur freien Reichsstadt – sechs Jahre, nachdem der Reichsschultheiß Wölfelin die erste Stadtmauer um Colmar hatte errichten lassen. Diese Ernennung war mit gewissen Privilegien verbunden, etwa dem Recht, Münzen zu prägen.

Der prosperierende Ort stieg zum bedeutendsten Handels- und Kulturzentrum nach Straßburg auf und durchlebte eine wechselvolle Geschichte. Colmar mußte sich ebenso in Auseinandersetzungen mit dem Bischof von Straßburg wie mit dem elsässischen Landadel behaupten. Die Parteinahme des Ortes für Rudolf von Habsburg wurde 1278 mit der Gewährung des Stadtrechts belohnt. Schon zu Beginn des 14. Jh. basierte die Wirtschaft Colmars auf dem Weinhandel. Bis ins Baltikum verschickten die Winzer ihre Fässer. Um ihren Wohlstand und die Unabhängigkeit von den Bischöfen Straßburgs zu erhalten, trat die Stadt im Jahr 1354 dem Zehnstädtebund bei.

Seit dem ausgehenden Mittelalter bildete Colmar neben Straßburg ein Zentrum der geistigen Bewegungen des Humanismus und der Reformation. Nach dem Dreißigjährigen Krieg sollte die Stadt wie das übrige Elsaß dem französischen Staat einverleibt werden, doch wehrten sich die Colmarer nach besten Kräften gegen die Loslösung vom Reich. Der Anschluß an Frankreich wurde letztendlich erst 1678, nach Beendigung des Holländischen Krieges, im Frieden von Nimwegen vollzogen. Danach entwickelte sich Colmar zu einem Verwaltungszentrum, es wurde Sitz der Präfektur des Départements Haut-Rhin und des elsässischen Oberlandesgerichts. Zwischen 1820 und 1900 wuchs die Bevölkerung von 14 300 auf 36 800 an. Die Stadt begann als Industriestandort eine immer größere Rolle zu spielen. Über alle politischen, wirtschaftlichen und kulturellen Ereignisse hinweg blieb der mittelalterliche Stadtkern vergleichsweise unverfälscht erhalten.

Besichtigung

Ein Rundgang durch Alt-Colmar kann am **Musée d'Unterlinden** beginnen. Das säkularisierte Dominikanerinnenkloster aus dem 13. Jh. mit seinem Kreuzgang aus Sandsteinbögen, das seinerzeit bei der Stadtmauer errichtet wurde, zählt in der Tat zu den bedeutendsten Sehenswürdigkeiten des Elsaß und ist eines der meistbesuchten Museen Frankreichs. Dies verdankt sich weniger der schönen Architektur des Gebäudes als vielmehr den in seinen Mauern untergebrachten Kunstwerken. Sie präsentieren sich dem Besucher, sobald er an dem reichornamentierten Brunnen aus der Renaissancezeit vorbei den Eingang passiert hat. Nach seiner Auflösung während der Französischen Revolution diente das Klo-

ster eine Zeitlang als Soldatenlager. Mitte des vergangenen Jahrhunderts wurde es in ein Museum umfunktioniert. Die 1847 gegründete Schongauergesellschaft trug seit damals die Kunstschätze zusammen, die heute die Reputation des Museums ausmachen.

Weltruhm erlangte es vor allem durch die Altarbilder, die Mathias Grünewald vermutlich in den Jahren 1512 bis 1516 für das Antoniterkloster im benachbarten Isenheim malte. Der Isenheimer Altar, aus riesigen, wie Bibelseiten aufgeschlagenen Bildtafeln und doppelseitig bemalten, aufklappbaren Flügeln bestehend, ist in der Klosterkapelle aufgestellt (s. S. 94 f.). Dort kann man auch den Passionsaltar von Martin Schongauer bewundern, einem Maler und Kupferstecher, der um die Mitte des 15. Jh. in Colmar zur Welt kam, in den Niederlanden lernte und vor allem vom niederländischen Maler Rogier van der Weyden beeinflußt wurde. Im Colmarer Museum sind jene Werke ausgestellt, die Schongauer für die örtliche Dominikanerkirche schuf.

Abgesehen von diesen herausragenden Objekten kann man im Unterlindenmuseum Gemälde, Skulpturen und Kunstgewerbe des Mittelalters und der Renaissance sehen: Goldschmiedearbeiten und Mobiliar, Waffen und Rüstungen, Fayencen und Porzellanarbeiten, Gegenstände aus Zinn, Grafiken des 15. und 16. Jh. sowie viele auserlesene Exponate der Kirchenkunst.

Himmelhoch und höllentief

Der Isenheimer Altar

Colmar verdankt seine heutige Reputation als Stadt der Kunst und Kultur in erster Linie einem Meister des 15. und 16. Jh.: Mathis Gothart Neithart, genannt Mathias Grünewald, wird eines der bedeutendsten mittelalterlichen Kunstwerke zugeschrieben – der Isenheimer Altar.

Viel mehr, als daß der große Künstler ein Zeitgenosse Albrecht Dürers war, läßt sich über Mathias Grünewald kaum sagen. Wahrscheinlich kam er zwischen 1470 und 1480 in Würzburg zur Welt und starb im Jahre 1528 in Halle an der Saale, wo er zuletzt als ›Wasserkunstmeister‹ arbeitete, nachdem er drei Jahre zuvor aus den Diensten des Erzbischofs von Mainz entlassen worden war. Grünewalds Monogramm besteht aus drei mit Punkten und Schnörkeln verzierten Buchstaben: Über den ineinander verschlungenen Buchstaben ›M‹ und ›G‹ steht ein ›N‹ zu lesen.

Zahlreiche Werke Grünewalds sind vermutlich verlorengegangen. Neben dem Isenheimer Altar, der zu den wertvollsten Ausstellungsstücken des Colmarer Unterlindenmuseums gehört, gibt es rund ein Dutzend weiterer Bildtafeln sowie eine Reihe von Zeichnungen.

Der Isenheimer Altar ist schon von seinem Aufbau her ein Kunstwerk ganz besonderer Art. Er besitzt doppelte Flügeltüren und einen geschnitzten Schrein. Die großen Bildtafeln sind auf der Vorder- wie auf der Rückseite bemalt und konnten je nachdem, wie sie aufgeklappt wurden, in ein zum Gang des Kirchenjahres passendes Bildwerk verwandelt werden. Sind die Seitenflügel geschlossen, sieht man im Zentrum die Kreuzigung Christi, einen vom Todeskampf gekennzeichneten, geschundenen Körper mit abgeknickten Füßen und zur Seite gefallenem Haupt sowie in schmerzvoller Erstarrung gespreizten und gekrümmten Fingern – ein Bild des Leidens.

Halb geöffnet, zeigt der Altar die Verkündigung an Maria, ein Engelskonzert, die Geburt Christi und schließlich dessen triumphale Auferstehung: Von der Christuserscheinung geblendet, fallen die mit Schwertern, Helmen und Kettenhemden bewehrten Grabwächter übereinander, während sich Jesus – die erhobenen stigmatisierten Handflächen dem Betrachter zugewandt – von seinem Grabtuch löst und ins Licht erhebt.

Detail aus dem ›Weihnachtsbild‹

Wird auch noch das innere Flügelpaar des Altars geöffnet, erscheint ein drittes Bildwerk, nämlich der Besuch des heiligen Antonius beim heiligen Paulus. Auf den drei mittleren Tafeln sind die Heiligen Augustinus, Antonius und Hieronymus zu sehen. Auf dem äußeren rechten Flügel ist die Versuchung des heiligen Antonius dargestellt: Der von Monstern umgebene Heilige liegt am Boden, eine gehörnte Bestie zerrt an seinen Haaren, während ihn unmenschliche Vogel- und Höllenwesen mit erhobenen Schlagstöcken, gebleckten Zähnen und weitaufgerissenen Rachen bedrohen.

Gerade diese Darstellung gibt vielleicht Aufschluß über den Schöpfer der Bildfolgen – einen von Angst und Hoffnung, von Schönheit und Besessenheit, von Chaos und Ordnung getriebenen Menschen.

Sogar ein typisch elsässischer Winzerkeller wurde im Museum aufgebaut. Im Untergeschoß ist eine archäologische Sammlung sowie zeitgenössische Kunst untergebracht (April bis Okt. tägl. 9–12 und 14–18 Uhr, Nov. bis März tägl. außer Di 9–12 und 14–17 Uhr; Führungen in mehreren Sprachen sind nach Voranmeldung im Office de Tourisme möglich).

Jenseits der Klostermauern, die heute das Unterlindenmuseum beherbergen, liegt das stimmungsvolle Labyrinth der gewundenen Altstadtgassen, ein Freilichtmuseum der mittelalterlichen Architektur, gäbe es da nicht auch T-Shirt-Boutiquen und Videoverleiher.

Gleich neben dem Museum befindet sich das **Office de Tourisme**, wo man sich einen detaillierten Stadtplan besorgen kann. Südlich davon steht die äußerlich schmucklose, im Innern aber sehenswerte **Eglise des Dominicains** (März bis Mitte Nov. tägl. 10–18 Uhr). Den Grundstein dieses zum Dominikanerorden gehörenden Gotteshauses legte im Jahr 1283 kein Geringerer als König Rudolf von Habsburg. Bei einem Feuer im Jahre 1458 wurden das Dach, der Lettner und wahrscheinlich auch der Hochaltar in Mitleidenschaft gezogen.

Auch im Innern zeigt sich die ›Handschrift‹ des Bettelordens der Dominikaner in der schlichten Ausgestaltung des wuchtigen Hallenbaus mit seinem 35 m langen Schiff und dem 30 m langen Chor.

Sehenswert sind die Glasfenster aus dem 14./15. Jh., in denen Szenen aus dem Leben Jesu bzw. verschiedener Apostel dargestellt sind; die Glasgemälde in den zehn Chorfenstern sind den Geheimnissen des Rosenkranzes gewidmet. Das bedeutendste Kunstwerk in der Kirche ist die berühmte, 1473 geschaffene ›Madonna im Rosenhag‹ von Martin Schongauer, die vor dem Chor aufgestellt ist.

Über die Rue des Clefs, eine Einkaufsstraße, an der auch das in den Jahren 1778 bis 1782 erbaute **Rathaus** liegt, gelangt man auf die **Place Jeanne-d'Arc**, einen unregelmäßigen, teils von Fachwerkhäusern gesäumten Platz. Man gehe zunächst quer über den Platz, um hinter der **Eglise St-Matthieu** in die Rue du Chasseur zu gelangen, in der sich Alt-Colmar von seiner malerischen Seite zeigt. Die Eglise St-Matthieu, früher Kirche des Franziskanerklosters, wurde nach dem Vorbild der Dominikanerkirche zwischen 1290 und 1340 erbaut. Bei Restaurierungsarbeiten, die in den achtziger Jahren begannen, konnte auch die Bemalung der Holzdecke aus der Renaissance freigelegt werden, die ebenso eine elsässische Rarität darstellt wie der noch erhaltene Lettner, der das Langhaus vom Chor trennt. Stolz sind die Gemeindemitglieder darauf, in ihrem Gotteshaus eines von insgesamt 34 Instrumenten des berühmten Orgelbauers Andreas Silbermann zu besitzen. Es stammt aus dem Jahre 1732.

Martin Schongauers
›Madonna im
Rosenhag‹

Unweit der Kirche, in der Grand' Rue Nr. 15, steht die **Maison des Arcades**, ein beeindrukkender Renaissancebau aus dem Jahr 1606. In ihrem weiteren Verlauf weitet sich die Grand' Rue zur **Place de l'Ancienne-Douane**, die von schönen Fachwerkbauten umgeben ist, ein malerisches Ensemble, das eine mittelalterliche Atmosphäre ausstrahlt. Den Platz ziert der achteckige Schwendi-Brunnen. Er ist dem Feldherrn Lazarus von Schwendi (1522–1584) gewidmet, einem Feldobristen Karls V., der in Ungarn gegen die Türken kämpfte und die heute im Elsaß weitverbreitete Tokayerrebe mitgebracht haben soll. Die von Patina überzogene Statue des bärtigen Offiziers wurde vom Colmarer Bildhauer Frédéric Auguste Bartholdi (1834–

Fast dörflich mutet die Altstadt mit
ihren Fachwerkbauten an

1904) geschaffen, den vor allem
seine New Yorker Freiheitsstatue
bekannt machte (s. S. 102 f.).

Auffällig auf dem Platz ist die
aus zwei verbundenen Gebäu-
deteilen bestehende **Ancienne
Douane**, auch Koifhus genannt.
Von den Sakralbauten abgesehen,
ist dieser frühere Sitz des Magistrats
das größte Bauwerk der Stadt. Das
Erdgeschoß wurde von Kaufleuten
als Warendepot benutzt. Der französische Name ›Alter Zoll‹ erinnert
daran, daß auf die hier gelagerten
Waren ein Einfuhrzoll erhoben
wurde. Der gotische Haupttrakt
stammt aus dem Jahr 1480. Der
Anbau wurde im 16. Jh., zur Zeit

der Renaissance, hinzugefügt. Der
Prunksaal in der oberen Etage ist
größtenteils mit den früher üblichen Butzenscheiben ausgestattet.
Die Wappen in den Fenstern erinnern an die Zeit des Zehnstädtebundes zwischen 1354 und 1788,
als hier regelmäßig Versammlun-
gen der Vertreter der Dekapolis-
Städte stattfanden. Außerdem wurde der prächtige Saal auch für
Gerichtsverhandlungen genutzt.

In südöstlicher Richtung biegt
von der Place de l'Ancienne-
Douane die Rue des Tanneurs ab,
die durch das restaurierte **Quartier
des Tanneurs**, das ehemalige Gerberviertel der Stadt, führt. Man
kann sich vorstellen, wie in dem
kleinen Nebenarm des Flüßchens
Lauch, dessen Quelle in den Vogesen liegt, die Handwerker ihre
Felle und Häute wässerten. Noch

heute strahlt dieser Stadtteil bürgerliche Beschaulichkeit aus.

Sobald man den Quai de la Poissonnerie erreicht hat, hält man sich rechts und folgt der Rue de la Poissonnerie entlang dem Flüßchen. Die in unterschiedlichen Farben ge-

tünchten, putzigen Fachwerkhäuser an der Südseite geben ein hübsches Bild ab. Nun befindet man sich bereits in **Petite Venise**, einem alten Stadtviertel. Es scheint, als hätten hier die Baumeister auf Wasserwaage und Senkblei ver-

Colmar 1 Musée d'Unterlinden   2 Office de Tourisme   3 Eglise des Dominicains   4 Hôtel de Ville   5 Eglise St-Matthieu   6 Maison des Arcades   7 Ancienne Douane (Koifhus)   8 Quartier des Tanneurs (Gerberviertel)   9 Petite Venise   10 Aussichtspunkt   11 Lycée Bartholdi   12 Fontaine Roesselmann   13 Maison des Chevaliers de St-Jean   14 Maison Pfister   15 Maison à la Viole   16 Huselin zum Swan   17 Maison Adolphe   18 Ancien Corps de Garde   19 Eglise St-Martin   20 Musée Bartholdi/Musée de l'Histoire de Colmar   21 Mückekastelle   22 Maison Sorg   23 Maison des Têtes   24 Musée d'Histoire Naturelle

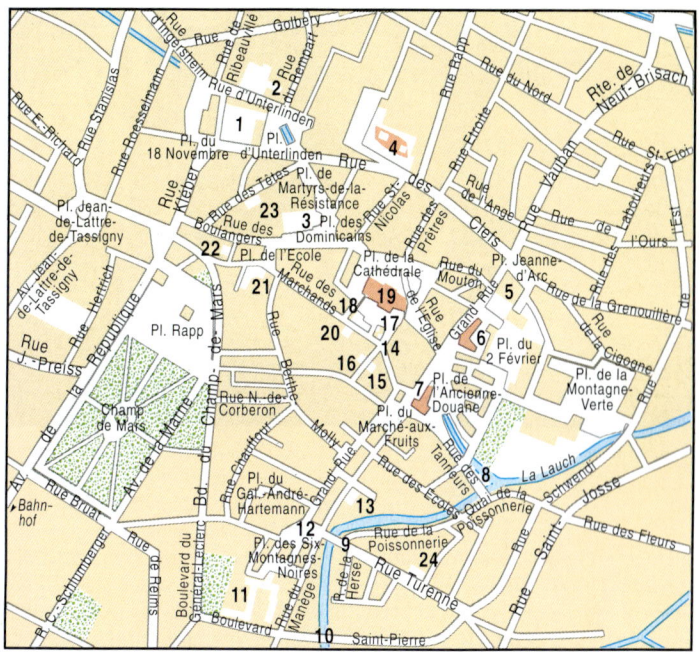

Beschauliches Petite Venise

zichtet, und eben diesem architektonischen und städteplanerischen Nonkonformismus verdankt das ›Klein-Venedig‹ seinen Reiz.

An der kleinen Lauch-Brücke überquert man die Rue Turenne, die beinahe wie ein langgestreckter schmaler Platz wirkt und ebenfalls reizvoll bebaut ist. Den Einheimischen ist diese Straße auch unter dem Namen Krutenau (Krautenau) bekannt, weil dort früher die Bauern aus dem Umland ihr Gemüse an die Städter verkauften. Hier liegt auch das **Musée d'Histoire Naturelle** (Naturgeschichtliches Museum, tägl. außer Mo geöffnet, 14–17 Uhr).

Von der Rue Turenne biegt man in die schmale Rue de la Herse ein, die sich durch das Viertel windet und direkt ans Ufer der von alten Häusern und bepflanzten Hintergärten gesäumten Lauch führt. Über eine Treppe steigt man zum Boulevard St-Pierre hinauf. Die Brücke über den Fluß ist einer der besten Aussichtspunkte auf das Viertel Petite Venise, das von oben aussieht wie ein großer, von der modernen Zeit vergessener Hinterhof mit kleinen Gärten, verwinkelten Bauten, unregelmäßigen Ziegeldächern und blumengeschmückten Veranden. Gelegentlich sieht man auf der Lauch noch einen der alten Holzkähne, wie sie früher in diesem Markt- und Schifferviertel benutzt wurden.

Wenige Schritte weiter stößt man auf die Rue du Manège. Auf der gegenüberliegenden Seite der Straße nimmt das **Lycée Bartholdi** heute ein Grundstück ein, auf dem im 8. Jh. ein königliches Gut stand, das gewissermaßen den historischen Kern Colmars bildete. Weiter nördlich liegt die Place des Six-Montagnes-Noires mit der ebenfalls von Bartholdi geschaffenen **Fontaine Roesselmann**. Dieser Brunnen ehrt den früheren Schultheiß Johannes Roesselmann, der 1262 im Kampf um die Verteidi-

Erkerdetail von Maison Pfister

gung der Colmarer Stadtrechte sein Leben lassen mußte.

An der Rue St-Jean fällt die **Maison des Chevaliers de St-Jean** (Johanniterhaus) auf, die im Jahre 1608/09 im Stil eines venezianischen Palazzo mit zweigeschossiger Loggia erbaut wurde. Die Rue St-Jean mündet in die **Place du Marché-aux-Fruits**, wo die Maison Kern mit einem Volutengiebel sowie das klassizistische Gebäude des Tribunal Civil stehen. Zurück auf der Place de l'Ancienne-Douane biegt man schräg links in die Rue des Marchands ein, die wohl meist- fotografierte Straße Colmars. Sie führt zum prächtigsten Bürgerhaus der Altstadt, der rund 450 Jahre alten **Maison Pfister** an der Ecke der Rue Mercière. Diesen Bau machte sich der aus Besançon stammende Hutmacher Ludwig Scherer im Jahr 1537 selbst zum Geschenk. Das Eckhaus ziert ein zweigeschossiger Erker mit steilem Ziegeldach. Die Fassade des ersten Obergeschosses bemalte Christian Bockstorffer im Jahr 1567 mit sakralen Motiven. Auch der Erker ist mit Fresken und geschnitzten Medaillons der Kaiser Maximilian, Karl und Ferdinand geschmückt. Die überdachte Holzgalerie im zweiten Obergeschoß wird von geschwungenen Sockeln abgestützt. Als Ein- bzw. Aufgang in die oberen Stockwerke dient ein Treppenturm mit einem Fachwerkgeschoß. Das Dach sieht einem Hut übrigens nicht unähnlich.

An der Straßenkreuzung vor der Maison Pfister stehen weitere sehenswerte Häuser: die **Maison à la Viole** aus dem 15. Jh., in der die Familie Martin Schongauers lebte, sowie das **Huselin zum Swan**, das in der zweiten Hälfte des 15. Jh. Domizil des großen Malers und Kupferstechers gewesen sein soll.

Auf der Place de la Cathédrale befindet sich an der Südseite die 1350 erbaute **Maison Adolphe**, das älteste Wohnhaus Colmars. Es besitzt noch gotische Maßwerkfenster, aber viele Details stammen von Restaurierungen in der Zeit der Renaissance. In der Nachbarschaft liegt rechts der **Ancien Corps de Garde**, die 1575 errichtete ehemalige Stadtwache. An diesem Bau fällt vor allem der Erker über dem Renaissanceportal auf.

Beherrscht wird der Platz von der **Eglise St-Martin**, die von den Einheimischen meist als ›cathédrale‹ bezeichnet wird. Die Errichtung dieser frühgotischen Kirche, eines Wahrzeichens Colmars, beanspruchte mehr als 150 Jahre. Lang- und Querhaus gehen auf das 13., der Chor auf das 14. Jh. zurück. Eigentlich sollte St-Martin zwei Türme bekommen, aber nur der 72 m hohe Turm ist fertiggestellt worden. Seine helmförmige Dachkonstruktion ersetzte in der Renaissance die gotische Turmspitze, die abgebrannt war. Die Kirche imponiert schon allein aufgrund ihrer Dimensionen; denn sie ist knapp 80 m lang und besitzt ein Querschiff von 34 m Breite und 20 m Höhe. Einige Buntglasfenster stammen noch aus dem beginnenden 13. Jh., andere wurden erst im 15. und 16. Jh. geschaffen. Alte Fundamente belegen, daß an Ort und Stelle um die Jahrtausendwende eine ottonische Pfeilerbasilika gestanden hatte.

Bevor man zum Ausgangspunkt des Rundgangs durch die Stadt zurückkehrt, kann man noch einen Schlenker durch den westlich der Martinskirche gelegenen Stadtteil machen. In der Rue des Marchands Nr. 30 befindet sich das Geburtshaus von Frédéric Auguste Bartholdi, in dem heute das **Musée Bartholdi/Musée de l'Histoire de Colmar** mit Ausstellungen zum Werk des Bildhauers und zur Stadtgeschichte eingerichtet ist (April bis Ende Okt. tägl. 10–12 und 14–18 Uhr). Weitere sehenswerte Häuser sind die **Mückekastelle** an der Place de l'Ecole und die **Maison Sorg** an der Südseite der Rue des Boulangers. Schließlich sollte man Colmar nicht den Rücken kehren, ohne einen Gang durch die Rue des Têtes unternommen zu haben. Dort steht mit der **Maison des Têtes** ein im Jahr 1609 errichteter Renaissancebau, der mit mehr als 100 Köpfen, Masken und Figuren eindrucksvoll dekoriert ist und daher auch seinen Namen bekommen hat.

Erker der Maison des Têtes

ℹ **Information:** Office de Tourisme, 4, Rue d'Unterlinden, ✆ 89 20 68 92, Mo–Fr 9–12 und 14–18 Uhr (Juli bis Mitte Sept. 9–12.30 und 14–19 Uhr), Sa 9–12 und 14–17 Uhr (Nov. bis Ostern nachmittags geschlossen), So 9.30–12.30 Uhr.

Stadtführungen: Zwischen Juni und Sept. veranstaltet das lokale Tourismusbüro geführte Rundgänge durch Colmar, für die man sich im Office de Tourisme anmeldet. Von Mitte März bis Mitte Sept. kann man sich von der Touristenbahn Petit Train durch die Altstadt chauffieren lassen. Das Bähnlein auf Rädern fährt vor dem Rathaus in der Rue des Clefs ab.

🛏 **Unterkunft:** Terminus Bristol, 7, Place de la Gare, ✆ 89 23 59 59: First-Class-Hotel gegenüber dem Bahnhof, FFF–FFFF. Arcade, 10, Rue St-Eloi, ✆ 89 41 30 14: modernes Hotel in Altstadtnähe, FFF. Campanile, 16, Rue Timken, ✆ 89 24 18 18, FFF. De la Fecht, 1, Rue de la Fecht, ✆ 89 41 34 08,

FF–FFF. Kempf, 1, Avenue de la République, ✆ 89 41 21 72, FF–FFF. Saint-Laurent, 1, Rue de la Gare, ✆ 89 41 45 19: modernes Hotel in zentraler Lage, FF. Formule 1, 33, Route de Strasbourg, ✆ 89 41 06 06: Hotelkette, in der die Kreditkarte die Türen öffnet, FF.

Jugendherberge: Auberge de Jeunesse, 2, Rue Pasteur, ✆ 89 80 57 39. Maison des Jeunes et de la Culture, 17, Rue Schlumberger, ✆ 89 41 26 87.

🍴 **Restaurants:** Schillinger, 16, Rue Stanislas, ✆ 89 41 43 17: eines der Spitzenrestaurants in der Stadt mit empfehlenswerten Fischgerichten; So abend und Mo geschlossen, FFFF. Au

Fer Rouge, 52, Grand'Rue, ✆ 89 41 37 24: Küche mit Raffinesse, die einen großen Kundenkreis in ihren Bann gezogen hat; So abend und Mo Ruhetag, FFF–FFFF. Maison des Têtes, 19, Rue des Têtes, ✆ 89 24 43 43: gemütliches rustikales Restaurant mit typischen Gerichten; So abend und Mo Ruhetag, FFF. Rendez-Vous de Chasse, 7, Place de la Gare, ✆ 89 41 10 10: ein regionales Mekka für Feinschmecker, die Wildgerichte bevorzugen; Di Ruhetag, FFF. Flory, 1, Rue Mangold, ✆ 89 41 78 80: typisch elsässische Weinstube mit bodenständigen Gerichten, FF. Winstub au Cygne, s. S. 55.

🎭 **Musik und Theater:** Verglichen mit Straßburg ist das Angebot an Musik- und Theaterveranstaltungen in Colmar deutlich bescheidener. Im Théâtre Municipal (3, Rue d' Unterlinden, ✆ 89 41 29 82) gastiert von Zeit zu Zeit die Opéra du Rhin mit unterschiedlichen Musik-, Theater- oder Ballettaufführungen. Daneben gibt es alljährlich Konzerte in den Kirchen St-Martin und St-Pierre-du-Lycée (Bartholdi) sowie Freilichtaufführungen auf dem Marché des Halles bzw. der Place de l'Ancienne-Douane.

🚆 **Züge:** Der SNCF-Bahnhof (Place de la Gare, ✆ 89 24 50 50) in Colmar liegt an der Eisenbahnhauptlinie Straßburg–Basel sowie an der Nebenstrecke Colmar–Metzeral, die durch das Munstertal Richtung Vogesen führt (Haltestellen in Logelbach, Turckheim, Walbach, Munster und Muhlbach).

🚌 **Busse:** Regionalbusse (u. a. über Wolfgantzen und Neuf-Brisach nach Vogelsheim) starten am Place de la Gare. Ausflüge zu touristisch bedeutsamen Zielen, wie Haut-Kœnigsbourg, Mont Ste-Odile oder Orten an der Weinstraße, kann man über das örtliche Office de Tourisme buchen: ✆ 89 20 68 92.

Mulhouse

Das südelsässische Mulhouse, mit 223 000 Einwohnern das zweitgrößte urbane Zentrum der Region, besitzt weder den unnachahmlichen Charme des alten Colmar noch die im Stadtbild reich dokumentierte 2000jährige Geschichte Straßburgs. Mulhouse, Industriestandort und Verkehrsknotenpunkt im Dreiländereck, spielt für den Tourismus eine Nebenrolle, wenngleich es im Zentrum neben modernen Häuserzeilen auch einige Ecken mit Lokalkolorit gibt. Die reiche Museumslandschaft eignet sich bestens, ein oder zwei Schlechtwettertage sinnvoll zu nutzen.

Geschichte

Schon im 9. Jh. soll zwischen den Armen der Ill eine Mühle gestanden haben, um die herum sich nach und nach ein Dorf entwickelte. Der Name der Stadt erinnert daran. Zu Beginn des 13. Jh. wurde die Ortschaft befestigt. Mit staufischer Unterstützung und später auch mit Hilfe des Grafen Rudolf von Habsburg gelang es den Mulhousern, sich aus der Herrschaft des Bischofs von Straßburg zu befreien und im Jahr 1268 freie Reichsstadt zu werden. Sie blieb jedoch ein im Grunde genommen bescheidenes Gemeinwesen, dessen Entwicklung lange Zeit durch die regionale Dominanz Basels gebremst wurde. Andererseits hatten die Mulhouser in den Eidgenossen starke Verbündete, mit deren Unterstützung sie sich gegen die Ansprüche der Habsburger zur Wehr setzen konnten.

Seit 1792 ließ Frankreichs Politik gegenüber Mulhouse Anne-

Mulhouse   1 Place de la Réunion   2 Eglise St-Etienne   3 Hôtel de Ville (Musée Historique)   4 Maison Mieg   5 Tour de l'Europe   6 Tour du Bollwerk   7 Tour du Diable   8 Tour Nessel   9 Chapelle St-Jean   10 Office de Tourisme   11 Musée des Beaux-Arts   12 Musée de l'Impression sur Etoffes   13 Automobilmuseum   14 Eisenbahn- und Feuerwehrmuseum   15 Tapetenmuseum

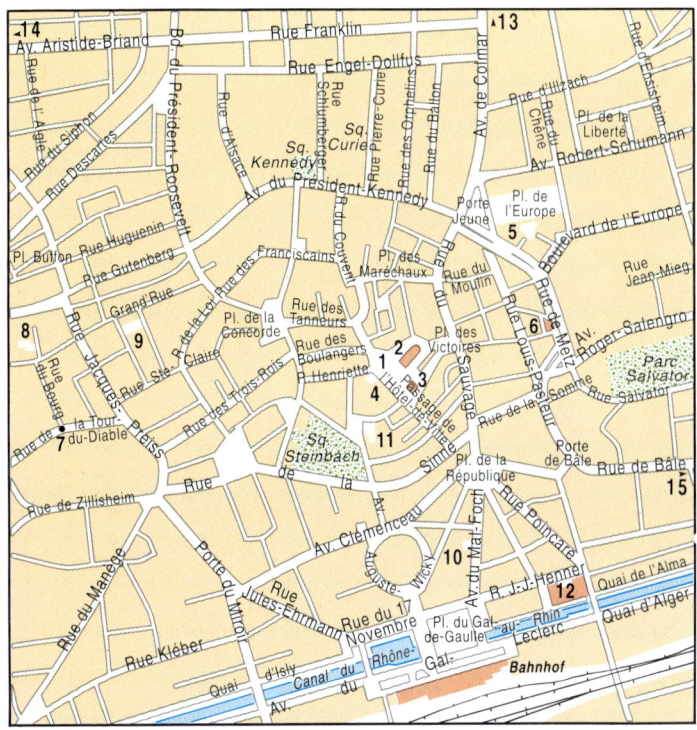

xionsabsichten erkennen. Durch wirtschaftlichen Druck wurde die Stadt schließlich dazu gebracht, sich 1798 Frankreich anzuschließen. Mulhouse entwickelte sich in der Folgezeit zu einem Zentrum der Textilherstellung und hatte zu Beginn des 19. Jh. den Ruf eines wichtigen Industriestandortes.

Sehenswertes im Zentrum

Im Zentrum von Mulhouse, oberhalb des Rhein-Rhône-Kanals, liegt mit der **Place de la Réunion** der historische Kern der ehemaligen freien Reichsstadt. 1992 wurde der Platz einer umfassenden ›Schönheitsoperation‹ unterzogen, durch die er seine ursprüngliche Funktion als Marktplatz zurückerhielt.

Beherrscht wird er von der 1866 erbauten neugotischen **Eglise St-Etienne**. Sehenswert sind ihre zehn über 650 Jahre alten Fenster, die aus einer früheren Kirche stammen. An der Ostseite des Platzes steht das 1552 im rheinischen Renaissancestil errichtete ehemalige **Hôtel de Ville** mit seinem geschwungenen Giebel und der 1699 von Jean Gabriel bemalten Fassade, deren Farben seit damals allerdings häufig aufgefrischt wurden. Eine überdachte, doppelläufige Treppe führt zum reich geschmückten Portal im ersten Geschoß. In der Balustrade vor dem Portal halten zwei Löwen das Stadtwappen: ein rotes Mühlrad auf weißem Grund. Im zweiten Geschoß sind

zwischen den zweiteiligen Fenstern Darstellungen der Tugenden Gerechtigkeit, Kraft, Stolz, Genügsamkeit usw. zu sehen. Von diesem Prachtbau existiert übrigens ein Zwillingsexemplar, nämlich das Rathaus der Schweizer Bundeshauptstadt Bern.

An der rechten Seite hängt in sicherer Höhe die Kopie einer 12 kg schweren steinernen Gesichtsmaske, die an einen ›juristischen‹ Brauch des 16. Jh. erinnert: Einwohner der Stadt, die wegen Streitereien oder übler Nachrede verurteilt worden waren, prangerte man öffentlich an, indem man sie an Markttagen mit dieser ›Klapperstein‹ genannten schweren Maske um den Hals durch die Straßen führte. Dort, wo sie heute an einer dicken Kette hängt, ist folgender Spruch zu lesen: »Zum Klapperstein bin ich genannt, den bösen Mäulern wohlbekannt, wer Lust zu Zank und Hader hat, muß mich tragen durch die Stadt.« In diesem ehemaligen Rathaus der Stadt ist heute das Musée Historique untergebracht. Seine Exponate dokumentieren die Ortsgeschichte von grauer Vorzeit bis in die Gegenwart (Mi–Mo 10–12 und 14–17 Uhr, Mitte Juni bis Sept. zusätzlich Do 20.30–22.30 Uhr).

Sehenswert ist auch das zweite Renaissancegebäude am Platz, die **Maison Mieg** an der Südseite. Seit 1756 bewohnte die Familie des damaligen Stadtchronisten dieses ›Haus zur Sunnen‹ mit dem hübschen Giebelturm, der in einem

Rathaus von Mulhouse

graziösen Spitzdach endet. Gleich in der Nachbarschaft steht das Haus Butterblume, in dem sich – Nomen est Omen – ein typisch elsässisches, mehrfach ausgezeichnetes Käsegeschäft befindet.

Man kann von der Place de la Réunion in die Rue Henriette einbiegen, eine Fußgängerzone mit vielen kleineren Geschäften und einigen alten Häusern, und dann über die parallel verlaufende Rue des Boulangers zurückkehren. An der Ecke zum Platz befindet sich mit der **Pharmacie Au Lys** eine seit 1649 bestehende Apotheke.

Das neue Stadtzentrum von Mulhouse ist die **Place de l'Europe**, die mit hellen und dunklen Marmorplatten in ein Schachbrett verwandelt wurde und mit den Wappen europäischer Städte geschmückt ist. Auf der 100 m hohen **Tour de l'Europe** dreht sich ein Aussichtsrestaurant, von dem sich ein großartiger Ausblick über Mulhouse und seine Umgebung bietet. Über die Rue de Metz gelangt man zur **Tour du Bollwerk**, dem einzigen verbliebenen Stadtmauertor aus dem 14. Jh. Zwei weitere historische Türme stehen etwas außerhalb des Zentrums: die **Tour du Diable**, deren Name auf ihre ehemalige Funktion als Hexengefängnis hinweist (an der gleichnamigen Straße) und die **Tour Nessel** an der Grand'Rue. Beide Bauten gehörten ehemals zum Schloß der Fürstbischöfe von Straßburg. Unweit davon erhebt sich die **Chapelle de St-Jean**, die ehemalige Kirche der Ritter des Johanniterordens, die 1268/69 erbaut wurde und vor allem wegen ihrer zwar unvollendeten, aber sehenswerten Wandmalereien aus dem 16. Jh. einen Besuch lohnt.

Mulhouse ist nicht zuletzt durch eine Reihe renommierter Museen bekannt geworden, die ganz unterschiedliche Sehenswürdigkeiten zur Schau stellen:

Musée des Beaux-Arts, 4, Place Guillaume-Tell: Das Museum der Schönen Künste befindet sich in einem Gebäude aus dem 18. Jh. Im wesentlichen sind Gemälde vom Mittelalter bis ins 20. Jh. ausgestellt, darunter von Lukas Cranach und Pieter Brueghel d. J. (Mitte Juni bis Sept. Mi–Mo 10–12 und 14–16 Uhr, Okt. bis Mitte Juni Mi–Mo 10–12 und 14–17 Uhr, Do 10–21 Uhr).

Musée de l'Impression sur Etoffes, 3, Rue des Bonnes-Gens: Das Stoffdruckmuseum zeigt ungefähr vier Millionen unterschiedliche Muster und Designs. Im Juli und August werden hier Mo und Mi nachmittags vielfältige Drucktechniken vorgeführt (Sept. bis Mai Mi–Mo 10–12 und 14–18 Uhr, Juni/Aug. 9–18 Uhr).

Musée National de l'Automobile, 192, Avenue de Colmar: Es zählt zu den renommiertesten Automobilmuseen der Welt. Seine Bestände, über 500 Fahrzeuge, die knapp 100 verschiedenen Typen zugehören, gehen auf die Gebrü-

der Schlumpf zurück. Das teuerste und bekannteste Auto ist der Bugatti Royale (Okt. bis Mai Mi–Mo 10–18 Uhr, Juni bis Sept. tägl. 10–18 Uhr).

Musée Français du Chemin de Fer, 2, Rue Alfred-de-Glehn: Das Eisenbahnmuseum enthält sorgfältig hergerichtete Lokomotiven und Salonwagen aus den Beständen der französischen Eisenbahngesellschaft, die in einer großen Halle ausgestellt sind (Okt. bis März 9–17 Uhr, April bis Sept. 9–18 Uhr).

Musée de Sapeurs-pompiers: Hier dreht sich alles um die Feuerwehr (im Nebengebäude des o. g. Eisenbahnmuseums untergebracht. Okt. bis März 9–17 Uhr, April bis Sept. 9–18 Uhr).

Musée du Papier Peint, 28, Rue Zuber/Rixheim: Dieses Tapetenmuseum befindet sich in Rixheim nahe Mulhouse (Mi–Mo 10–12 und 14–18 Uhr).

Im Herbst 1993 wurde das neue Kulturzentrum **La Filature** eröffnet. Der aus Beton und Metall konstruierte, 65 Mio. DM teure Bau ist von der Stadtverwaltung als Reputationsprojekt für die Aufwertung von Mulhouse gedacht.

ℹ️ Information: Office de Tourisme, 9, Avenue Foch, ✆ 89 45 68 31, Fax 89 45 66 16; im Sommer Mo–Sa 9–20, So 10–13 Uhr, im Winter Mo–Sa 9–19 Uhr. Über dieses Büro kann man Hotels und Restaurants reservieren lassen sowie Führungen buchen. Kongreßteilnehmern werden spezielle Informationen zur Verfügung gestellt.

Unterkunft: Du Parc, 26, Rue de la Sinne, ✆ 89 66 12 22: Nobelherberge für Anspruchsvolle, FFFF. Des Maréchaux, 15, Rue Lambert, ✆ 89 66 44 77: neues Hotel in der Stadtmitte, FFF. Arcade, 53, Rue de Bâle, ✆ 89 46 41 41, FF–FFF. Bristol, 18, Avenue de Colmar, ✆ 89 42 12 31, FFF. Hôtel de Paris, 5, Passage de l'Hôtel de Ville, ✆ 89 45 21 41: zentral gelegen, in der Nähe des Rathauses, FF. Paon d'Or, 13, Avenue de Colmar, ✆ 89 45 34 41, F–FF.

Jugendherberge: Auberge de Jeunesse, 37, Rue de l'Illberg, ✆ 88 42 63 28.

Restaurants: Au Quai de la Cloche, 5, Quai de la Cloche, ✆ 89 43 07 81: in der Region bekannte Küche mit jurassischem Einschlag; Sa nachmittag, So und Mo Ruhetag, FFF–FFFF. Auberge de la Tonnelle, 61, Rue Maréchal-Joffre im Ortsteil Riedisheim, ✆ 89 54 25 77: zu den Spezialitäten zählen Schnecken, FFF–FFFF; Poste, 7, Rue de Gaulle in Riedisheim, ✆ 89 44 07 71: die einfallsreichen Desserts sind eine Sünde wert, FFF. Aux Caves du Vieux Couvent, s. S. 55.

Musik und Theater: Im Stadttheater Théâtre de la Sinne (39, Rue de la Sinne, Reservierungen unter ✆ 89 45 20 04 von 14.30–16 Uhr) finden das Jahr über zahlreiche musikalische Veranstaltungen (Opern, Symphoniekonzerte) sowie Aufführungen der darstellenden Kunst (Schauspiel, Kabarett usw.) statt. Zu einer von der Mulhouser Bevölkerung mit viel Beifall aufgenommenen Kulturbühne entwickelte sich inzwischen Le Centre d'Action Culturelle (7, Rue Alfred-Engel, ✆ 89 45 63 95) mit einem reichhaltigen Programm, das von Fotoausstellungen über Dichterlesungen und Tanzabende bis zu Theateraufführungen reicht.

Flughafen: Internationaler Flughafen Basel–Mulhouse, ca. 20 km südlich von Mulhouse an der Grenze zur Schweiz. Busse zum Flughafen vom Gare Routière (s. u.).

Züge: Der SNCF-Bahnhof (10, Avenue du Général-Leclerc, ✆ 89 46 50 50) ist sowohl an der Nord-Süd-Verbindung Saarbrücken – Straßburg – Mailand als auch an der Ost-West-Strecke Zürich–Basel–Paris gelegen. In Mulhouse hält auch der neue regionale Hochgeschwindigkeitszug TER 200.

Busse: Die Busse der Region (Cartrans 68) fahren am Gare Routière de Mulhouse ab (1, Place du Général-Leclerc). Dort kann man auch in den Airportbus zum EuroAirport einsteigen.

Nahverkehr: Das Nahverkehrssystem TRAM (97, Rue de la Mertzau) bedient neben Mulhouse auch umliegende Gemeinden. Die *Tramettes* pendeln im 10-Min.-Takt (Mo–Fr 7.30–12.30 und 13.30–19.30 Uhr, Sa 8.30–18.30 Uhr) zwischen dem Stadtzentrum und den beiden am Stadtrand gelegenen Parkplätzen Place du 14 Juillet und Stade de l'Ill. Taxis bekommt man an zahlreichen Taxiständen in der Stadt sowie durch telefonische Anforderung (✆ 89 45 80 00).

Ein Bilderbuchdorf von gestern

Ecomusée de Haute-Alsace

Kalimine ›Rudolphe‹

Eine Stippvisite in der Vergangenheit läßt sich im Elsaß auch ohne Zeit-maschine arrangieren. Das ›Ecomusée‹ in Ungersheim nördlich von Mulhouse macht's möglich. Dort wurden seit Beginn der achtziger Jah-re rund 60 typisch elsässische Gebäude, vor allem aus dem Sundgau, ›zusammengetragen‹ und wiederaufgebaut. Inzwischen ist ein leben-diges Bilderbuchdorf mit schönen Fachwerkbauten entstanden, in dem fast vergessene Handwerkszweige fröhliche Urständ' feiern. In einer historischen Mühle wird Öl gepreßt, und man kann einem Wagner, Schmied oder Holzschuhschnitzer bei der Arbeit zusehen. Gegen die Vogesen-Sägemühle, angetrieben mit Hilfe eines Wasserrades von 6 m

Durchmesser, nimmt sich die große Dampfmaschine schon richtig fortschrittlich aus.

Alte Häuser und Gehöfte werden vielerorts im Elsaß durch Neubauten ersetzt, vor allem im ländlichen Sundgau. Denn Bauernhöfe und Scheunen aus der Zeit der Dreifelderwirtschaft sind für moderne Maschinen zu klein, zu unbequem und nicht mehr funktional genug. Sind die Fachwerkgebäude erst einmal baufällig, ist ihr Abbruch meistens nur noch eine logische Folge. Zu Beginn der siebziger Jahre registrierte der damalige Völkerkundestudent Marc Grodwohl diese Entwicklung und faßte den Entschluß, etwas gegen das Verschwinden der historischen Architektur zu unternehmen. Heute ist der ehemalige Studiosus Direktor des Ecomusée und Präsident seines Trägervereins ›Maisons paysannes d'Alsace‹, einer Initiative, die sich die Restaurierung bedrohter alter Häuser im Oberen Sundgau zum Ziel gesetzt hat.

Daß dem allgemeinen Erneuerungstrend grundsätzlich nichts entgegenzusetzen war, wurde Marc Grodwohl bald klar. Er spürte daher Erhaltenswertes auf, um es in einem Freilichtmuseum vor dem Verschwinden zu retten. Als neue Heimat der Gebäude hatte man ein über 30 ha großes Gelände 12 km nördlich von Mulhouse ausgesucht, das wegen der Grundwasserverseuchung durch die Kaliabraumhalden landwirtschaftlich nicht nutzbar war.

Bis heute ist dort ein elsässisches Schmuckstück entstanden, eine auch von kleinen Gästen vielbesuchte Attraktion. Für sie ist beispielsweise die ›Disko‹ aus der Zeit der Jahrhundertwende besonders interessant – ein Salon-Karussell mit lackierten Holzpferden, aber auch eine Tanzfläche, eine Bar und Logensitze aus Plüsch und Leder gehören dazu. Und natürlich besitzt das Ökodorf einen ganzen Zoo von Haustieren. Schulklassen bleiben oft eine ganze Woche. Den Organisatoren von Klassenfahrten schwebt vor, hier gleichzeitig französische, deutsche und schweizerische Kinder und Jugendliche unterzubringen, um den grenzüberschreitenden Austausch zu fördern.

Stetig hat sich das Ecomusée seit den frühen achtziger Jahren fortentwickelt. Die neuesten Projekte sind eine eigene Hausbrauerei sowie die Inbetriebnahme einer historischen Schokoladenfabrik. Überhaupt ist die Konservierung alter Techniken ein wichtiges Anliegen. So würde man zukünftig gern eine alte Straßenbahn zwischen dem Museum und der geschlossenen Kalimine ›Rudolphe‹ verkehren lassen, wo Maschinen aus dem letzten Jahrhundert ausgestellt werden sollen.

Das Ecomusée de Haute-Alsace liegt 12 km nördlich von Mulhouse an der Straße D 430. Es ist täglich von 9 bis 18 Uhr geöffnet.

Herbe Höhepunkte: Südvogesen

Turckheim

Munstertal und Umgebung

Munster

Route des Crêtes

Um die Vogesenseen

Das ›Dach des Elsaß‹

Von Le Markstein
über den Grand Ballon

Hohrodberg im Munstertal

Vom Winzerstädchen Turckheim immer der Nase nach durchs Munstertal, wo Bergbauern duftenden Weichkäse nach uralten Rezepten herstellen. Zur Melkermahlzeit auf die Hochalmen. Auf der Panoramastraße Route des Crêtes. Wandern durch Meere von Wildnarzissen und inmitten reicher Alpenflora im Frühjahr und Sommer, zum Herbst im Farbenrausch der Wälder und blauroter Hänge von Heidekraut und Heidelbeer.

Turckheim

Ob man das Städtchen Turckheim im Zusammenhang mit der elsässischen Weinstraße nennt oder es dem Munstertal zuordnet, bleibt sich gleich. Wirtschaftlich verdankt die Gemeinde dem Weinbau viel; historisch ist Turckheim eher ein Teil des Munstertals.

Archäologisch interessante Funde, darunter eine Merkurstatue und römische Münzen aus dem 3. Jh., lassen vermuten, daß das Fechttal bereits zur Römerzeit besiedelt war. Unter dem zungenbrecherischen Namen ›Thorencohaime‹ wurde Turckheim erstmals im Jahr 743 erwähnt. Damals gehörte es zum Benediktinerkloster Munster, bis es zwischen 1279 und 1303 unter die Lehnsherrschaft des habsburgischen Geschlechts Hohlandsberg gelangte, dessen Stammburg südlich von Turckheim an der Route des Cinq Châteaux liegt (s. S. 152). Im Dekret von Pisa verlieh

Kaiser Heinrich VII. dem Ort im Jahr 1312 das Stadtrecht. Als Thüringheim trat er am 23. September 1354 dem Zehnstädtebund bei.

Turckheims Bedeutung als Weinbauort ist seit dem 15. Jh. dokumentiert, als es sich vor allem als Lieferant für die Schweizer Kantone hervortat und die Winzer so gute Geschäfte machten, daß sie sich die teils heute noch zu sehenden prächtigen Häuser bauen konnten. Wie im übrigen Elsaß zog der Dreißigjährige Krieg auch in Turckheim einen tiefgreifenden Prozeß der Entvölkerung nach sich. Erst als der französische König neuen Zuwanderern Steuerfreiheit für drei Jahrzehnte und kostenloses Bauholz anbot, begann die elsässische Bevölkerung wieder zu wachsen, nicht zuletzt durch den Zuzug von katholischen Schweizern und Familien aus Vorarlberg.

Am 5. Januar 1675 fand in der Nähe der Stadt die entscheidende Schlacht zwischen der kaiserlich-habsburgischen Rheinarmee unter

Führung des Großen Kurfürsten und den französischen Truppen unter Marschall Turenne statt. Nach dem Sieg der Franzosen mußten die kaiserlichen Truppen das Elsaß räumen, und die ehemals habsburgischen Gebiete, darunter auch Turckheim, wurden dem französischen Staat einverleibt. Da die Stadt wirtschaftlich nicht allein auf den Wein setzte, sondern seit dem 19. Jh. eine Papier-, Farb- und chemische Industrie aufbaute, sicherte sie ihr Überleben auch in einer Zeit, als die Winzerei durch Rebenkrankheiten und durch Kriegseinwirkungen in die Krise geriet.

Stadttor Porte du Brand

Überquert man von Colmar kommend in der Nähe des Bahnhofs die Brücke über die Fecht, gelangt man zur massiven **Porte de France**, einem von insgesamt drei noch vorhandenen Stadttoren aus dem 14. Jh. Früher kontrollierten Wächter den Personen- und Warenverkehr. Daran erinnert noch der mit Hellebarde und Laterne ausgerüstete Nachtwächter, der zwischen Ostern und Herbstbeginn allabendlich um 22 Uhr seine Runde durch die Stadt macht.

Sobald man das Tor passiert hat, fühlt man sich ins Mittelalter versetzt. Nach wenigen Metern steht rechts der 1725 errichtete **Stockbrunnen**, dessen Mittelsäule eine Marienfigur schmückt. Das Gebäude dahinter, ›d'Wacht‹, wie die

Einheimischen sagen, ist die frühere Hauptwache **Ancien Corps de Garde** aus dem Jahr 1567, die eine Zeitlang als Rathaus diente (Touristeninformation im Erdgeschoß). Blickt man geradeaus die Rue du Conseil hinunter, fällt zunächst die Fassade des 1620 erbauten Rathauses mit geschweiftem Giebel auf. Das ebenfalls 1620 erbaute **Hôtel des Deux Clefs** an der linken Straßenseite hat ein schönes Fachwerk und prächtige Schnitzereien am dreigeschossigen Erker, besonders die Menschenfiguren im ersten Geschoß.

Hinter dem Rathaus erhebt sich auf romanischen Fundamenten der Glockenturm der **Eglise Ste-Anne**. Die Kirche selbst ist ein klassizistischer Bau aus den Jahren 1837 bis 1839, der an die Stelle einer dreischiffigen Basilika gesetzt wurde. Von hier gelangt man über die Rue de la Grenouillère, die den Verlauf der ehemaligen Stadtmauer nachzeichnet, zur **Porte du Brand**. Hinter diesem Stadttor nach links kommt man zur Rue de Vogel, die unterhalb der Weinberge entlangführt und eine Panoramasicht über das Dächermosaik von Turckheim bietet. Von der Hauptstraße, die als Route du Vin durch die Weinberge nach Niedermorschwihr führt (s. S. 155), kann man an einigen Stellen bis nach Colmar sehen.

Auf dem weiteren Rundgang durch die Stadt sollte man in der Rue des Vignerons Haus Nr. 85 beachten. Man kommt schließlich zum dritten Stadttor, der **Porte du**

Munster, wo im 16. und 17. Jh. Todesurteile vollstreckt wurden. Zu den Hingerichteten gehörten der Hexerei beschuldigte Frauen.

Hauptgeschäftsstraße von Turckheim ist die Grand'Rue, die zum Ausgangspunkt des kleinen Stadtrundgangs zurückführt. Haus Nr. 71 hat eine besonders schön geschnitzte Fachwerkfassade. Das **Restaurant à l'Homme Sauvage** (Nr. 19), bis 1626 Stadtbesitz, ist die älteste Herberge Turckheims.

Information: Office de Tourisme, Pl. Turenne, ☏ 89 27 38 44; Juni bis Sept., Mo–Sa 10–12 und 14.30–19 Uhr, So 10–12 Uhr, in den übrigen Monaten Mo/Di sowie Do–Sa 10–12 und 14–18 Uhr.

Unterkunft: Au Vieux Turckheim, 17, Rue des Vignerons, ☏ 89 27 50 78; an der alten Stadtmauer unterhalb der Weinberge in sehr ruhiger Lage, FFF. Auberge Du Brand, 8, Grand' Rue, ☏ 89 27 06 10, FF.

Camping: Camping Municipal, an der D 11, ☏ 89 27 02 00, von März bis Okt. geöffnet.

Restaurants: Restaurant des Deux Clefs, 3, Rue du Conseil, ☏ 89 27 06 01, FF–FFF. A l'Homme Sauvage, 19, Grand' Rue, ☏ 89 27 56 15, Mo Ruhetag; ältestes Lokal der Stadt, hübsche Gaststube mit gepflegten Gerichten, FF. Caveau La Turenne, 14, Rue de la Grenouillère, ☏ 89 27 25 81, Do Ruhetag: im Lokal befindet sich eine Weinpresse; elsässische Gerichte, FF.

Verkehr: Zugverbindung ab Colmar; mit dem Auto ca. 6 km.

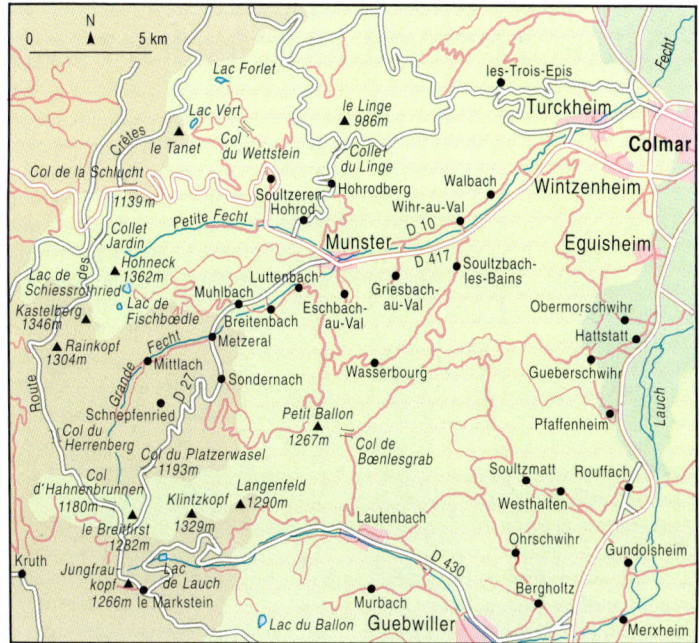

Munstertal

Munstertal und Umgebung

Westlich von Turckheim gelangt man durch das Tal des Flüßchens Fecht ins Munstertal. Dort produzieren Käsereien wie eh und je den berühmten Munsterkäse, und auf den Hochweiden und Bergflanken um das schöne Tal liegen mehr als ein Dutzend noch bewirtschafteter Fermes-Auberges, jene Bergbauernhöfe, die sich bei Elsaßbesuchern als Wanderziele und Rastorte großer Beliebtheit erfreuen. Seit einigen Jahren existiert die sogenannte ›Käsestraße‹ (Route du Fromage), die bis in die höchsten Lagen der Vogesen hinaufführt, wo die vierbeinigen Milchproduzenten im Sommer auf den saftigen Wiesen stehen und sich die Käsereien wie Duftnoten in einer Gaumenschmauspartitur aneinanderreihen.

Hauptroute durch das untere Munstertal ist die stark befahrene D 417. Die zeitaufwendigere, aber

Wenn der Käs' das Laufen lernt …

Das Elsaß gehört nicht nur zu den bekanntesten Weinregionen Frankreichs. Hier wird auch ein berühmter Käse produziert: der sogenannte *Munster Géromé,* dessen Name auf die beiden wichtigsten Produktionsstätten verweist, das elsässische Munstertal und das lothringische Städtchen Gérardmer an der Westflanke der Vogesen.

Der *Munster Géromé* ist ein kräftiger, pikanter Weichkäse. Die runden und flachen Laibe haben eine leicht feuchte Rinde in unterschiedlicher Tönung, die von orangerot bis gelb oder gelbgrau variieren kann. Die Käsemasse selbst hat eine schwach- bis buttergelbe Farbe. Je nach Reifegrad verändert sie ihre Konsistenz. Der Teig des jungen Munster ist weich und geschmeidig. Feinschmecker bevorzugen den vollreifen Zustand, wenn der Käse langsam zu fließen beginnt und ein pikantes, leicht säuerliches Aroma entfaltet. Häufig wird er zusammen mit Kümmel gegessen, und wer den Gaumenschmaus auf die Spitze treiben will, genießt zu dieser Käsemahlzeit einen trockenen Elsässer Weißwein, etwa einen Gewürztraminer oder einen gut gekühlten Riesling.

Seit wann in den elsässischen Vogesen Käse produziert wird, läßt sich nicht mit Bestimmtheit sagen. Bereits im 7. Jh. sollen Mönche auf gerodeten Flächen Weiden angelegt und die Viehwirtschaft begründet haben. Wahrscheinlich existiert die Hochweidewirtschaft in den südlichen Vogesen seit rund 1000 Jahren. Die ersten Sennereibetriebe mögen im Zuge von Klostergründungen in zahlreichen Orten auf der Ostseite der Vogesen schon im 8. oder 9. Jh. entstanden sein. Daß im Munstertal spätestens zu Beginn des 15. Jh. Käse produziert wurde, belegt eine Urkunde von 1417, der zufolge die Munsterer den Stiftsherren von Lautenbach als Wiedergutmachung für die unberechtigte Nutzung einer Weide drei Jahre lang 60 gute Käse liefern mußten. 1544 schwärmte der an der Universität Basel lehrende Theologe und Kosmograph Sebastian Münster (1489–1552) von der Vorzüglichkeit des Munstertaler Milchproduktes. Der Munsterkäse kam in erster Linie in Straßburg auf den Markt, wo er vor allem im Winter beste Absatzchancen hatte. Weniger beliebt war bei den ›Käsleut‹ der Colmarer Markt, weil sie dort seit 1588 Abgaben entrichten mußten.

Liegt die Entstehungsgeschichte des Munsterkäse auch im dunkeln, so kann man dennoch davon ausgehen, daß sich das Herstellungsverfahren in den vergangenen Jahrhunderten nicht grundsätzlich geän-

dert hat – wenn man einmal von der technischen Ausrüstung der Käsereien absieht. Eine Beschreibung des Produktionsprozesses zu Beginn des 20. Jh. liest sich etwa folgendermaßen: In großen Kupferkesseln, die bis zu 500 l fassen, wird Frischmilch leicht erwärmt, ehe man aus dem Labmagen junger, noch säugender Kälber entnommenen Gerinnungsstoff hinzufügt. Die entstehende gallertartige Masse muß zwei Stunden lang kräftig mit dem hölzernen Löffel umgerührt werden, damit sich die wäßrigen Bestandteile vom eigentlichen Kasein absondern. Dann wird die gesamte Masse unter fortgesetztem Rühren noch einmal erhitzt. Beim Abkühlungsprozeß setzt sich das Kasein am Boden des Kessels ab und kann mit Hilfe eines untergeschobenen Tuches herausgehoben werden.

Anschließend preßt man die Masse in die typische Rundform, und während die durchfeuchteten Einschlagtücher in den nächsten 24 Std. immer wieder durch trockene ersetzt werden, verfestigt sie sich langsam. Auf luftigen Trockengerüsten reifen die Käselaibe, die täglich abgewaschen und gesalzen werden müssen. Die gelbliche Flüssigkeit, die im Kessel zurückgeblieben ist, wird nach Zugabe von Essig nochmals erhitzt, bis sich wiederum eine feste Masse absetzt. Traditionell bildete sie neben Brot die Hauptmahlzahl des Melkers. Die leicht grünliche Flüssigkeit, die bis heute als Abfallprodukt entsteht, ist die sogenannte Molke, die man früher auf vielen Fermes-Auberges als erfrischendes Getränk reichte.

Granitblöcke auf dem Petit Ballon

reizvollere Nebenstrecke (D 10) führt an der anderen Seite der Fecht entlang. In Wihr-au-Val sollte man dann den Fluß und die D 417 überqueren, um in einem weiten Bogen um das eigentliche Tal herumzufahren.

Ab **Soultzbach-les-Bains,** einem Dorf mit Mineralquellen, geht es hinauf nach **Wasserbourg**, das nur aus einigen zwischen den Bergflanken eingebetteten Häusern besteht. Die Straße wird nun schmaler und führt steil bergauf durch den Wald. Über eine *route forestière*, von der sich reizvolle Ausblicke auf Wasserbourg bieten, erreicht man den bewaldeten Höhenrücken. In westlicher Richtung

ist der Vogesenkamm zu sehen. Hält man sich beim Restaurant Du Ried links, kann man auf der geteerten Straße zum 1267 m hohen **Petit Ballon** weiterfahren. An dieser Bergstrecke liegen zahlreiche Fermes-Auberges. An einer kleinen Wegkreuzung unterhalb des Petit Ballon passiert man zunächst die **Ferme-Auberge Buchwald** (✆ 89 77 37 08 und 89 77 54 37, Mitte Mai bis Mitte Okt., Restaurant mit elsässischen Gerichten, keine Übernachtungsmöglichkeit), die am Wanderweg ›Sentier Emile Herzog‹ liegt und gleichzeitig zur Route du Fromage gehört. Als Ziele für Wanderer bieten sich **Strohberg** (etwa 20 Min.), der **Col de Bœnlesgrab** (1 Std., 20 Min.) und **Lautenbach** (2 Std., 30 Min.) an. Auf dem weiteren Weg zum Petit Ballon, durch die typische baumlose Hochweidenlandschaft der Vogesen, kommt man zur **Ferme-Auberge Kahlenwasen** (✆ 89 77 32 49 und 89 77 64 26, Ostern bis Mitte Nov., Munsterkäse aus eigener Herstellung, elf Zimmer). Dieser nach dem Ersten Weltkrieg wiederaufgebaute große Betrieb ist noch recht ursprünglich.

Vom Petit Ballon hat man eine wunderbare Rundumsicht. Weit im Westen sieht man den Vogesenkamm, der teilweise bis ins Frühjahr hinein weiße Schneekappen trägt. Im Osten gibt sich das Rheintal nur an klaren Tagen zu erkennen, doch sieht man über dem Dunstschleier oft die Höhen des Schwarzwaldes oder die Alpengipfel. Von der Serpentinenstraße hinab nach Sondernach führen Abzweige zu bekannten Fermes-Auberges, wie **Rothenbrunnen** (✆ 89 77 33 08, 1.–20. Dez. geschlossen, Mo Ruhetag, Übernachtungsmöglichkeit in zwei Schlafsälen bzw. einigen Zimmern) und **Landersen** (✆ 89 77 60 70, Dez. bis Mitte Jan. geschlossen, Fr Ruhetag).

Vor dem Ortseingang von **Sondernach**, das sich als Ausgangspunkt für Wander- oder Autotouren in die Umgebung anbietet, stößt man auf die Straße D 27, der man in Richtung Le Markstein folgt. Auf der Serpentinenstraße durch dichten Wald gewinnt man schnell an Höhe. Eine Stichstraße nach rechts führt zum bekannten Wintersportort **Schnepfenried** (1 km), wo die auf 1030 m Höhe gelegene **Ferme-Auberge du Schnepfenried** ihren

Gästen nicht nur leibliche Stärkung, sondern zugleich einen schönen Blick hinüber zum Hohneck und auf das tief eingeschnittene Fechttal bietet (✆ 89 77 61 61, ganzjährig geöffnet, gemütliche Gaststube mit deftigen Speisen aus eigener Produktion, keine Übernachtung).

Über den Col du Platzerwasel geht es weiter Richtung Le Markstein. Abseits der Straße liegen die **Ferme-Auberge Uff Rain** (✆ 89 77 67 68 und 89 77 65 42, Juni bis Mitte Okt., Di Ruhetag, selbstgemachter Heidelbeerkuchen, Butter und Käse, keine Übernachtung) und die **Ferme-Auberge Salzbach** (✆ 89 77 63 66 und 89 77 65 71, April bis Ende Sept., keine Übernachtung).

Etwa 3 km vor Le Markstein stößt die D 27 auf die Route des Crêtes (s. S. 125 ff.), der man nach rechts bis Col de la Schlucht folgt, wo die D 417 Richtung Munstertal abbiegt. Diese Strecke über **Soultzeren** nach Munster ist die kürzeste Verbindung. Wer einen Umweg nicht scheut, sollte vor Soultzeren nach links zum 882 m hohen Col du Wettstein abbiegen. Zwischen diesem Paß und dem Berg Le Linge erinnern ein Soldatenfriedhof und ein Monument an den verbissenen Stellungskrieg, der hier während des Ersten Weltkrieges stattfand. Auf der Straße D 5–B 1 passiert man den Luftkurort **Hohrodberg**, wo man die Aussicht über die schöne Umgebung genießt, ehe man wieder auf die D 417 stößt.

Leben wie Gott in Frankreich

Fermes-Auberges

Fluchtpunkte streßgeschädigter Städter, die in der Abgeschiedenheit der Vogesenhöhen ihre Arbeitskraft wiederherstellen wollen; Ferienburgen für Familien, deren Kinder abseits dröhnender Hauptstraßen umhertollen können; Anlaufstationen für Wanderer oder Autotouristen, die den sinnlichen Genuß einer deftigen Melkermahlzeit suchen: Die Rede ist von den rund 70 Fermes-Auberges, Bergbauernhöfen, die seit mehr als 100 Jahren zu den beliebtesten Gastronomie-Oasen des Elsaß zählen.

Meistens liegen die Fermes, wie trutzige Burgen aus groben Steinen an windgeschützte Stellen geduckt, inmitten von saftigen Wiesen. Auf ihnen weiden im Sommer die Kühe, aus deren Milch Käsereimeister nach alten Rezepten ihren Käse herstellen, der in den Fermes auf den Tisch kommt. Die Aufsichtsbehörde achtet nämlich streng darauf, daß in den Berggasthöfen mindestens 70 % der angebotenen Produkte aus dem eigenen Betrieb stammen, falls sie keine reguläre Gaststättenlizenz besitzen.

Die Zeit ist – wie könnte es anders sein – auch an den Fermes-Auberges nicht spurlos vorübergegangen. Vor 100 Jahren waren viele dieser Höfe nur zu Fuß über teils steile Pfade erreichbar. Heute gibt es asphaltierte Zufahrten und bequeme Parkmöglichkeiten. Und längst hat die Elektrizität Einzug gehalten und mit ihr viele Bequemlichkeiten des städtischen Lebens, die den Bauern ihre Existenz erleichtern, aber zum Leidwesen nostalgischer Ferme-Besucher den Verlust von bäuerlicher Atmosphäre und ›Stallgeruch‹ bewirkt haben. Gelegentlich – das muß man sagen – hat das Kommerzdenken hier wie anderswo zu rustikalen Auswüchsen geführt, wobei das Attribut ›Ländlichkeit‹ nur noch als Alibi dient. Die Preise sind dann entsprechend gepfeffert,

Schöne Aussicht: Mahlzeit in der Ferme-Auberge du Schnepfenried

das Angebot auf dem Teller schal. Doch glücklicherweise gibt es auch noch jene ›echten‹ Fermes-Auberges, die trotz moderner Küchengeräte Tradition und Landverbundenheit nicht vermissen lassen.

Wer in eine Ferme-Auberge einkehrt, findet auf der Speisekarte häufig *le repas marcaire*, die Melkermahlzeit. Ursprünglich bestand sie aus Frischkäse und Brot. Doch hat sich daraus im Laufe der Zeit – wohl auch, um den Touristenwünschen gerecht zu werden – ein umfangreicheres Menü entwickelt. Den Auftakt bildet in der Regel eine Terrine Suppe. Als Hauptgang kommen anschließend gekochtes Rindfleisch mit Salat und *roigabraggeldi*, die typisch elsässischen rohgebratenen Kartoffeln, auf den Tisch. Dazu trinkt man normalerweise einen Riesling. Zum Nachtisch wird häufig eine Heidelbeertorte, ein Gugelhupf oder eine Käsetorte *au Kirsch* serviert – ein Stück nicht ganz ausgereifter Munsterkäse, mit Kirschwasser übergossen.

Die Krönung eines Aufenthalts in einer zünftigen Ferme-Auberge ist eine Übernachtung in einem bäuerlichen Zimmer oder im Schlafsaal. Hier wirkt nicht selten die Hüttenatmosphäre nach, selbst wenn man heute statt duftendem Heu in der Regel einen Daunenschlafsack um sich hat. Wird man in der frischen Morgenluft durch das Muhen der Kühe geweckt, zieht dann der Geruch von gebratenen Spiegeleiern durch die Türritzen, ist der Traum vom Leben in der Natur Realität geworden – bis die ersten aufbrechenden Gäste die Automotoren anlassen.

Unterkunft in Hohrodberg: Panorama, 3, Route du Linge, ☏ 89 77 36 53: in schöner Lage auf 800 m Höhe, FF–FFF. Roess, 16, Route du Linge, ☏ 89 77 36 00, FF.

Fermes-Auberges: Die im Text genannten Fermes-Auberges bieten Mahlzeiten an, daneben meist auch Übernachtungsmöglichkeiten. Einige dieser Bergbauernhöfe servieren noch die traditionelle Melkermahlzeit und verkaufen darüber hinaus Milch und Käse aus eigener Produktion.

Camping in Schnepfenried: Campingmöglichkeit auf der Ferme-Auberge Grand Hêtre, ☏ 89 77 61 95, Mai bis Sept. **…in Mittlach:** Camping Municipal du Langenwasen, an der D 10, ☏ 89 77 63 77, Mai bis Sept.

Käsereibesichtigung: Die Zahl der Käsereien, die man im Munstertal besichtigen kann, ist in den letzten Jahren zurückgegangen, weil ein großes Besucheraufkommen den Betrieb stört. Wer bei der Käseherstellung zuschauen will, hat dazu Gelegenheit auf der Ferme-Auberge du Lameysberg bei Breitenbach, ☏ 89 77 35 30. Interessenten sollten möglichst vor 8 Uhr an Ort und Stelle sein.

Munster

Munster war im Ersten Weltkrieg besonders stark von Zerstörungen betroffen, da die Frontlinie mitten durch die Ortschaft führte. Auffallendstes Bauwerk ist die 1867–73 erbaute neuromanische evangelische Kirche, die nach dem Ersten Weltkrieg restauriert werden mußte. Sie liegt an der Place du Marché. Wenige Schritte nördlich des Marktplatzes steht das 1550 errichtete **Hôtel de Ville** mit denkmalgeschützter Fassade. Über dem Eingang prangt das Munsterer Wappen. Geht man von dort die Grand' Rue hinauf, fällt Haus Nr. 11 mit einer im Trompe-l'œil-Stil bemalten Fassade auf. Am Giebelfenster unter dem Dach hängt die Figur eines Bäckers, der einen Gugelhupf in den Händen hält.

In der Parallelstraße, der Rue St-Grégoire, befindet sich eine alte **Laube** aus dem Jahr 1503 (Nr. 12), die als Versammlungsort und Markt diente und ursprünglich auf dem Marktplatz stand. Von der Treppe dieser Laube verlas man sonntags die Beschlüsse des Rates von ›Stadt und Tal Munster‹, die von 1235 bis 1847 ein Gemeinwesen bildeten. Um das Jahr 1867 mußte die historische Laube dem Bau der evangelischen Kirche weichen.

An der Südseite des mit einem **Löwenbrunnen** von 1576 geschmückten Marktplatzes, hinter der heutigen Touristeninformation, kann man die Überreste der ehemaligen **Abtei St-Gregorius** besichtigen, die von 660 bis 1791 Bestand hatte und eine der größten Benediktinerabteien des Elsaß war. Die Stadt verdankt ihr den vom lateinischen ›Monasterium‹ (Kloster) abgeleiteten Namen. Viele Jahrhunderte hindurch war der Abt des Klosters Herr über die Einwohner des Munstertales, das einst Gregoriental hieß. Er ernannte die Beamten, war oberster Richter, erhob den Zehnten und legte die Steuern fest. 1235 wurde St-Gregorius Reichsabtei des Heiligen Römischen Reiches Deutscher Nation. Eine neue Abteikirche entstand zwischen 1470 und 1507. Im Dreißigjährigen Krieg verwüstet und ab 1659 wiederaufgebaut, entwickelte sich das Kloster im 18. Jh. zu einem wirtschaftlichen und geistigen Zentrum. Im Zuge der Säkularisierung während der Französischen Revolution wurde es 1791 geschlossen. Die 8000 teils wertvollen Bände der Klosterbibliothek schaffte man nach Colmar.

Seit 1971 besitzt Munster ein kleines **Kurzentrum**, in dem in erster Linie Wirbelsäulenschäden sowie durch Arthrose und Rheuma bedingte Schmerzen mit modernen Naturheilmethoden behandelt werden.

Wer einen Ausflug in das obere Munstertal unternehmen möchte, fährt auf der D 10 nach **Luttenbach** (von dort gibt es eine direkte Straßenverbindung zum Petit Ballon, s. S. 120) und über **Muhlbach** nach **Metzeral,** das sich als Ausgangspunkt für Wanderungen zum **Lac de Fischbœdle** oder zum **Lac de Schiessrothried** anbietet.

Information: Office de Tourisme, Place du Marché, Munster, ☎ 89 77 31 80, Mo–Fr 9.30–12.30 und 14–18 Uhr, Sa 10–12 und 14–16 Uhr, So geschlossen.

Unterkunft in Munster: Cigogne, 4, Place du Marché, ☎ 89 77 32 27: Drei-Sterne-Hotel in zentraler Lage, FFF. Vosges, 58, Grand'Rue, ☎ 89 77 31 41, F–FF.

Camping: Camping Municipal du Parc de la Fecht, an der Straße D 10, ☎ 89 77 31 08, Anfang Mai bis Ende Okt. geöffnet.

Restaurants in Munster: A la Verte Vallée, 10, Rue Alfred-Hartmann, ☎ 89 77 15 15; Hotelrestaurant, FF–FFF. A l'Agneau d'Or, Rue St-Grégoire, ☎ 89 77 34 08, Fr Ruhetag, FF. **… in Luttenbach-Ried:** Au Ried, im Ortsteil Ried auf der Höhe, ☎ 89 77 36 63, Mi Ruhetag: Ausflugslokal in schöner Lage mit Blick auf die Vogesen, FF.

Kurbetrieb in Munster: Kurzentrum Munster, Parc Albert-Schweitzer, ☎ 89 77 36 40: Reflexmassagen, Heilgymnastik, Unterwassermassagen bei 36 °C in schwach mineralhaltigem Wasser, Kurse zur aktiven Gesundheitsvorsorge.

Züge: täglich mehrere Verbindungen ab Colmar.

Ab Ste-Marie-aux-Mines auf der Route des Crêtes

Nach der Weinstraße ist die Route des Crêtes, die Vogesenkammstraße, die bekannteste Ferienroute im Elsaß. Von Ste-Marie-aux-Mines im Norden führt sie über die Hochlagen der Vogesen bis ins etwa 150

Das elsässische El Dorado

Wer von Sélestat das Tal des Flüßchens Lièpvrette hinauffährt, tut dies meist aus Gründen der Zeitersparnis. Am Ende des Tales stellt ein 6872 m langer Tunnel die bequemste und schnellste Verbindung zur Westseite der Vogesen her. Auf der Fahrt zum Tunnel kommt man durch das Städtchen Ste-Marie-aux-Mines, das zwischen dem 15. und 18. Jh. das El Dorado des ostfranzösischen Bergbaus war: Jahr für Jahr wurden hier neben rund drei Dutzend unterschiedlicher Erze auch 2–3,5 t Silber aus den Vogesenflanken zutage gefördert.

Der Silberbergbau im Tal der Lièpvrette spielte damals eine herausragende Rolle. Denn dieses wertvolle Metall kam in den elsässischen Bergstollen, die teils schon im 10. Jh. von Mönchen des Klosters Echery ausgebeutet worden waren, in sehr konzentrierter Form vor. Einen geradezu legendären Fund machten die Arbeiter der Mine ›Zur Treue‹ in La Petite-Lièpvre im Jahre 1581, als sie einen Erzblock aus dem Berg herausbrachen, der sage und schreibe 592 kg des Edelmetalls enthielt.

Die meisten Bergleute, die seit dem 15. Jh. um Ste-Marie-aux-Mines rund 700 km Stollen in die Vogesenberge trieben, stammten nicht aus dem Elsaß, sondern waren ›Gastarbeiter‹ aus dem Harz, aus Thüringen, Sachsen und Böhmen, also aus traditionellen Bergbaugebieten. Im Tal entstanden Herbergen und Häuser, um die rund 3000 ausländischen Kumpels unterbringen zu können, die im Sinne des Wortes Knochenarbeit erledigten. Mit einfachen Werkzeugen gruben sie sich in den teils nicht einmal 1 m hohen und breiten Minengängen wie Maulwürfe vor – binnen eines Zwölfstundentages um kaum mehr als 2 bis 3 cm. Die Arbeitsbedingungen waren menschenunwürdig. Die flakkernden Öllampen, die in den Minen für das nötige Licht sorgten, qualmten häufig so stark, daß die Qualität der Atemluft zur Zumutung wurde. Kinderarbeit war im 16. und 17. Jh. noch durchaus üblich. Die Kleinen trugen etwa für die Unterhaltung der Feuer Sorge, mit denen in den Stollen die Felswände erwärmt wurden, um dann durch die Abschreckung mit kaltem Wasser eine Art Sprengwirkung zu erzielen.

Seit Beginn des 17. Jh. wurde die Ausbeute in den Bergwerken immer geringer, während gleichzeitig die neuentdeckten riesigen Lagerstätten in Amerika die Aufmerksamkeit auf sich zogen. 1897 beschäftigten die Minen jedoch noch immer etwa 1500 Kumpels, die jedes Jahr etwa 36 t Blei, 43 t Kupfer und 18,5 t Arsen aus dem Gestein buddelten, bis auch diese Produktionsstättenr 1907 stillgelegt wurden.

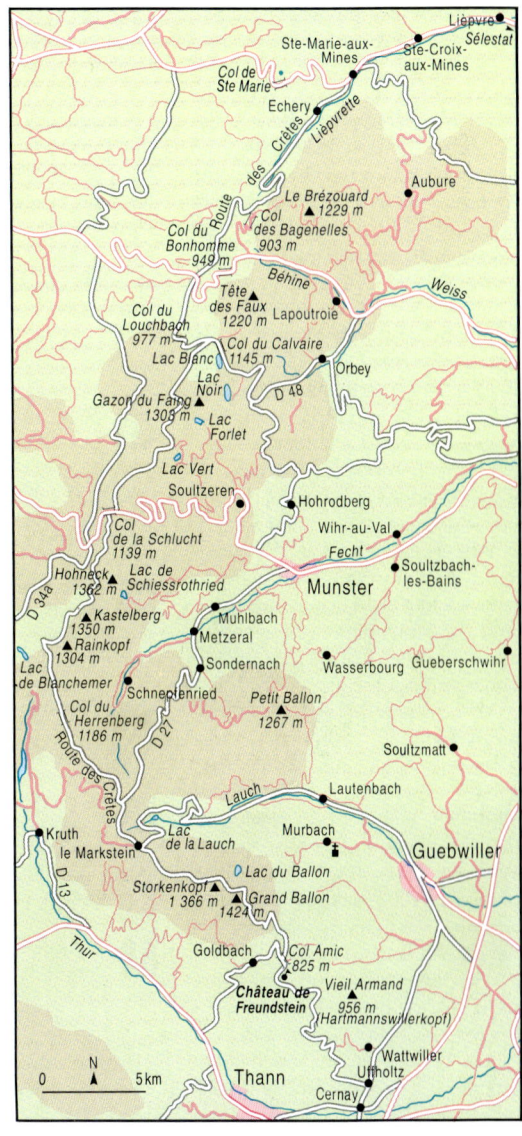

Route des Crêtes

km entfernte Cernay im Süden. Höchster Punkt, zugleich höchste Erhebung des Elsaß, ist der Grand Ballon (1424 m). Erbaut wurde die im Winter nicht passierbare Route des Crêtes im Ersten Weltkrieg, um für die französischen Truppen eine Verbindung zwischen ihren Bastionen am Vieil Armand und am Brézouard herzustellen. Eine Spazierfahrt auf dieser Bergstrecke lohnt sich wegen der Ausblicke ins Rheintal oder im Westen nach Lothringen hinüber und vor allem wegen der reizvollen Vogesenlandschaft. Typisch für die südlichen Vogesen sind die unbewaldeten, aus der Entfernung fast vegetationslos wirkenden Bergkuppen, die wie die Bergseen eine Hinterlassenschaft eiszeitlicher Gletschertätigkeit sind. Ein weiterer landschaftlicher Akzent in den Hochvogesen sind die Hochmoore, die sich vor allem um den Col de la Schlucht konzentrieren.

Von Sélestat aus ist **Ste-Marie-aux-Mines** als nördlicher Ausgangspunkt für die Route des Crêtes leicht durch das Tal des Flüßchens Lièpvrette zu erreichen. Der Name des in einem schmalen Vogeseneinschnitt gelegenen Ortes mit rund 6500 Einwohnern erinnert an die einstige Bedeutung des Bergbaus. Vom Mittelalter bis ins 20. Jh. hinein wurden hier Kupfer, Blei und Silber gefördert. Dem Bergbauboom folgte seit dem 18. Jh. der Textilboom, und noch heute lebt der Ort in erster Linie von diesem Industriezweig. Die ehemalige

Silbermine St-Barthélemy steht im Sommer für Besuche offen (Information beim lokalen Touristenbüro). Auch im örtlichen Museum kann man sich einen Einblick in die lokale Geschichte des Bergbaus verschaffen und viele mineralogische Exponate sehen (La Maison du Pays, s. Information; Besuch nach telefonischer Vereinbarung). Von den Häusern der Kumpel stehen nur noch wenige, darunter die heutige Winstub an der Place Laure-Diebolt.

ℹ️ Information: Office de Tourisme, Maison du Pays, Place Prensereux, ☎ 89 58 80 50, in der Hauptsaison tägl. 10–12 und 14–18 Uhr, in der Nebensaison Mo–Fr 9–12 und 14–18 Uhr, Sa 14–18 Uhr.

🛏️ Unterkunft: Grand Hôtel Cromer, Place Foch, ☎ 89 58 70 19, FF. Les Bagenelles, 15, La Petite Lièpvre, ☎ 89 58 70 77, FF–FFF.

⛺ Camping: Les Reflets du Val d'Argent, an der Straße nach Echery, ☎ 89 58 64 83, ganzjährig.

🍴 Restaurants: La Canardière, 29, La Petite Lièpvre, ☎ 89 58 76 13, Mi abend und Do Ruhetag, FF; Des Chasseurs, 1, Place de la Fleur, ☎ 89 58 75 65, FF–FFF.

❗ Besucherbergwerke: Mine d'Argent St-Barthélemy, nur im Sommer geöffnet, Information im Touristenbüro. La Mine Théophile, Urbeis, an der Straße D 23 nördlich von Ste-Marie-aux-Mines, Bergwerk aus dem 16. Jh., Anfang April bis Okt. tägl. 14–18 Uhr; man holt den Schlüssel im Hôtel Gaunaud (La Petite Lièpvre, Rue Principale, ☎ 88 57 01 16, nur nachmittags, außer Di), wo man auch Stiefel ausleihen kann (der Stollen steht häufig unter Wasser).

 Busse: mehrmals täglich ab Sélestat.

Um die Vogesenseen

Vom knapp 400 m hoch gelegenen Ste-Marie-aux-Mines fährt man auf der D 48 über Echery das Tal der Lièpvrette weiter aufwärts und erreicht am Col des Bagenelles den eigentlichen Beginn der Route des Crêtes. Wer den Gipfel des 1229 m hohen Brézouard besteigen will (hervorragende Aussicht), kann sein Auto auf einem Parkplatz am Fuß des Berges stehenlassen. Der 949 m hoch gelegene **Col du Bonhomme** (7 km weiter) bildet die Nahtstelle zwischen dem Weiss- und Béhinetal an der Ostseite sowie dem Meurthetal an der Westseite der Vogesen. Ein Denkmal erinnert hier an einen französischen General, der 1914 zusammen mit sechs Offizieren im Kampf gegen die Deutschen starb.

Auf der relativ ebenen Kammlinie verläuft die Straße weiter bis zum nächsten Paß, dem **Col du Louchbach**, und steigt dann auf den folgenden Kilometern auf 1145 m zum **Col du Calvaire** an. Dieser Paß ist nicht nur Straßenkreuzung, sondern auch Schnittpunkt ver-

Lac de la Lauch

Auf den Hochweiden

schiedener Wanderwege. Von dort kann man beispielsweise auf dem Fernwanderweg GR 5 zur nordöstlich gelegenen Tête des Faux (1220 m) gehen. Von den erbitterten Kämpfen, die dort im Ersten Weltkrieg stattfanden, zeugt der französische Soldatenfriedhof Duchesne zwischen Tête des Faux und Tête des Immerlins.

Am Col du Calvaire bietet es sich an, von der Route des Crêtes einen kleinen Abstecher zu zwei Bergseen zu unternehmen. Georg Büchner, der sie während seiner Straßburger Studienzeit besuchte, müssen damals ungute Gefühle beschlichen haben, denn er beschrieb sie als »finstere Lachen in tiefer Schlucht, unter etwa 500 Fuß hohen Felswänden«.

Auf der D 48 talwärts, kommt man zunächst zum **Lac Blanc,** mit einer Fläche von knapp 30 ha der größte Gletschersee auf der elsässischen Seite des Vogesenkamms. Der helle Quarzsand auf dem Boden des Sees bewirkt bei entsprechender Sonneneinstrahlung trotz der 70 m Tiefe des Gewässers eigenartig helle Reflektionen – daher der Name ›Weißer See‹. Zur Bergseite ist er von schroffen Felswänden umgeben. An seiner Südseite ragt mit dem **Rocher Château Hans** ein legendärer Felsen auf: Der Sage nach stand hier einst das Schloß des Hans von Felsenstein, das we-

gen der Schlechtigkeit seines Besitzers von der Erde verschlungen wurde.

Nur etwa 3 km weiter talwärts liegt der durch einen Damm aufgestaute **Lac Noir,** den man auf einem Pfad umrunden kann. Die beiden Seen, zwischen denen ein 5 km langer Fußweg besteht, sind durch eine Wasserpipeline mitein-

ander verbunden, die eine Turbine zur Stromerzeugung antreibt.

Zurück auf der Route des Crêtes, setzt man die Fahrt durch eine plateauartige Hochweidenlandschaft fort. Der 1303 m hohe **Gazon du Faing** (links der Straße) bietet sich für einen weiteren Spaziergang an: Der von Gletschern rundgeschliffene Gipfel ist ein hervorragender Aussichtspunkt auf den unterhalb gelegenen Weiher **Etang des Truites**. Und der nächste See an der Kammstraße, der von Hochmooren umgebene **Lac Vert**, liegt nur wenige Kilometer weiter südlich. Seinen Namen verdankt er der Ansammlung von Algen, die ihm in der warmen Jahreszeit eine grüne Farbe geben. Von einem Aussichtspunkt abseits der Straße kann man den See gut sehen.

🛏 **Unterkunft/Restaurants am Col du Bonhomme:** Relais Vosges-Alsace, ☎ 29 50 32 61, 12. Nov., 11. bis 18. Dez. geschlossen, FF. Col du Bonhomme, ☎ 29 50 32 25, Mitte Nov., bis Mitte Dez. geschlossen, FF.

Das ›Dach des Elsaß‹: Col de la Schlucht und Hohneck

Wichtigster Paß an der Route des Crêtes ist der **Col de la Schlucht** (1139 m), über den auf Betreiben von Napoléon III. zwischen 1842 und 1869 eine Straßenverbindung zwischen Colmar und Gérardmer hergestellt wurde. Um etwa dieselbe Zeit, im Jahre 1864, entstand auf der Paßhöhe das international renommierte Hôtel Altenberg, der erste Übernachtungsbetrieb auf dem Vogesenkamm überhaupt, der im Ersten Weltkrieg zerstört und später als Diätklinik wiedererrichtet wurde.

Etwa 2 km südlich des Col de la Schlucht passiert man **Le Jardin d'Altitude du Haut-Chitelet** (Mitte Juni bis Mitte Okt. geöffnet), ein botanisches Raritätenkabinett in rund 1300 m Höhe. In diesem ca. 10 ha großen Gebirgsgarten sind Pflanzen aus ganz unterschiedlichen Höhenregionen Europas, Asiens und Nordamerikas zusammenge-

stellt – fast 3000 Spezies. Zudem findet man hier ein Hochmoor sowie die Quelle des Flüßchens Vologne, das nach Lothringen fließt. Gegenüber diesem Garten biegt ein Weg zur **Ferme-Auberge des Trois-Four** ab (☎ 89 77 31 14, 15. Mai bis 15. Okt., Mo Ruhetag, Melkermahlzeiten, selbstgemachter Munsterkäse, Speckomelette; sechs Zimmer).

Die Vogesenregion zwischen Col de la Schlucht im Norden und Col du Herrenberg im Süden bildet mit ihren über 1300 m hohen Kämmen das ›Dach des Elsaß‹. Die Landschaft beginnt alpinen Charakter anzunehmen, und in der Vegetation finden sich botanische Raritäten, deren Ursprung auf kältere Zeitalter verweist. Diese Gegend um das 1362 m hohe Hohneck-Massif, das sich von hier in östlicher Richtung erstreckt und von dem man das überwältigende Panorama der Vogesen- und Schwarzwaldberge genießen kann, zählt zu den meistbesuchten an der Route des Crêtes. Selbst im Winter herrscht dort Hochbetrieb, seit das größte Skizentrum der Vogesen, **La Bresse**, eingerichtet wurde.

Ungefähr 5 km südlich von Col de la Schlucht befindet sich in der Nähe des Kastelbergs (1350 m) ein weiterer Bergbauernhof, die **Ferme-Auberge Breitsouzen** (☎ 29 63 22 92, 15. Mai bis 15. Okt. geöffnet, Käse aus eigener Produktion, 20 Übernachtungsplätze im Schlafsaal, Melkermahlzeit), die bereits auf lothringischem Gebiet liegt. Zum Elsaß hingegen gehört die **Ferme-Auberge Kastelberg** (☎ 89 77 62 25, 1. Juni bis Ende Sept. geöffnet, typische Bergbauerngerichte, keine Übernachtung), die etwa 2,5 km von der Route des Crêtes entfernt liegt und eine sehr schöne Aussicht auf den Petit Ballon und zum Rothenbachkopf bietet. Ein dritter Rastplatz ist die **Ferme-Auberge Firstmiss** zwischen Kastelberg und Rainkopf (☎ 29 63 26 13, 15. Mai bis 15. Okt. geöffnet, typische Ferme-Mahlzeiten, größere Gerichte wie Sauerkraut nur auf Vorbestellung, zwei Schlafsäle mit je acht Plätzen). Von dort erreicht man zu Fuß in jeweils etwa einer halben Stunde den **Lac de Blanchemer** und den **Lac de l'Altenweier**.

In der Nähe des Rainkopfes (1304 m) biegt nach rechts die D 34a ab, die den Beinamen *Route des Américains* (Amerikanerstraße) trägt, weil sie im Jahr 1917 als Versorgungsstraße gebaut wurde, nachdem die USA in den Krieg eingetreten waren. In der Nähe der Abzweigung steht die **Ferme-Auberge Rothenbach** (☎ 89 82 25 39, Mitte Mai bis Mitte Okt. geöffnet, Ziegenfleisch und Käse, keine Übernachtung), die nach einem Brand im Jahr 1983 unter Mithilfe regionaler Naturschutzorganisationen wiederaufgebaut wurde. Ihr ist ein Informationszentrum über die Hochvogesen angegliedert (☎ 89 82 23 70, im Sommer 9–18 Uhr). Der nächste Berghof ist die etwas abseits gelegene **Ferme-**

Auberge Huss auf der Höhe der Straße, die zum 1200 m hohen Herrenberg führt (☎ 89 82 27 20, Käse- und Speckmahlzeiten sowie Suppe, keine Übernachtung, geöffnet Mitte Juni bis Mitte Okt.).

🛏 **Unterkunft und Verpflegung:** Ferme-Auberge des Trois-Fours, Ferme-Auberge Breitsouzen, Ferme-Auberge Kastelberg, Ferme-Auberge Firstmiss und Ferme-Auberge Rothenbach, s. o.

Von Le Markstein zum Grand Ballon und Vieil Armand

Vorbei an der **Ferme-Auberge du Hahnenbrunnen** (☎ 89 77 68 09, Juni bis Ende Sept., typische Bauernmahlzeiten, keine Übernachtung), die auf der Talseite der Straße liegt, kommt man zur Abzweigung der D 27 ins Munstertal und kurz danach zum 1200 m hoch gelegenen **Le Markstein**, einem wichtigen Verkehrszentrum. Um den Straßenschnittpunkt von Route des Crêtes und der Verbindung ins Lauchtal bzw. nach Mulhouse und Belfort entstanden zwei Hotels, Einrichtungen für den Wintersport sowie drei Fermes-Auberges. Le Markstein ist für botanisch Interessierte eine wahre Fundgrube seltener Pflanzen. Auf den alten, weniger sauren Sedimentgesteinen in der Region gedeihen Steineichen, Kastanien, wilde Geranien, Silberdisteln, Bergnelken und andere Arten, die man sonst auf den Vogesenhöhen selten antrifft.

Rund 7 km weiter gelangt man am rechts der Straße liegenden Storkenkopf vorbei (1366 m) zum **Grand Ballon**, mit 1424 m die höchste Erhebung des Elsaß und einer der besten Aussichtspunkte überhaupt. Die Straße führt bis zum Fuß des Bergs, dessen Gipfel man vom Hotel aus in etwa 10 Min. erreichen kann. Der Panoramablick von der runden Kuppe ist an klaren Tagen überwältigend (meistens im Herbst und Winter). Das Jahr über zieht es viele Besucher hierher – zu viele, wie Umweltschutzorganisationen meinen, die sich um die Existenz der teils seltenen Pflanzen auf und um diesen Gipfel sorgen.

Nördlich des Grand Ballon liegt rund 400 m unterhalb des Hauptkammes der **Lac du Ballon**, ein für die Hochvogesen typischer Bergsee, der sich in einer von Gletschern ausgehöhlten Mulde bildete. Schon die Mönche des Klosters Murbach legten an diesem Gewässer im 15. Jh. einen Damm an. Er wurde 1699 von Vauban aufgestockt, um genügend Wasser für einen Kanal zu speichern, über den Baumaterial für die Festung nach Neuf-Brisach transportiert wurde.

Der **Col Amic** liegt auf der Höhe der Einmündung der Straße D 13 in die Route des Crêtes. Schilder weisen den Weg zur **Ferme-Auberge du Kohlschlag** (✆ 89 82 31 28,

9–19 Uhr, zwischen Weihnachten und Neujahr, in der zweiten Oktoberhälfte und der ersten Novemberwoche geschlossen, gutes Speisenangebot, keine Übernachtung). In dieser Gegend gab es im 17. und 18. Jh. noch zahlreiche Wölfe, aber wegen der Tollwutgefahr setzte das Kloster Murbach Abschußprämien aus. Der letzte Wolf wurde 1908 erlegt. Mit etwas Glück kann man in der Umgebung der Ferme-Auberge Gemsen beobachten, die sich meist nur am frühen Morgen zeigen.

Südlich des Col Amic ragen die Ruinen des **Château de Freundstein** auf. Diese höchstgelegene Burg der Vogesen (948 m), erstmals Ende des 13. Jh. erwähnt, wurde nach einem Brand im Bauernkrieg (1525) wiederaufgebaut, aber schon wenige Jahre später endgültig zerstört. In der Nähe liegt die **Ferme-Auberge du Freundstein** (✆ 89 82 31 63, ganzjährig geöffnet, Bergbauernmenüs und Käse aus eigener Herstellung, Übernachtungsmöglichkeit im Schlafsaal oder in zwei Zimmern).

Das ehemalige Schlachtfeld und heutige Freilicht-Museum **Vieil Armand** (Hartmannswillerkopf), auf 956 m Höhe in den Vorbergen des Vogesenmassivs gelegen, dokumentiert eindringlicher als jede andere Stätte an der Route des Crêtes die brutale, irrsinnige Schlächterei

---

Beim Bergbauernhof Freundstein

Zufall
oder keltisches Druidengeheimnis

Die Theorie des Belchensystems

Von den zahlreichen Geheimnissen aus grauer Vorzeit, die sich bis heute im Dreiländereck gehalten haben, ist das sogenannte Belchensystem vielleicht das faszinierendste und rätselhafteste. Schon vor Jahren stellten ein pensionierter Lehrer und ein wissenschaftlicher Assistent aus Baden-Württemberg Messungen und Beobachtungen an, die verblüffende Fakten zutage förderten: eine Beziehung zwischen dem Sonnenstand am kalendarischen Frühlings-, Sommer-, Herbst- und Winteranfang und der geographischen Lage von vier der insgesamt fünf Belchenberge im Dreieckland am Oberrhein.

Nimmt man den 1247 m hohen Ballon d'Alsace (Elsässer Belchen) in den Südvogesen als Zentrum, so geht die Sonne am 21. März bzw. am 23. September genau über dem Schwarzwald-Belchen, am 22. Dezember über dem Jura-Belchen in der Schweiz und am 22. Juni über dem elsässischen Petit Ballon auf. Schließlich spielt in diesem System auch der Grand Ballon (Großer Belchen) eine Rolle; denn über seinem Gipfel steigt die Sonne am 1. Mai in den Himmel, an einem alten keltischen Feiertag.

im Ersten Weltkrieg. Mehr als 30 000 Soldaten auf französischer wie deutscher Seite ließen in dem vier Jahre dauernden Stellungskrieg ihr Leben, wovon heute ganze Wälder aus Kreuzen zeugen. Teilweise lagen die Schützengräben nur wenige Dutzend Meter voneinander entfernt. Vor allem 1915 tobten am Vieil Armand die Kämpfe in aller Schärfe.

Während durch manche Publikationen immer noch das Bild vom Hartmannswillerkopf als strategischer Schlüsselstellung spukt, hat die Geschichtsschreibung längst eine andere Version der Ereignisse bloßgelegt. Demnach war dieses Schlachtfeld, auf dem kein Quadratzentimeter Oberfläche ohne Granateinschlag blieb, ein ›Prestigeobjekt‹ ohne wirkliche militärische Bedeutung, weil sich der große Krieg eher bei Verdun und an der Somme entschied.

Vom letzten Stück der Route des Crêtes biegt südlich des Vieil Armand nach rechts eine geteerte Straße zur **Ferme-Auberge du Molkenrain** ab (☎ 89 81 17 66, April

Im Zusammenhang mit dem sogenannten Belchensystem beschäftigten sich die beiden Freizeitforscher auch mit der Tatsache, daß alle fünf Berge, von denen drei im Elsaß, einer in der Schweiz und einer im badischen Schwarzwald liegen, den gleichen Namen tragen. Nach gängiger Meinung leitet sich ›Belchen‹ aus dem Alemannischen ab. Die beiden Belchisten stießen wiederum auf Neuland vor, indem sie als Namensursprung eher die keltischen Bezeichnungen ›Belenus‹ bzw. ›Bel(a)kus‹ für den keltischen Sonnengott vermuteten. Von diesem Ergebnis bis zur Belchentheorie war es fast nur noch ein logischer Schritt: Für die keltischen Druiden waren die Belchengipfel astronomische Beobachtungspunkte, die deshalb nach dem Sonnengott benannt wurden. Sollten die Belchen am Oberrhein eine ähnliche Funktion wie beispielsweise das englische Stonehenge gehabt haben? Dieses diente vermutlich auch als Sonnenheiligtum, in dem am Tag der Sommersonnenwende die Strahlen der aufgehenden Sonne genau auf den Altarstein fielen.

So reizvoll sich die Belchentheorie auch anhört, wissenschaftlich belegbar ist sie vorerst nicht. So einleuchtend die Fakten und Zusammenhänge auch sein mögen, so fehlt bislang doch jeglicher archäologische Nachweis. Unbestritten ist jedoch die Tatsache, daß die Gestirne in längst versunkenen Kulturen als wichtige Orientierungshilfen dienten. Es ist also nicht auszuschließen, daß die Kelten über astronomisches Wissen verfügten und sich die Belchenberge als kalendarische Fixpunkte zunutze machten.

bis Okt., im Herbst gibt es Schlachteplatten; Übernachtung in zwei Schlafsälen). Dieser Bergbauernhof ist durch den im Jahre 1961 von Regisseur François Truffaut gedrehten Film ›Jules et Jim‹ mit Jeanne Moreau bekannt geworden, der hier teilweise gedreht wurde. Wenige Kilometer weiter südlich endet die Route des Crêtes in Cernay (s. S. 142).

Unterkunft in Le Markstein: Steinlebach, Route des Crêtes, ☎ 89 82 61 87, Ende Nov. bis Anfang Febr. geschlossen, F–FF. Wolf, ☎ 89 82 64 36, 10. Nov. bis 10. Dez. geschlossen, FF.
… am Grand Ballon: Goldenmatt, Route des Crêtes, ☎ 89 82 32 86, Mitte Nov. bis Ostern geschlossen, FF–FFF. Grand Ballon, Route des Crêtes, ☎ 89 76 83 35, Mitte Nov. bis Mitte Dez. geschlossen, F.

Camping in Le Markstein: Auberge du Markstein, Route des Crêtes, ☎ 89 82 61 84, ganzjährig.

Restaurant in Le Markstein: Vue des Alpes, ☎ 89 76 14 40, Mitte Nov. bis 20. Dez. geschlossen, F.

Route
du Vin

Münsterstadt Thann

Cernay bis Eguisheim

Im Nordwesten
von Colmar

Von Riquewihr nach
Ribeauvillé

Im Schatten der
Haut-Kœnigsbourg

Dambach bis Obernai

Nördliche Weinstraße

Unterhalb der Haut-Kœnigsbourg

Herz und Seele des Elsaß in einem: die Rebgärten an der sonnenwarmen Ostflanke der Vogesen. Auf der Elsässischen Weinstraße durch sattgrüne Hügellandschaften und malerische Dörfer mit berühmten Kirchen und Klöstern, wunderschönen Winzerhäusern, urigen Probierstuben und gemütlichen Restaurants, die zum genüßlichen Verweilen einladen.

Die bekannteste und vielleicht auch reizvollste Touristenstraße im Elsaß ist die Route du Vin (Weinstraße) durch die Vorberge der Vogesen, eine rund 210 km lange Strecke von Thann im Süden bis nach Marlenheim auf der Höhe von Straßburg. Obwohl eine Erfindung der elsässischen Fremdenverkehrsstrategen, die sie im Jahr 1953 einweihten, läßt die Route geschichtliche Ursprünge nicht vermissen: Im großen und ganzen folgt sie der Trasse einer Römerstraße, die sich schon vor 2000 Jahren an der Ostflanke der Vogesen entlangschlängelte.

An dieser landschaftlich sehr abwechslungsreichen Strecke liegen Dutzende kleinerer und größerer Weinorte zwischen den Rebbergen. Der Reiz der Route erschöpft sich jedoch nicht in Weinbau, Winzerbetrieben und Probierstuben. Sie könnte genausogut als Kulturpfad apostrophiert werden, auf dem der Besucher Land und Leute sowie die jahrhundertealte Architektur der Region kennenlernt.

Münsterstadt Thann

Nähert man sich dem Städtchen Thann am Eingang des Thurtales von Osten, lassen die großen Industrieanlagen eher Wirtschaftskraft als Baugeschichte und Weinseligkeit vermuten.

Bereits im 12. Jh. war Thann Wallfahrtsort. Dort, wo seinerzeit die dem heiligen Theobald geweihte Kirche stand, hat heute die **Stiftskirche St-Thiébaut** ihren Platz. Fast 200 Jahre vergingen, ehe der Anfang des 14. Jh. begonnene Bau mit dem in jüngster Zeit restaurierten gotischen Turm, an dem auch der berühmte Erwin von Steinbach mitgearbeitet haben soll, fertiggestellt war. Unbescheiden vergleichen die Einheimischen ihr Gotteshaus mit anderen Kirchen der Region: Das Straßburger Münster sei zwar höher und der Freiburger Münsterturm größer, das Thanner Münster besitze aber den schönsten Turm.

Beeindruckend ist die Westfassade, die ganz vom großartigen

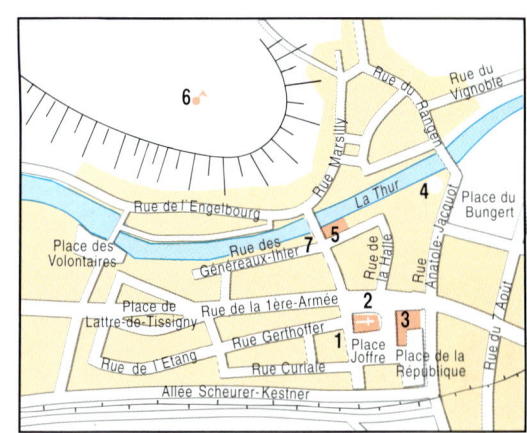

Hauptportal mit seinen reichen fi-
gürlichen Verzierungen beherrscht
wird. Das Fremdenverkehrsbüro
(gleich nebenan) hat am günstigsten Standpunkt für Fotografen eine
kleine Tafel mit Erklärungen zu
sämtlichen Details angebracht.
Hübsch sind auch die mit buntgla-
sierten Ziegeln gedeckten Dächer.

So ganz aus der Luft gegriffen ist
der Thanner Stolz auf die Kirche
nicht. Nach dem Münster von
Straßburg ist sie das bedeutendste
gotische Bauwerk des Elsaß, an
dem sich die Baugeschichte vom
frühgotischen Stil im südlichen Seitenschiff bis zum spätgotischen Stil
im nördlichen Seitenschiff ablesen
läßt. Als letzter Teil entstand 1629
an der Südseite die Marienkapelle.
Sie beherbergt die Anfang des
16. Jh. geschnitzte sogenannte
Winzermadonna, die man als Hinweis auf die lange Weinbautradi-
tion in Thann werten kann. Seit
Jahrhunderten gedeiht hier an den
Vogesenflanken auf dem sogenannten Rangen ein Wein, der zur
Zeit der österreichischen Kaiserin
Maria-Theresia offenbar sogar in
Wien hochgeschätzt wurde.

Etwas jünger als die Madonna ist
das Thanner **Rathaus** neben der
Kirche, das 1780 unter General
Jean-Baptiste Kléber gebaut wurde.
Sehenswert ist außerdem der **Hexenturm** mit seinem auffallenden
barocken Dach, der ein Überbleib-
sel der alten Stadtbefestigung ist.
Den besten Blick auf ihn hat man
von der Brücke über die Thur.

Hoch über dem Flüßchen erhebt
sich im Norden der Stadt das
Château d'Engelbourg der Grafen
von Ferrette. Als dieses Adelsge-
schlecht 1324 ausstarb, fiel die Festung den Habsburgern zu. 1648,
mit dem Westfälischen Frieden,

ging sie in französischen Besitz über und wurde 1674 gesprengt. Dabei stürzte der runde Bergfried um und ›blickt‹ seitdem auf die Stadt, was ihm den Namen ›Hexenauge‹ einbrachte.

Das **Musée des Amis de Thann** in der ehemaligen Kornhalle aus dem 16. Jh. besitzt Exponate zu Stadtgeschichte, Volksbrauchtum und ländlichem Leben sowie eine mineralogische Abteilung (24, Rue Thiébaut, ✆ 89 37 03 93, Mitte Mai bis Mitte Sept. 10–12 und 14.30–18.30 Uhr).

Information: Office de Tourisme, 6, Place Joffre, ✆ 89 37 96 20, Fax 89 37 04 58, Juni bis Sept. tägl. außer So 9–12 und 14–19 Uhr; Okt. bis Mai Mi und So 10–12 und 14–17 Uhr, Sa 14–17 Uhr.

Unterkunft: Hôtel Kléber, 39, Rue Kléber, ✆ 89 37 13 66, südlich des Stadtzentrums an der Straße nach Lembach, FF. Hôtel du Parc, 23, Rue Kléber, ✆ 89 37 37 47, FF.

Restaurants: Caveau de l'Engelbourg, 10, Rue du Général-de-Gaulle, ✆ 89 37 20 21, Mi abend und Do Ruhetag, regionale Küche, FF. A la Demi-Lune, 27–31, Rue du Général-de-Gaulle, ✆ 89 37 94 50, Di abend und Mi Ruhetag, kleines Lokal mit guter Küche, FF. Auch die oben genannten Hotels besitzen ein Restaurant (jeweils Di abend und Mi geschlossen).

Verkehr: Thann liegt an der Bahnlinie Mulhouse – Kruth. Auf der Route du Vin verkehren zwischen Thann und Colmar (via Guebwiller) Linienbusse.

Von Cernay bis Eguisheim

Fährt man von Thann über Vieux-Thann nach Westen, kommt man in die Nachbargemeinde **Cernay**. In der Nähe dieser Ortschaft brachten Cäsars römische Truppen den Sueben unter ihrem Fürsten Ariovist im Jahr 58 v. Chr. eine entscheidende Niederlage bei. Cernay wurde im Ersten Weltkrieg stark zerstört. An historisch interessanten Gebäuden sind nur der Thanner Turm (heute Museum), einst Teil der alten Stadtbefestigung, sowie ein in der Nachbarschaft stehendes Bürgerhaus erhalten.

Von Cernay führt die D 5 nach **Soultz-Haut-Rhin**. Der Name ›Sulza‹ (›salzige Quelle‹) bürgerte sich schon seit dem 7. Jh. ein. Im Ort steht die Eglise St-Maurice, eine im 13. Jh. begonnene Kirche mit kreuzförmigem Grundriß. Ihr West- und Nordportal weisen schöne Verzierungen auf. In der früheren Kornhalle mit überdachter doppelläufiger Treppe (17. Jh.) ist heute das Rathaus untergebracht. Sehenswert ist auch das hübsche Haus mit Erker und Holzgalerie in der Rue St-Jean-Jaurès Nr. 59.

Information in Cernay: Office de Tourisme, 1, Rue Latouche, ✆ 89 75 50 35, im Sommer Mo–Fr 9–12 und 14–18 Uhr, Sa 10–12 Uhr.

Unterkunft in Cernay: Hôtel Belle-Vue, 10, Rue du Maréchal-Foch,

☏ 89 75 40 15, 20. Dez. bis 20. Jan. geschlossen, FF.
… in Soultz: Château d'Anthès, 25, Rue de la Marne, ☏ 89 76 46 26, FF.

Jugendherberge in Cernay: Auberge de Jeunesse, 16 a, Faubourg de Colmar, ☏ 89 75 44 59.

Camping in Cernay: Camping Les Acacias, Straße 83, ☏ 89 75 56 97, Mai bis gegen Ende Sept.

Restaurants in Cernay: Hostellerie d'Alsace, 61, Rue Poincaré, ☏ 89 75 59 81, Mo Ruhetag. Zum Glickhampfell, 4, Rue Clémenceau, ☏ 89 75'42 49, Juni geschlossen, FF–FFF.
… in Soultz: Aux Deux Clefs, 3, Place de la République, ☏ 89 76 85 17, Do Ruhetag, F–FF.

Guebwiller und Kloster Murbach

Guebwiller liegt im Lauchtal – auch als Florival (Blumental) bekannt –, in einer der besten Weinlagen der Südvogesen. Dem im Ort produzierten Wein schrieb man im 19. Jh. sogar die Eigenschaft zu, die Bildung von Nierensteinen zu verhindern.

Die spätromanische **Eglise St-Léger** gehört neben dem Kloster Murbach und der Kirche von Lautenbach zum Dreigestirn der großartigen romanischen Bauwerke im Tal des Flüßchens Lauch. Baubeginn von St-Léger, in dessen Gewölben sich in den Spitzbögen bereits der Übergang zur Gotik andeutet, war vermutlich das Jahr 1182, doch erst

rund 100 Jahre später waren auch die beiden Türme fertiggestellt. Als Meisterwerk gilt das unter einer mächtigen Vorhalle gelegene spätromanische Portal, das sowohl burgundische als auch provençalische Einflüsse erkennen läßt. In der fünfschiffigen Kirche stehen vor dem Altar des heiligen Valentin (im südlichen Seitenschiff) noch die Sturmleitern, die von den Armagnaken nach ihrer fehlgeschlagenen Belagerung der Stadt im Jahr 1445 zurückgelassen wurden.

Eine weitere Sehenswürdigkeit ist das **Hôtel de Ville**. Dieses Patrizierhaus im Stil der Spätgotik mit dekorativem Erker, den das Wappen der Murbacher Äbte ziert, ließ sich ein örtlicher Tuchhändler 1514 erbauen. Das Ortszentrum vor dem Rathaus, geprägt durch einen Supermarkt und einen Parkplatz sowie wenig reizvolle Neubauten, bietet ein Beispiel für die Entgleisungen moderner Stadtplanung.

Baubeginn der frühklassizistischen **Eglise Notre-Dame** auf der Place Jeanne-d'Arc war das Jahr 1766. Ihr Bauherr war der letzte Fürstabt der Abtei Murbach, Casimir von Rathsamhausen.

Zu den bedeutendsten Dominikanerkirchen der Region zählt die renovierte gotische **Eglise des Dominicains** aus dem 14. Jh., die mehr und mehr als Kulturzentrum genutzt wird (Ausstellungen, Konzerte u. ä.).

Von Guebwiller lohnt ein Abstecher in ein kleines Nebental des

Flüßchens Lauch, wo zwischen bewaldeten Bergflanken die imponierenden Überreste des um 727 gegründeten **Klosters Murbach** liegen.
Neben Speyer gehörte der ehemalige Benediktinerkonvent zu den
bedeutendsten romanischen Klo-
sterbauten der ersten Hälfte des 12.
Jh. Das ursprüngliche Aussehen
der gesamten Anlage läßt sich heute kaum noch vorstellen. Chor,
Querschiff sowie die beiden Türme
blieben stehen, während jedoch
das Langhaus im 18. Jh. abgebro-
chen wurde.

Vom Murbacher Kloster gingen
einst wichtige architektonische Impulse aus. Dies zeigt sich etwa in
der Kirche von **Lautenbach** (ca. 6
km westlich von Guebwiller, über
die D 430). Hier wurde bereits im
8. Jh. eine Benediktinerabtei gegründet, von der die um 1100 errichtete Kirche erhalten blieb.
Zwar bietet das Innere nach verschiedenen Umbauten ein Sam-
melsurium an Stilen, doch das
Westwerk mit einer dreibogigen
Vorhalle und einem skulpturenge-
schmückten Portal ist romanisch.

Das romanische Kloster Murbach

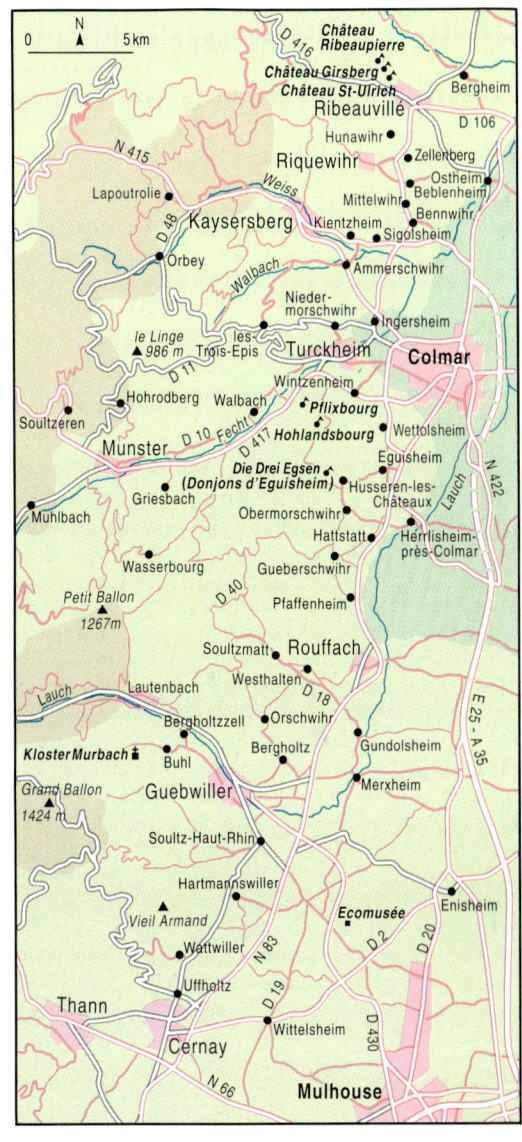

Elsässische Wein-
straße: Der Süden

ℹ️ **Information in Guebwiller:** Office de Tourisme, 5, Place St-Léger, ☎ 89 76 10 63, von Mai bis Okt. Mo–Fr 8–12 und 14–18 Uhr, Sa 9–12 und 14–17 Uhr, So nur im Juli/Aug. 10–12Uhr (auch Informationen über benachbarte Orte an der Route du Vin).

🛏️ **Unterkunft in Guebwiller:** Château-Hôtel La Prairie, 2, Rue des Larrons, ☎ 89 74 28 57: Drei-Sterne-Hotel in einem herrschaftlichen Gebäude am Fuß der Weinberge, FFF–FFFF. Hôtel d'Alsace, 140, Rue de la République, ☎ 89 76 83 02, FF.

✗ **Restaurant in Guebwiller:** Le Luxhof, 67, Rue de la République, ☎ 89 76 20 89, Di abend und Mi Ruhe: Spezialität ist auf Stein gebratenes Fleisch, FFF. S'Bratzala, s. S. 55.

In **Orschwihr,** vom 13. bis zum 15. Jh. habsburgisches Lehen, fallen einige historische Gebäude, vornehmlich im Stil der Renaissance, auf. Über dieses Dorf fährt man weiter nach **Soultzmatt** im Ohmbachtal. Die Ortschaft war früher einmal durch ein halbes Dutzend Burgen gesichert, von denen nurmehr das an der Durchgangsstraße gelegene spätgotische Château de Wagenbourg verblieben ist. Der eindrucksvolle wehrhafte Bau gehört heute einem Weingut. Die örtliche Kirche St-Sébastien stammt aus dem 12. Jh., wurde aber Ende des 15. Jh. im spätgotischen Stil umgebaut, ehe man ihren Chor um 1760 im Barockstil neugestaltete. Bei Grabungen in unmittelbarer Umgebung der Kirche stieß man nicht nur auf die Fundamente eines (vermutlichen) Vorgängerbaus, sondern auch auf Steinsärge aus der Merowingerzeit. Sie wurden hinter der Kirche zusammen mit einem steinernen Weihwasserbecken und anderen Bauteilen aufgestellt.

Auf dem Weg nach Rouffach kann man auch durch das benachbarte **Westhalten** fahren, das seine Verbundenheit mit dem Wein durch eine große Winzergenossenschaft demonstriert.

Rouffach

Mit mehr als 5000 Einwohnern gehört Rouffach zu den größeren Ortschaften an der südlichen Weinstraße. In der Merowingerzeit besaß hier König Dagobert II. ein Gut, das wahrscheinlich im 7. Jh. in den Besitz des Straßburger Bischofs Arbogast gelangte. Um dieses Anwesen bildete sich eine Siedlung, die während des Investiturstreites zwischen Päpsten und weltlichen Herrschern im Jahr 1105 von Anhängern des Kaisers niedergebrannt wurde, weil die Rouffacher als ›Papisten‹ bekannt waren. Danach erholte sich der Ort schnell und erhielt bereits 1238 Stadtrechte. Ein zweites Mal wurde Rouffach im Dreißigjährigen Krieg zerstört. Dennoch blieben viele der über die Jahrhunderte hinweg entstandenen Patrizier- und Bürgerhäuser, Weingüter und Sakralbauten erhalten, die heute den Reiz der Kleinstadt ausmachen.

Adebar der Hoffnungsträger

In den siebziger Jahren fiel den Elsässern auf, daß ihr Symbolvogel, der Storch, fast völlig von Hausdächern und Kirchtürmen verschwunden war. Hatte man 1945 noch 175 Paare gezählt, so waren es 1974 nur noch neun. Der dramatische Rückgang der elsässischen Storchenpopulation hatte mehrere Ursachen. Zum einen sind die Vögel während ihrer weiten Reise zu den Überwinterungsgebieten in Westafrika vielen Gefahren ausgesetzt, und sie wurden dort auch teilweise gejagt. In Mitteleuropa kamen zahlreiche Störche ums Leben, weil sie in Hochspannungsleitungen flogen. Zudem dezimierte der weitverbreitete Einsatz von Pestiziden und Insektiziden das Nahrungsmittelangebot für die Vögel. Nun gingen die Elsässer mit Energie an die Aufgabe, Meister Adebar zwischen Altkirch im Sundgau und Wissembourg an der Nordgrenze wieder zu einem sicheren Lebensraum zu verhelfen.

Der schwarz-weiße elsässische Wappenvogel, der zu der 17 Arten umfassenden Storchenfamilie gehört, wird etwa 1 m groß. Ausgewachsene Tiere haben eine Flügelspannweite von immerhin 2 m und wiegen 3–4 Kilogramm. Männchen und Weibchen zu unterscheiden ist recht schwierig, obwohl ›Herr Storch‹ meist einen etwas stärkeren Schnabel besitzt. Die Lebensdauer der mit drei Jahren geschlechtsreifen Vögel beträgt im Durchschnitt 25 Jahre. Auf dem Speisezettel der Störche, die in der freien Natur leben, stehen Mäuse, Kartoffelkäfer, Regenwürmer und ähnliches. Daß sich Meister Adebar vorzugsweise von Fröschen ernährt, ist ein weitverbreitetes Ammenmärchen.

In den vergangenen Jahren wurden im Elsaß eine ganze Reihe von Gehegen angelegt, die der Aufzucht von Störchen dienen. In Rouffach zeigen sich die Zuchterfolge der dortigen Station schon deutlich; viele Nester im Ort sind wieder besetzt. Aber auch in Kintzheim und bei der Weingenossenschaft von Cleebourg gibt es Zuchtgehege, in denen die Vögel in erster Linie mit rohem Fleisch und Fisch ernährt werden. Nachdem sie hier die ersten drei Lebensjahre unter Aufsicht verbracht haben und der natürliche Drang zur Wanderung verlorengegangen ist, entläßt man sie in die Freiheit, wo sie sich gewöhnlich einen Partner suchen und ein Nest bauen. Da diese Störche den Winter über in unseren Breiten bleiben, muß ihre Nahrung durch menschliches Zutun gesichert werden. Heute kann man im Elsaß wieder über 50 freilebende Störche entdecken, die in Aufzuchtstationen ›flügge‹ gemacht wurden – zweibeinige Hoffnungsträger, die klappern.

Rathaus und Hexenturm, der heute
Nistplatz für Störche ist

Sehenswert ist die von einer Reihe stattlicher Bauwerke umgebene
Place de la République. Beherrscht
wird sie von der **Eglise Notre-
Dame-de-l'Assomption**, eine der
bedeutendsten Kirchen des Elsaß.
Ihre ältesten Teile gehen auf das
späte 11. Jh. zurück, so das Querschiff mit den romanischen Rundbogenfenstern. Hauptschiff und
Chor folgten erst im 13. Jh. Da bis
ins 19. Jh. hinein Veränderungen
und Erweiterungen vorgenommen
wurden, bietet dieser Sakralbau
Beispiele unterschiedlicher Architekturstile.

Gleich in der Nachbarschaft
steht die rund 500 Jahre alte **Ancienne Halle au Blé** mit einem
Treppengiebel und beidseitig zum
Obergeschoß führenden Außen-
treppen. Ursprünglich ein Kornspeicher, dann zwischen 1819 und
1960 eine Knabenschule, beherbergt der schöne Bau heute im Erdgeschoß die örtliche Feuerwehr
und im Obergeschoß das Rouffacher Heimatmuseum (Musée du
Baillage, April bis Sept. Mi–Mo
10–12 und 14–17.30 Uhr).

Das **Hôtel de Ville** an der Südseite des Platzes fällt durch seine
geschwungenen Giebel auf. Es besteht eigentlich aus zwei Gebäuden, die im Abstand von 36 Jahren
um die Wende vom 16. zum 17. Jh.
an der Stadtmauer errichtet wurden.

Von dieser alten Stadtbefestigung ist heute noch der neben dem
Rathaus gelegene **Tour des Sor-**

cières (Hexenturm) vorhanden, dessen unterer, runder Teil aus dem 13. Jh. stammt. Jahrelang diente der hohe Bau als Kerker für Frauen, die der Hexerei angeklagt waren. In den Kellergewölben der angrenzenden Bauhütte der Kirche Notre-Dame sollen laut Stadtchronik während der Zeit der Inquisition im 16. und 17. Jh. die berüchtigten Verhöre der Hexen stattgefunden haben. Im ehemaligen Zinshof des Straßburger Domkapitels (östlich des Rathauses gelegen) ist heute das katholische Pfarramt untergebracht.

An der Rückseite des Rathauses führt ein Weg am ehemaligen Schutzwall entlang zum **Storchenpark** der Stadt. Hier wird Meister Adebar, der im Elsaß fast ausgestorben war, nachgezogen. Rouffach zählt zu den Elsaßgemeinden mit den meisten Storchennestern (s. S. 147). Gegenüber vom Park befindet sich ein stattlicher Gutshof aus dem 17. Jh., der sich mit den Nachbargebäuden wie eine bewohnte Festung ausnimmt. Nahebei fällt ein Bau mit gotischen Maßwerkfenstern im ersten Geschoß auf, der einst zur Abtei Eschau gehörte.

Die am südlichen Stadtrand gelegene gotische **Franziskanerkirche** (13.–15. Jh.), einst Teil eines Franziskanerklosters, ist heute eine Baustelle.

Die folgenden Profanbauten sind besonders sehenswert: In der **Rue Poincaré** Nr. 2 (das ehemalige Haus der Metzgerzunft), Nr. 11, 17 und 23 (Haus ›Zum halben Mond‹ mit einem Erker und namengebendem Schmuck); in der **Rue de la Poterne** Nr. 1 (dort wurde 1755 Marshall Lefebvre geboren, der spätere Herzog von Danzig), Nr. 2 (mit einem hübschen Erkergeschoß) und Nr. 25 (mit gotischen Maßwerkfenstern); in der **Rue Rettig** Nr. 8 (1753 im Renaissancestil errichtetes Haus mit Volutengiebel, im Hof steht ein Treppenturm); in der **Rue du Maréchal** Nr. 16 (Haus mit Holzgalerie und Walmdach). Das örtliche Touristenbüro gibt ein kleines Faltblatt mit einem Plan heraus (auch in deutscher Sprache), mit dessen Hilfe die sehenswertesten Gebäude der Stadt leicht aufzufinden sind.

Information: Office de Tourisme, im alten Rathaus, ☎ 89 78 53 15, Mo–Fr 9–12 und 14–17 Uhr, Sa 10–12 Uhr.

Unterkunft: Château d'Isenbourg, Route Nationale 83, ☎ 89 49 63 53, von Januar bis Mitte März geschlossen: das mit Abstand beste Hotel am Ort, FFFF. Le Bollenberg, ☎ 89 49 62 47, FF–FFF.

Restaurants: Château d'Isenbourg, s.o.: Vier-Sterne-Küche mit regionalen und internationalen Spezialitäten, FFF. Ville de Lyon, 1, Rue Poincaré, ☎ 89 49 62 49, Mo Ruhetag, F–FFF.

Die drei Egsen ▷

🚗 **Verkehr:** Zug- und Busverbindung von/nach Colmar und Mulhouse; der Bahnhof liegt ca. 1,5 km außerhalb des Zentrums.

Der einzige Weg, um von Rouffach nach **Pfaffenheim** an der Route du Vin zu kommen, ist die Route Nationale 83, die man an der ersten Ausfahrt wieder verlassen sollte. In Pfaffenheim genügt ein kurzer Besuch der Kirche, deren Chor aus dem 13. Jh. stammt, ehe man in das interessantere **Gueberschwihr** mit seinem guterhaltenen historischen Dorfkern weiterfährt. Er wird von einem um 1120 erbauten romanischen Vierungsturm überragt.

Hattstatt mit einer frühromanischen Kirche (11. Jh.) und **Husseren-lès-Châteaux** sind zwei weitere Winzerdörfer, die man auf dem Weg nach Eguisheim passiert.

Oberhalb von Husseren erkennt man auf der Höhe ›**Die drei Egsen**‹, die Türme der Burgen Weckmund, Wahlenbourg und Dagsbourg. Sie waren im 12./13. Jh. Teil einer mächtigen Verteidigungsanlage der Grafen von Eguisheim–Dagsburg, wurden aber 1466 während der kriegerischen Auseinandersetzungen mit der Stadt Mulhouse schwer beschädigt. Man kann die Besichtigung der ›Drei Egsen‹ mit dem Besuch von zwei weiteren Burganlagen verbinden, nämlich mit der **Hohlandsbourg** (13. Jh.) und der **Pflixbourg**, wenn man oberhalb von Husseren der beschilderten Route des Cinq Châteaux (Route der fünf Burgen) folgt, die ins 10 km entfernte Fechtal führt. Alle Ruinen sind auf Fußwegen zu erreichen.

Eguisheim

Legt man seinen Besuch nicht gerade auf ein Oster- oder Pfingstwochenende, wenn hier ganze Busladungen einfallen, stehen die Chancen gut, auf der Route du Vin spätestens in Eguisheim sein Herz zu verlieren. Zentrum des Bilderbuchortes war wahrscheinlich einmal die Wasserburg der Grafen von Eguisheim-Dagsburg, die im 8. Jh. errichtet wurde. Um sie herum bildete sich eine ringförmige Ansiedlung, deren Struktur bis heute erhalten blieb. Folgt man bei einem Rundgang dem ringförmigen **Rempart**, kommt man sozusagen automatisch zum Ausgangspunkt zurück. Außer diesem äußeren Ring gibt es einen inneren, an dem früher Lagerräume und Stallungen lagen. Auch heute säumen die schöneren Gebäude den Rempart, die malerische Seite Eguisheims, wenngleich hier in den letzten Jahren manche Häuserfront so modernisiert wurde, daß sie nicht mehr ins historische Ortsbild paßt.

Archäologische Funde belegen, daß um Eguisheim Jahrtausende vor Beginn der modernen Zeitrechnung Menschen gelebt haben. Ei-

Gasse in Eguisheim

nen beherrschenden Einfluß übte
bis Mitte des 13. Jh. das Adelsge-
schlecht Eguisheim-Dagsburg aus,
das in Eguisheim residierte und in
Bruno von Eguisheim einen seiner
prominentesten Vertreter hatte. Als
Papst Leo IX. erwarb er sich im 11.
Jh. Verdienste als Neuerer der mittelalterlichen Kirche. Seine Statue
ziert heute den Brunnen vor der
Burg im Stadtzentrum. Von der ursprünglichen Burg ist nur noch das
Fundament einer achteckigen Ring-
mauer vorhanden. Darüber wurden vor rund 100 Jahren die Papst
Leo geweihte Kapelle sowie die
heutige Stadtburg errichtet.

Nach dem Aussterben des Geschlechts Eguisheim-Dagsburg bekam das Städtchen mit dem Bischof von Straßburg einen neuen
Herrn, der die Siedlung befestigen
ließ. So konnten sich die Einwohner 1298 gegen eine Belagerung
durch König Adolf von Nassau erfolgreich zur Wehr setzen, doch
1444 vermochten sie dem Sturm
der Armagnaken nicht standzuhal-
ten. Was nicht zerstört wurde, fiel
22 Jahre später dem Krieg mit Mulhouse zum Opfer.

Das von einer Stadtmauer umgebene Eguisheim, eines der sehenswertesten Städtchen entlang der
Weinstraße, gilt als Pionierdorf des
elsässischen Weinbaus. Schon im
4. Jh. sollen an den Vogesenhän-
gen um den Ort die ersten Reben
kultiviert worden sein. Die Eguisheimer Winzer verweisen nicht
ohne Stolz auf diese Tradition.
Aber auch die Weinbauern der

Nachbargemeinde Wettolsheim
behaupten, als erste den Weinbau
im Elsaß aufgenommen zu haben.

In der Turmhalle der **Pfarrkirche**
aus dem 19. Jh. ist noch das im 12
Jh. geschaffene romanische Säu-
lenportal eines Vorgängerbaus zu
sehen. Über dem Türsturz ist Chri-
stus als Weltenherrscher dargestellt, flankiert von Petrus und Paulus.

Unterkunft: Auberge Alsacienne,
12, Grand-Rue, ☎ 89 41 50 20,
Mitte Dez. bis Mitte Febr. geschl.,
Drei-Sterne-Hotel, FFF. Auberge des
Trois-Châteaux, 26, Grand-Rue, ☎
89 23 70 61, Mitte Nov. bis Mitte März
geschl., ГГ. Ville de Nancy, 2, Place
Charles-de-Gaulle, ☎ 89 41 78 75, F–FF.

Camping: Camping Municipal
Les Trois-Châteaux, an der N 83,
☎ 89 23 19 39, Ostern bis Ende Sept.

Restaurants: Caveau d'Eguis-heim, 3, Place du Château, ☎ 89 41 08 89, Mi abend und Do Ruhetag: schmackhafte Küche und gute Weine. Auberge Alsacienne, s.o., So abend und Mo geschl., FF–FFF. Caveau Bacchus, 12bis, Rue du Rempart Nord, ☎ 89 23 34 13, Mi Ruhetag, FF–FFF.

Busse: von/nach Colmar und Mulhouse.

Im Nordwesten von Colmar

Leicht nordwestlich von Colmar (Beschreibung s. S. 92 ff.) bzw. nördlich von Turckheim (s. S. 114 ff.) setzt sich die Route du Vin im Dorf **Niedermorschwihr** fort, wo einige Fachwerkhäuser in neuer, teils recht bunter Tünche erstrahlen. Von dort lohnt sich ein Abstecher nach **Trois-Epis** (›Drei Ähren‹), rund 6 km bergauf. Der in ca. 650 m Höhe gelegene Luftkurort bietet in seiner reizvollen Umgebung über 50 km instandgehaltene Wanderwege. 1991 feierten die Einwohner von Trois-Epis die 500jährige Wallfahrtsgeschichte ihres Ortes, die ihren Ursprung in der Legende einer Marienerscheinung am 3. Mai 1491 hat. Dort, wo die Jungfrau Maria, drei Ähren in der Hand haltend, dem Schmied Thierry Schoeré erschienen sein soll, wurde zunächst eine einfache Kapelle aus Holz geschaffen, die 1493 einem Steinbau Platz machte. Im Dreißigjährigen Krieg abgebrannt und während der Französischen Revolution ausgeräumt, wurde die Kapelle erst wieder zu Beginn des 19. Jh. für Gottesdienste genutzt. Da sie sich als zu klein erwies, beschloß man 1968 eine neue Kirche zu errichten. Auffallend an dem wenig reizvollen Betonbau sind die drei bis zu 22 m hohen nackten Säulen, Symbole der drei legendären Ähren.

Mit den Wallfahrern kamen seit etwa 1865 auch immer mehr Erholungssuchende nach Trois-Epis. 1899 nahm hier die erste Bergbahn des Elsaß den Betrieb auf, der 1933 wegen der Verbreitung von Automobilen bereits wieder eingestellt wurde. Von der Talstation in Turckheim befuhren die Bahnen im Sommer den 8,6 km langen Schienenweg bis nach Trois-Epis.

Über **Ingersheim** und **Ammerschwihr,** das im Zweiten Weltkrieg stark zerstört wurde, aber um die Porte Haute noch Überreste der historischen Bausubstanz erkennen läßt, erreicht man das Schmuckstück **Kaysersberg** im Tal des Flüßchens Weiss. Die Geschichte des Ortes ist seit 1227 urkundlich dokumentiert. Als er Mitte des 14. Jh. dem Zehnstädtebund beitrat, muß er schon eine stattliche Größe gehabt haben. Bei schönem Wetter bietet es sich an, zunächst zur Ruine der namengebenden **Kaiserburg** im Norden der Stadt hinaufzusteigen, die im 12. Jh. von Friedrich II. von Hohenstaufen errichtet wurde.

Hauptattraktion für Besucher ist die mit Schießscharten versehene, über 450 Jahre alte Weiss-Brücke, die einzige ihrer Art in der Region. Von ihr bietet sich ein Panoramablick auf die Häuser der Stadt. Kaysersberg besitzt eine Reihe sehenswerter Gebäude. Die seit Mitte des 13. Jh. erbaute Eglise St-Croix, deren spätklassizistischer Turm in der ersten Hälfte des 19. Jh. errichtet wurde, hat ein schönes Westwerk mit romanischem Portal. Im Innern gelten der Anfang des 16. Jh. vom Colmarer Bildhauer Hans Bongart geschnitzte Altaraufsatz sowie die im Triumphbogen vor dem Chor hängende Kreuzigungsgruppe (um 1500) als herausragende Kunstwerke. Hinter der Kirche befindet sich eine dem Erzengel Michael geweihte, mit Fresken geschmückte Kapelle aus dem 15. Jh., deren Untergeschoß als Beinhaus diente. Das östlich der Kirche gelegene Hôtel de Ville, ein schöner Renaissancebau, entstand zu Beginn des 17. Jh.

Die Einwohner von Kaysersberg – heute knapp 3000 – sind stolz auf einige große Namen, die mit dem Ort verbunden sind: Der hier großgewordene Johannes Geiler (1445–1510) gehörte zu den bekanntesten Sittenpredigern des Mittelalters; der in Kaysersberg geborene Matthäus Zell (1477–1548) war erster Reformator Straßburgs; Albert Schweitzer (1875–1965), dessen Geburtshaus in der Rue du Général-de-Gaulle Nr. 124 das örtliche Kulturzentrum beherbergt,

Die mittelalterliche Kaiserburg

wurde durch den Aufbau eines Krankenhauses im zentralafrikanischen Staat Gabun weltbekannt und bekam für seine aktive Entwicklungshilfe 1952 den Friedensnobelpreis.

Im nahen **Kientzheim** steht an der Porte Basse ein im 16. Jh. vom kaiserlichen Vogt Lazarus von Schwendi ausgebautes Schloß, dessen Kern auf den Beginn des 15. Jh. zurückgeht. Heute ist im sogenannten Schwendi-Schloß ein Weinmuseum eingerichtet. Auch die Oberkirche, deren ältester Teil der aus dem frühen 15. Jh. stammende gotische Turm ist, hat die Zerstörungen des Zweiten Weltkriegs überlebt. Im Innern sind die Grabplatten des Lazarus von Schwendi und seines Sohnes Hans-Wilhelm zu sehen, die 1584 respektive 1609 starben.

In **Sigolsheim** ist insbesondere die aus dem späten 12. Jh. stammende Eglise St-Pierre-et-Paul mit reich geschmücktem Westportal sehenswert. Zwischen Sigolsheim und Colmar erstreckt sich das sogenannte Lügenfeld; in einer Schlacht des Jahres 833 unterlag dort Kaiser Ludwig der Fromme seinen Söhnen Pippin und Ludwig dem Deutschen (s. S. 25). In einem Bogen führt die Route du Vin von Sigolsheim über die Dörfer **Bennwihr** und **Mittelwihr** nach Norden in den bekanntesten Ort der elsässischen Weinstraße, Riquewihr.

Information in Trois-Epis: Syndicat d'Initiative, an der Durchgangsstraße, ☎ 89 49 80 56, Mo–Fr 9–12 und 14–18 Uhr, Sa 10–12 Uhr.

...in Kaysersberg: Bureau du Tourisme, Hôtel de Ville, Rue du Général-de-Gaulle, ☎ 89 78 22 78, Mo–Fr 9–12 und 14–18 Uhr; Centre Culturel Albert Schweitzer, Rue du Général-de-Gaulle, ☎ 89 47 36 55, Anf. Mai bis Ende Okt. 9–12 und 14–18 Uhr.

Unterkunft in Niedermorschwihr: Hôtel de l'Ange, 125, Rue des Trois-Epis, ☎ 89 27 05 73, FF–FFF: zum Hotel gehört ein Weingut, das Weinproben anbietet.

...in Trois-Epis: Le Grand-Hôtel, ☎ 89 49 80 65, Drei-Sterne-Hotel, FFF. Hôtel Maréchal, ☎ 89 49 81 61, Drei-Sterne-Hotel, FF–FFF.

...in Kaysersberg: Hôtel Château, 38, Rue du Général-de-Gaulle, ☎ 89 78 24 33, FF. Constantin, 10, Rue Père Kohlmann, ☎ 89 47 19 90, FF.

...in Kientzheim: Hostellerie de l'Abbaye d'Alspach (s. u.), Jan./Febr. geschlossen, FF–FFF.

Camping in Kaysersberg: Camping Municipal, an der Straße 415, ☎ 89 47 14 47, April bis Sept.

Restaurants in Niedermorschwihr: Caveau Morakopf, 7, Rue des Trois-Epis, ☎ 89 27 05 10: Weinstube mit gutem Speiseangebot, FF–FFF.

...in Kaysersberg: Le Chambard, 9–13, Rue du Général-de-Gaulle, ☎ 89 47 10 17, Mo und Di nur nach Reservierung: bekannt für Fischspezialitäten, reservieren; FFF. Au Tonneau d'Or, 13, Rue du Gal.-Rieder, ☎ 89 78 24 74: Hotel mit guter Weinstube, FF.

...in Kientzheim: Hostellerie de l'Abbaye d'Alspach, 2–4, Rue du Maréchal-Foch, ☎ 89 47 16 00, Mi abend und Do nach Reservierung: Weinstube in einem Gebäude aus dem 13. Jh.

...**in Sigolsheim:** Au Bon Coin, 13, Rue de la 1ère-Armée, ☎ 89 78 22 33, FF.

🚌 **Busse:** Die Orte entlang der Weinstraße sind von Colmar aus mit Linienbussen erreichbar.

Von Riquewihr nach Ribeauvillé

Riquewihr gilt manchem als sehenswertester Ort der Weinstraße. Andere halten dagegen, das Städtchen habe sich zum touristischen Rummelplatz entwickelt. Man muß wohl beiden Meinungen zustimmen. Riquewihr (1500 Einwohner) ist mit Sicherheit eine Reise wert, weil der mittelalterlich anmutende Dorfcharakter weitgehend erhalten blieb. Dem Weinbau verdankt die Gemeinde seit Jahrhunderten ihren Wohlstand, der sich in der Architektur des Ortes spiegelt. Längst haben Winzer und Gastronomen, Ladenbesitzer und Hoteliers die wunderschöne Fachwerkkulisse als touristischen Magneten entdeckt und kommerzialisiert. An schönen Sommerwochenenden geben sich in Riquewihr Kegelklubs und Familienausflügler ein Stelldichein.

Man muß sich Zeit nehmen, wenn man durch die Gassen bummelt, weil es an fast jeder Fassade, in jedem Sträßchen und in beinahe jedem Hinterhof etwas Interessantes aufzuspüren gibt. Die meisten Besucher durchschlendern zunächst die Hauptstraße Rue du Général-de-Gaulle, die den rechteckig angelegten Ort in Ost-West-Richtung durchschneidet. Die weniger herausgeputzten Seitengassen mit ihren jahrhundertealten Hausfassaden strahlen jedoch ein ursprünglicheres Flair aus.

Einen Rundgang beginnt man am besten am klassizistischen **Hôtel de Ville** von 1809, das über dem ehemaligen Untertor in der Stadtmauer errichtet wurde. Hinter

Blick auf Riquewihr

diesem Torbogen betritt man auf der Rue du Général-de-Gaulle die kopfsteingepflasterten Altstadtgassen.

Der nach links abzweigende Cour du Château führt zum ehemaligen **Château** in unmittelbarer Nähe der östlichen Stadtmauer. Der Renaissancebau aus dem Jahr 1540 – das Baudatum ist über dem Portal am Fuße des hübschen Eckturmes vermerkt – diente den Herzögen von Württemberg-Montbéliard als Residenz. Seit 1324 gehörte Riquewihr zu den linksrheinischen Besitzungen des Hauses Württemberg, wurde aber 1680 unter französische Verwaltung gestellt und mit dem Frieden von Lunéville im Jahr 1801 Frankreich angegliedert. Im Sommer weist eine gelbe Postkutsche den Weg zum Postmuseum, das in dem schönen ehemaligen Château untergebracht ist (Musée d'Histoire des PTT d'Alsace, Mitte März bis ca. Mitte Nov. Mi–Mo 10–12 und 14–18 Uhr, im Juli/Aug. tägl.).

An der Rue du Général-de-Gaulle steht die 1606 erbaute **Maison Irion** (Nr. 12) mit einem schönen zweigeschossigen Eckerker. Im benachbarten Fachwerkhaus **Jung-Selig** aus dem Jahr 1561 befindet

sich ein Restaurant. Im Gebäude gegenüber, wo heute ebenfalls elsässisches Sauerkraut auf kleiner Flamme köchelt, hielten Ende des 15. Jh. noch die Schmiede ihre Eisen im Feuer. Haus Nr. 13 ist die erkergeschmückte **Maison Behrel** aus dem 16. Jh.; das obere Fachwerkgeschoß wurde erst um die Wende vom 17. zum 18. Jh. aufgebaut.

Schräg gegenüber markiert ein ebenmäßiger Sandsteinbogen den Eingang in die Rue Kilian, eine Straße mit restaurierten Fachwerkfassaden und zwei in die Hauswände eingelassenen Ziehbrunnen. Weiter auf der Rue du Général-de-Gaulle, vorbei an der Rue de la Couronne, geht es zur Rue des Trois-Eglises, in die man nach rechts zur evangelischen **Kirche** abbiegt. Der klassizistische Bau entstand um die Mitte des vergangenen Jahrhunderts.

Man mag sich darüber wundern, auf dem Platz der drei Kirchen nur ein Gotteshaus vorzufinden. Doch nahe der Stadtmauer steht ein Wohnhaus, auf dessen frühere Funktion als Kirche (1337 errichtet) noch die drei Mittelschiffarkaden sowie ein Maßwerkfenster hinweisen. Der dritte Sakralbau, die ehemalige Chapelle St-Erhard (15. Jh.), wurde ebenfalls zum Wohnhaus umgebaut, besitzt aber noch ein Fenster im gotischen Stil.

Kehrt man von hier auf die Hauptstraße zurück, stößt man auf die Touristeninformation, deren Eingang sich in der Rue de la Couronne befindet. Das Eckhaus Rue du Général-de-Gaulle Nr. 21, ein großer Fachwerkbau aus dem Jahr 1522, beherbergt heute das Restaurant ›**Relais des Moines**‹. Eine Straße weiter (in der Rue 1ère-Armée) steht an der Ecke das Doppelhaus **Au Käslaiblin** aus dem 16./17. Jh., das 1954 wiederaufgebaut wurde. Am Eckpfosten des Fachwerks im ersten Stock weist es eine schöne Schnitzerei auf. Ein geschnitzter Eckbalken – eine Menschenfigur – schmückt auch das benachbarte **Haus Berschy** aus dem Jahr 1545.

An der rechten Seite der Rue du Général-de-Gaulle passiert man dann den **Truchsesshof** (auch Berckheimerhof genannt). Das Gebäude an der Nordseite des Innenhofs, erkennbar an seinem Fassadentürmchen mit Spitzdach, stammt aus dem Jahr 1550. Nebenan steht die ›**Maison Press-Zimmer**‹ aus dem Jahr 1686, ein ehemaliger Gasthof. Auffällig ist das geschnitzte Fachwerk an den Fenstern.

Am oberen Ende der Rue du Général-de-Gaulle erhebt sich der **Dolder**, ein schöner Turm aus dem 13. Jh. mit Fachwerkeinsätzen aus dem 16. Jh. Im hier untergebrachten Musée Dolder sind Waffen, Werkzeuge, Hausgerät und andere heimatgeschichtliche Exponate zu sehen (Juni bis Sept. tägl. 9–12 und 13.30–18 Uhr; Ostern bis Mai und im Okt. Do–Sa 9–12 und 13.30–18 Uhr). Den Brunnen vor dem Turm ziert ein auf den Hinterbeinen stehender Löwe, der zwei Wappen hält. Zwischen Juni und

September, jeweils am Freitagabend, dient der angestrahlte Dolder als mittelalterliche Kulisse für Rezitationen und Theaterdarbietungen.

Vor dem Turm biegt nach rechts die Rue des Juifs zum kleinen 1509 angelegten Judenplatz ab. Eine schmale Holztreppe führt hier zur **Tour des Voleurs** (Diebesturm) mit einer Folterkammer, den man gegen eine kleine Gebühr besichtigen kann. Durch das Tor im Dolder-Turm gelangt man vor das wehrhafte **Obere Tor** (um 1500), wo noch das alte Fallgitter und die originalen Vorrichtungen für die Zugbrücke vorhanden sind.

Nachdem man das Dolder-Tor wieder passiert hat, sollte man nach rechts in die Rue du Cerf abbiegen, deren Name sich von der ehemaligen **Hostellerie du Cerf et Maison de Gourmet** ableitet: Das aus dem Jahr 1574 stammende Gebäude wird von einem Hirsch geschmückt, der auf den Hinterbeinen steht. Durch die Rue Latérale nach links, vorbei an der **Fontaine des Juifs** (Judenbrunnen) aus dem Jahre 1551, dann durch die Rue de la 1ère-Armée nach rechts und in die Rue de Dinzheim nach links erreicht man am Ende der Rue de la Couronne einen kleinen Platz mit Brunnen, von dem es nicht mehr weit bis zum Ausgangspunkt des Rundgangs ist.

Schönstes Haus der Rue de la Couronne, vielleicht sogar des ganzen Ortes, ist die **Maison Dissler** aus dem Jahr 1610. Die örtlichen Winzer machten schon vor Jahrhunderten mit ihrem Wein so gute Geschäfte, daß sie herausragende Architekten engagieren konnten. Im Falle der Maison Dissler und der Maison Irion zogen sie Heinrich Schickhardt heran, den Baumeister von Fürst Friedrich I. von Württemberg. Die Wirkung der Maison Dissler beruht auf ihrem 18 m hohen Giebel und dem zweigeschossigen Erker, der mit schönen Masken verziert ist. Der Innenhof wird von einer hölzernen, von schlanken Steinsäulen gestützten Veranda überschattet.

Information: Office de Tourisme, 2, Rue de la 1ère-Armée, ☎ 89 47 80 80, Mai bis Okt. tägl. 10.30–12 und 14–19 Uhr, Nov. bis April tägl. außer So 14.30–17 Uhr.

Unterkunft: Au Cerf, 5, Rue du Gal.-de-Gaulle, ☎ 89 47 92 18: in einer ehemaligen Schmiede des 16. Jh., FF–FFF. A l'Oriel, 3, Rue des Ecuries-Seigneuriales, ☎ 89 49 03 13: gutes Drei-Sterne-Hotel, FFF.

Camping: Camping Intercommunal, an der D 10, ☎ 89 47 90 08, April bis Okt.

Restaurants: A l'Arbalétrier, 12, Rue du Général-de-Gaulle, ☎ 89 49 01 21, Mo geschl.: in einem mittelalterlichen Kellergewölbe eingerichtetes, ausgezeichnetes Restaurant, FF–FFF. Auberge du Schoenenbourg, Rue du Schoenenbourg, ☎ 89 47 92 28: gute Weine und ausgezeichnete Küche, FFF. Au Cep de Vigne, 13, Rue du Général-de-Gaulle, ☎ 89 47 92 34: Restaurant in einem restaurierten Kellerge-

Hunawihr mit seiner Wehrkirche

wölbe, sehr schmackhaften Fleischspeisen, FF. Au Petit Gourmet, 5, Rue de la 1ère-Armée, ☎ 89 47 98 77: regionale Spezialitäten, FFF. Relais des Moines, 21, Rue du Général-de-Gaulle, ☎ 89 47 92 11, FF. Au Tire-Bouchon, 35, Rue du Général-de-Gaulle, ☎ 89 47 91 61: Weinstube, FF.

Busse: von/nach Colmar bzw. Sélestat.

Hunawihr

Eingebettet in ein grünes Rebenmeer, liegt nördlich von Riquewihr, abseits der Hauptstraße D 10 das Dorf Hunawihr. Schon von weitem erkennt man die an exponierter Stelle stehende **Wehrkirche**, die von einem befestigten Friedhof umgeben ist, wie es keinen besser erhaltenen im Elsaß gibt.

Der Legende nach geht das trutzig wirkende Gotteshaus auf Ritter Huno zurück, der die Siedlung im 7. Jh. zusammen mit seiner Frau Huna auf den Überresten eines Weilers aus der gallo-römischen Zeit aufgebaut haben soll. Im Mittelalter war Hunawihr ein bekannter Wallfahrtsort, der die Reliquien der Schutzpatronin Huna besaß. Erstmals dokumentiert ist die Existenz der Kirche in einer Urkunde Kaiser Heinrichs V. aus dem Jahr

1114. Die ältesten Teile des heutigen Baus – der massive Glockenturm sowie einige Abschnitte der Wehrmauer – stammen aus dem 14. Jh. Schießscharten und Wachttürmchen lassen darauf schließen, daß die Anlage den Dörflern bei Angriffen eine sichere Zuflucht bot. Unbeschadet überstand der Bau samt Friedhof die Wirren des Mittelalters. Vor rund 100 Jahren entdeckte man in einer Nebenkapelle Fresken, die wahrscheinlich auf das 15. Jh. zurückgehen. Ein 1687 von Louis XIV. erlassenes Gesetz verfügte das sogenannte Simultaneum, wonach in der Kirche von Hunawihr neben dem katholischen auch ein protestantischer Altar installiert wurde. Noch heute nutzen Angehörige beider Glaubensbekenntnisse das Gotteshaus. Während das protestantische Kirchenschiff an seiner Schlichtheit zu erkennen ist, weist der katholische Altar im Chor reiche Verzierungen auf.

 Unterkunft/Verpflegung: Relais du Poète, 6, Rue de Nord, ✆ 89 73 60 14, FF, So abend und Mo geschlossen.

Busse: Regelmäßige Verbindung u. a. von/nach Colmar.

Ribeauvillé

Gleich nördlich von Hunawihr liegt Ribeauvillé, ein alter Ort an der Weinstraße, der bereits um das Jahr 759 in Dokumenten erscheint.

1290 erhielt er das Stadtrecht, und aus dieser Zeit stammen noch zahlreiche Sehenswürdigkeiten.

Ribeauvillé war Sitz des mächtigen Grafengeschlechts Rappoltstein, das zugleich das Reichslehen über Gaukler und Spielleute am Oberrhein innehatte. Die Herren von Rappoltstein waren daher sowohl für den Schutz des fahrenden Volkes zuständig als auch für Entscheidungen in Streitfällen. Seit rund 600 Jahren feiert man im Städtchen jeweils am ersten Sonntag im September den **Pfifferdaj** (Pfeifertag): Zu den historischen Umzügen kommen Musikanten, Jongleure, Artisten und Balladensänger aus dem ganzen Elsaß, und es gibt kostenlose Weinproben. Die lokalen Winzer scheinen sich diese Freigebigkeit angesichts einer Jahresproduktion von mehr als 20 000 hl durchaus leisten zu können.

Ein Rundgang durch den Ort läßt sich gut am **Jardin de Ville** im Osten der Altstadt beginnen, wo alle größeren Straßen aufeinandertreffen. Am Touristenbüro vorbei führt die **Grand'Rue** stadteinwärts zum Marktplatz. Auf dem Weg dorthin beachte man die Wein- und Bierstube in Haus Nr. 7 mit seinem von Sandsteinsäulen flankierten Eingang und an der rechten Seite Haus Nr. 14 (Pfifferhus), ebenfalls eine Weinstube, mit einem besonders dekorativen Erker.

Am Marktplatz steht das **Hôtel de Ville** aus dem 18. Jh., und davor befindet sich einer von insgesamt fünf Brunnen des Ortes. Auf der Mittelsäule hält ein Löwe das Wappen von Wilhelm I. von Ribeaupierre. Im Roten Salon des Rathauses ist eine sehenswerte Sammlung historischer Silberwaren ausgestellt, die an das Geschlecht der Rappoltsteiner erinnert.

Auf der rechten Seite des Platzes erhebt sich die **Eglise de l'Ancien-Couvent-des-Augustins** aus dem 15. Jh. (Eingang im Sommer durch das Doppelportal an der Südseite, im Winter in der Rue Louis-Kremp).

Ribeauvillés bekanntestes Bauwerk, gewissermaßen das Wahrzeichen des Städtchens, ist die **Tour des Bouchers**, der Metzgerturm, der früher die Grenze zwischen Alt- und Neustadt markierte. Seine Fundamente stammen aus dem 13. Jh., als Ribeauvillé noch von einer Stadtmauer umgeben war, während der obere Teil erst im 16. Jh. hinzugefügt wurde.

Sobald man den Turm hinter sich gelassen und die Oberstadt betreten hat, blickt man über die Dächer hinweg auf das oberhalb von Ribeauvillé gelegene Château de St-Ulrich (s. u.). Biegt man von

Konzert für Drehleier und Dudelsack am Pfeifertag in Ribeauvillé

der Grand' Rue in die Rue du Château nach rechts ab, kommt man zur **Eglise St-Grégoire-le-Grand** (13. bis 15. Jh.) mit einigen bemerkenswerten Statuen.

Ähnlich wie in Riquewihr lohnt es sich auch in Ribeauvillé, die kleinen Seitenstraßen und Gassen gemächlich zu durchschlendern. Und natürlich sollte man zum **Château St-Ulrich** hinaufsteigen. Die wehrhafte Anlage, deren Errichtung im 12. Jh. begann, die jedoch erst im 14. Jh. fertiggestellt wurde, zählt zu den Meisterleistungen des staufischen Burgenbaus im Elsaß. Ältester Teil ist der im Grundriß quadratische Bergfried (12. Jh.) neben dem Eingang. Im Unterschied zu den aus glatten Steinen geschaffenen Kirchen verwendeten die staufischen Baumeister für Wehrburgen häufig Buckelquader, die auch das Material des Bergfrieds bilden. Von der Plattform hat man einen wunderbaren Blick über die Umgebung, auch auf das ebenfalls im 12. Jh. erbaute **Château Girsberg**. Im ehemaligen großen Rittersaal sind die zweigeteilten Fenster mit ihrem schönen Maßwerkschmuck typisch für die romanische Bauweise.

In der Romanik entstand auch die dritte und höchstgelegene Burg um Ribeauvillé, das **Château du Haut-Ribeaupierre**, dessen aus Buckelquadern bestehender Bergfried gut erhalten ist.

Information: Office de Tourisme, 1, Grand'Rue, ☎ 89 73 62 22,

Mo–Fr 9–12 und 14–18 Uhr, Sa nur vormittags.

Unterkunft: Le Clos Saint-Vincent, Route de Bergheim, ☎ 89 73 67 65: Ribeauvillés Vorzeigeadresse, Vier-Sterne-Hotel in schöner Lage, FFFF. Le Ménestrel, 27, Avenue du Général-de-Gaulle, ☎ 89 73 80 52, Drei-Sterne-Hotel, FFFF.

Restaurants: Les Vosges, 2, Grand' Rue, ☎ 89 73 61 39: u. a. ausgezeichnete Fischgerichte, FFF. Au Cheval Blanc, 122, Grand'Rue, ☎ 89 73 61 38, FF. Le Clos Saint-Vincent, s. o.: stilvolles Interieur und ebenso reizvolle wie schmackhafte Küchenkreationen, FFF. Zum Pfifferhus, 14, Grand'Rue, ☎ 89 73 62 28: Weinstube, v. a. Sauerkrautspezialitäten, FF–FFF.

Im Schatten der Haut-Kœnigsbourg

3 km nordöstlich von Ribeauvillé versteckt sich hinter einer Stadtmauer der Winzerort **Bergheim**, heute ein kleines Dorf. Anfang des 14. Jh., als er zur Stadt erhoben wurde, pflanzte man beim Obertor eine Linde, die heute noch im Sommer Schatten spendet. Am Marktplatz steht das Rathaus aus dem 18. Jh.

Am Fuße der Vogesenerhebung mit der berühmten **Haut-Kœnigsbourg** (s. S. 167 f.) liegt zwischen den Weinbergen **St-Hippolyte**. Die Ortschaft führt ihre Gründung auf ein Kloster zurück, das an Ort und

Kaisers Liebling

Haut=Kœnigsbourg

Der kaiserliche Empfang muß, wenn man den Zeitzeugen Glauben schenkt, eine Mischung aus Klamotte, Laienspiel und Staatsakt gewesen sein. Aus Berlin, Jena, Köln und anderen deutschen Städten reisten Amts- und Würdenträger an, um an der Eröffnungsfeier für die wiederaufgebaute ›Hochkönigsburg‹ teilzunehmen, die auf persönliche Veranlassung von Kaiser Wilhelm II. aus dem Ruinendasein in einen Zustand versetzt wurde, der den Glanz deutscher Feudalherrschaft wiederaufleben ließ. Nach acht Jahren Arbeit konnte der junge Architekt Bodo Ebhardt (1865–1965) Winkeleisen und Senkblei aus der Hand legen, um im Verein mit Deutschlands Crème de la Crème zur Einweihung zu schreiten.

Am Tag der Einweihung im Jahre 1908 prasselte heftiger Regen nieder. Wilhelm II. hatte, dem Anlaß entsprechend, um ›stilechte‹ mittelalterliche Kleidung nachgesucht. Und da standen sie nun: in Würden ergraute Professoren im Kettenhemd samt Gemahlinnen mit hohem, spitzem Schleierhut; als Landsknechte verkleidete Historiker; Politiker im Nachtwächter-Look und persönliche Referenten, die sich nicht so recht zwischen Robin Hood und Kaiser Rotbart entscheiden mochten. Sie feierten die wiedererstandene Burg, deren Restaurierungskosten im Umfang von 700 000 Reichsmark jene bezahlen durften, die zu gleicher Stunde am Fuß der Vogesenvorberge über einem Stück Brot mit Käse saßen. Aber das Leben machte ja schon immer einen Unterschied zwischen Oben und Unten, und das nicht nur im Elsaß ...

Bei gutem Wetter sieht man die Haut-Kœnigsbourg, wie die Festungsanlage seit nunmehr über 80 Jahren heißt, schon von weitem auf ihrem 757 m hohen ›Thron‹. 774 schenkte Karl der Große seinem Ratgeber, dem Abt von St-Denis, den Grund und Boden, auf dem dieser später ein Kloster errichten ließ. Um die Mitte des 12. Jh. ist in

◁ Haut-Kœnigsbourg mit Blick in die Rheinebene

167

Dokumenten erstmals von der Existenz einer Burg die Rede, und 1192, zwei Jahre nach dem Tod von Kaiser Friedrich Barbarossa, tauchte der Name Königsburg auf.

In der Folgezeit wechselte die Anlage mehrfach den Besitzer. 1462 stellten die Städte Straßburg, Colmar und Basel gemeinsam ein Heer zusammen, um den Plünderungszügen der Herren von Hochkönigsburg ein Ende zu bereiten. Nach dreijähriger Belagerung wurde die Festung eingenommen und zerstört. Zwischen 1479 und 1519 bauten die Herren von Thierstein auf den alten Fundamenten eine neue Burg, die während des Dreißigjährigen Krieges völlig ausbrannte.

Die Stadt Sélestat übernahm 1865 die Ruinen, ohne eine Vorstellung von deren Zukunft zu haben. Mit Unterstützung des französischen Denkmalschutzamtes wurden Teile der Anlage vor dem weiteren Verfall bewahrt, aber für eine umfassende Instandsetzung fehlte das Geld. Als der deutsche Kaiser Wilhelm II. dem Reichsland Elsaß 1899 einen Besuch abstattete und sich sehr angetan von der alten Burgruine zeigte, packten die Stadtväter von Sélestat die Gelegenheit beim Schopf und machten dem Monarchen die Hochkönigsburg zum Geschenk – in der stillen Annahme, daß Berlin in Zukunft für die Restaurierung sorge. Die Elsässer täuschten sich nicht – allerdings machte der Kaiser deutlich, die Baukosten müßten sie schon selbst tragen.

Haut-Kœnigsbourg ist keine restaurierte, sondern eine komplett neuerbaute Burg, deren Ausstattung überwiegend nicht aus dem mittelalterlichen Elsaß stammt. Um das Interieur möglichst stilecht zu gestalten, wurde eine 1904 gegründete Gesellschaft mit dem Kauf von Mobiliar, Fenstern, Abbildungen und Waffen beauftragt, die aus Baden, der Schweiz, Tirol und anderen Teilen Europas zusammengetragen wurden. Die teils schönen Objekte stammen aus dem 15. bis 17. Jh.

Fehlt ihr auch historische Authentizität, so ist die Haut-Kœnigsbourg trotz dieses Mankos eine durchaus sehenswerte Anlage. Man betritt sie von der Südseite und gelangt über einen engen Innenhof bzw. einen Treppenturm in die verschiedenen Räume. Vor allem der Festsaal, die Waffenkammer, der Lothringersaal und der Raum mit den Jagdtrophäen Kaiser Wilhelms lohnen einen Besuch. Vom Westbollwerk bietet sich ein wunderbarer Blick über die Rheinebene (Information: Château du Haut-Kœnigsbourg, St-Hippolyte, ☎ 88 92 11 46; Öffnungszeiten: April bis Sept. 9–11.45 und 13–17.45 Uhr, Okt. bis März 9–11.45 und 13–16.15 Uhr, geschlossen vom 5. Jan. bis 5. Febr. sowie am 1. Jan., am 1. Mai, am 1. und 11. Nov. und am 25. Dez.).

Stelle um 750 aufgebaut worden war, und stand später unter dem Schutz der Herzöge von Lothringen. Reizvoll ist St-Hippolyte vor allem im Sommer, wenn die teils aus dem 16. und 17. Jh. stammenden Winzerhäuser prächtig mit Blumen geschmückt werden.

Châtenois, an der Kreuzung von elsässischer Weinstraße und der Ost-West-Verbindung zwischen Sélestat und St-Dié gelegen, besitzt zwei sehenswerte Bauwerke. Die Eglise St-Georges aus dem 12. Jh. hat einen romanischen Turm mit Rundbogenfenstern. Das hochaufragende, spitze Dach wurde in der Barockzeit mit vier hölzernen Ecktürmchen geschmückt. Im Innern gelten die von Hans Bongart aus Colmar geschaffenen Seitenaltäre als bedeutende Kunstwerke. In der Nähe steht der gedrungene Hexenturm, ein ehemaliges Stadttor aus dem 15. Jh., dessen Obergeschoß in Fachwerkbauweise errichtet ist. Das Rathaus von Châtenois (an der Durchgangsstraße) geht ebenfalls auf das 15. Jh. zurück, hat jedoch durch die Renovierung an Reiz eingebüßt. An der Rückseite des Gebäudes befindet sich ein kleiner Treppenturm.

 Unterkunft in Bergheim: A la Vignette, 14, Route de Thannkirch, ☎ 89 73 63 42, FF.
... in Châtenois: Donteville, 94, Route du Mal.-Foch, ☎ 88 92 02 54, FF.

 Restaurants in Bergheim: Winstub du Sommelier, 51, Grand-

Eckbalken in St-Hippolyte

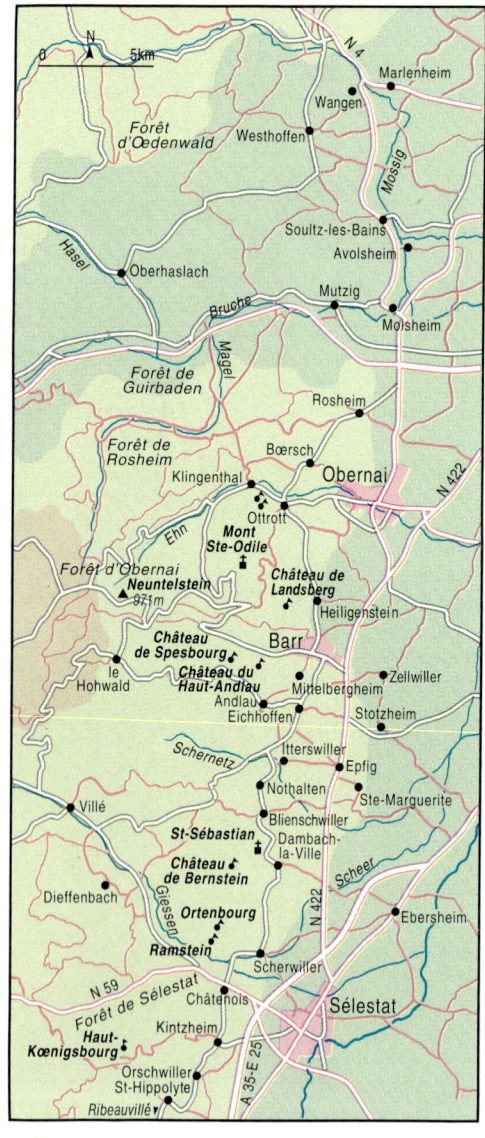

Elsässische Wein-
straße: Der Norden

Rue, ☎ 89 73 69 99, So Ruhetag; große Auswahl elsässischer Gerichte und regionaler Weine, FF–FFF.

...in Châtenois: Auberge de la Forêt, 57, Route de Ste-Marie-aux-Mines, Val de Villé, ☎ 88 82 56 80, Mo abend und Di geschlossen, F–FF.

Von Dambach-la-Ville bis Obernai

Dambach-la-Ville betritt man durch das wuchtige **Stadttor** mit flachem Ziegeldach, eines von insgesamt drei noch vorhandenen Toren der Stadtmauer, die um 1340 erbaut wurde. Gleich dahinter präsentiert sich das mittelalterliche Stadtbild mit den häufig erkergeschmückten, eng aneinandergedrängten Häusern. Zahlreiche Winzerbetriebe laden in ihren schönen Innenhöfen zu Weinproben ein. Man sollte von der zum oberen Tor führenden Durchgangsstraße nach links zum **Marktplatz** abbiegen, wo das an seinem Stufengiebel erkennbare **Rathaus** aus der Mitte des 16. Jh. steht. Der recht verwitterte Bär mit Weinkrug, der den achteckigen Brunnen vor dem Rathaus ziert, erinnert daran, daß Dambach an der Weinstraße liegt. Im schönen Fachwerkbau von 1569, der sich rechts an das Rathaus anschließt, laden ein Restaurant bzw. eine Bierstube zur Rast ein.

Verläßt man die Stadt durch das obere Tor Richtung Norden, ge-

langt man bald zu einem ausgeschilderten Abzweig nach links, der durch die Weinberge zur **Chapelle St-Sébastian** aus dem 12. Jh. führt. Im nüchternen Inneren der Kapelle fällt der barocke Hochaltar auf, der zwischen 1690 und 1692 aus Linden-, Birnbaum- und Eichenholz geschnitzt wurde. Die spätgotische Muttergottesstatue (15. Jh.) des linken Seitenaltars soll Einflüsse des Bildhauers Riemenschneider zeigen. Die sie flankierenden Statuen stammen aus dem 17. Jh. Außerhalb des Kirchleins, an der Nordseite des Chors, befindet sich ein Beinhaus mit den Skeletten jener Bauern, die 1525 von den Landsknechten des Herzogs Anton von Lothringen bei Scherwiller erschlagen wurden (s. S. 27). In Deutsch und Französisch steht auf einer Tafel der wenig tröstliche Satz zu lesen: »Was Ihr seid, sind wir gewesen; was wir sind, werdet Ihr sein.« Von der Kapelle bietet sich ein schöner Blick auf Dambach.

Folgt man dem Wanderweg, der an der Kapelle und dem dahinter liegenden Forsthaus vorbeiführt, kann man in 50 Min. die Ruinen der romanischen **Burg Bernstein** (12./13. Jh.) erreichen.

 Unterkunft: Au Raisin d'Or, 28, Rue Clemenceau, ☎ 88 92 48 66, FF–FFF.

Restaurant: Au Deux Clefs, 1, Rue des Remparts, ☎ 88 92 40 11, Di abend und Mi geschlossen, FF.

Andlau

Über Blienschwiller, Nothalten und Itterswiller verläuft die Route du Vin an Epfig vorbei nach Andlau. Etwas außerhalb von Epfig steht auf einem Friedhof die **Chapelle de Ste-Marguerite** aus dem 11. Jh., deren massiver Turm auffällt.

Andlau im Tal des gleichnamigen Flüßchens geht auf ein Kloster zurück, das die später heiliggesprochene Richardis um 880 gründete. Richardis wurde 862 mit einem Urenkel Karls des Großen vermählt, mit Karl III., auch der Dicke genannt. Rund 19 Jahre später nahm das Paar in Rom aus der Hand des Papstes die Kaiserkrone entgegen. Seit damals ist die Abtei Andlau dem Vatikan unterstellt. Nachdem Richardis von Karl verstoßen worden war, traf sie – so erzählt die Legende – in den Vorbergen der Vogesen auf eine Bärin, die ihr Ort und Stelle für eine Klostergründung zeigte. Deshalb begegnet man in Andlau so häufig dem Bärensymbol, etwa auf dem Brunnen der Stadt oder vor der **Abteikirche Ste-Richardis**. Diese romanische Kirche wurde seit dem 12. Jh. errichtet, aber später im barocken Stil erneuert. Kunsthistorisch interessant ist ein Fries von ca. 60 cm Höhe, der als Bildergeschichte über die gesamte Breite der Westfassade läuft und auch noch die Nordseite schmückt. Man sollte diesen steinernen Comic genau studieren: die Tier- und Menschenfiguren, Fabel-

Blick auf Andlau

wesen, mit Lanzen und Schilden gewappnete Ritter beim Reiterspiel und humorvolle Szenen, wie ein Bauer bei der Verfolgung des Fuchses, der ihm die Gans gestohlen hat. In der Kirche befindet sich eine Hallenkrypta aus dem 11. Jh., in der Statuen und andere Kunstschätze verwahrt werden.

1049 weihte der aus Eguisheim stammende Papst Leo IX. den Vorgängerbau der heutigen Kirche ein. In der ersten Hälfte des 12. Jh. wurde das Gotteshaus in eine dreischiffige Basilika mit Querhaus umgebaut, von der nach einem Brand im Jahr 1160 nur die jüngst restaurierte Westfassade samt dem reich geschmückten Portal verblieb. Über die Jahrhunderte wurde die Kirche mehrfach erneuert, was unschwer an den gotischen Fenstern oder dem barocken Langhaus und dem Westturm zu erkennen ist.

Neben dem in der Renaissance erbauten Haus der Herren von Andlau, das man auf der Place de la Mairie besichtigen kann, besitzt der etwa 1800 Einwohner zählende Ort eine Reihe weiterer sehenswerter Gebäude. Außerhalb liegen auf den benachbarten Höhen die Ruinen alter Burgen, so des **Château du Haut-Andlau** aus der Mitte des 14. Jh. und des bereits um 1250 errichteten **Château Spesbourg**, das im 16. Jh. einem Brand zum Opfer fiel.

 Unterkunft: Kastelberg, Rue du Général-Kœnig, ☎ 88 08 97 83,

Drei-Sterne-Hotel, FFF. Au Canon, 2, Rue des Remparts, ☎ 88 08 95 08, FF.

 Camping: auf dem Bauernhof beim Relais du Sorbier (M. Lieber), an der D 425, ☎ 88 08 33 38, Mai bis Sept.

🍴 **Restaurants:** Au Bœuf Rouge, 6, Rue du Doctor-Stoltz, ☎ 88 08 96 26, Mi abend und Do sowie zweite Julihälfte geschlossen: Leckerbissen von Preßkopf in Vinaigrette bis Hummer, FFF.

Barr

Zur ehemaligen Abtei Andlau gehörte früher auch Mittelbergheim, das nächste Dorf an der Route du Vin auf dem Weg nach Barr.

Das knapp 5000 Einwohner zählende Barr, eingebettet zwischen den Rebbergen am Ausgang des Kirnecktals, bezeichnet sich gern als Weinmetropole des Départements Bas-Rhin. Der Ort gibt sich in seinem historischen Kern sehr besucherfreundlich: An vielen Gebäuden wurden Holztafeln mit aufschlußreichen Erklärungen angebracht. Das Zentrum von Barr bildet der gebäudeumschlossene Marktplatz mit dem 1640 errichteten **Hôtel de Ville**, das mit einem hübschen Uhrengiebel geschmückt ist. Durch ein Tor gelangt man in den gepflasterten Innenhof, in dem sich eine doppelläufige Treppe befindet.

An der Rue Doctor-Sulzer liegt ein 1760–63 für Advokat Sulzer er-

Uhrengiebel
vom Hôtel de
Ville in Barr

bautes Haus, das heute ein **Museum** mit typisch elsässischem Mobiliar aus verschiedenen Epochen enthält (Musée de la Folie Marco, Juni bis Okt. tägl. außer Di 10–12 und 14.30–18 Uhr).

Vom **Kirchberg** nördlich des Städtchens bietet sich eine schöne Aussicht auf den Ort. Unbedingt zu empfehlen ist ein Ausflug zum berühmten Kloster auf dem **Mont Ste-Odile** (s. S. 175 ff.), das man über die Richtung le Howald führende Straße D 854 erreicht.

Information: Syndicat d'Initiative, im Hôtel de Ville, ☎ 88 08 66 65, Mo–Fr 9–12, 14–18 Uhr.

Unterkunft: Le Brochet, 9, Place de la Mairie, ☎ 88 08 92 42, FF–FFF. Du Manoir, 11, Rue St-Marc, ☎ 88 08 03 40, FF–FFF.

Camping: Terrain de l'Association St-Martin, 1, Rue de L'Ecole de Barr, Vallée de la Kirneck, ☎ 88 08 00 45, Mitte Juni bis Mitte Sept.

Restaurants: Caveau ›Folie Marco‹, 30, Rue du Doctor-Sulzer, ☎ 88 08 22 71, Di Ruhetag: gemütliche Weinstube mit guten Speisen und Weinen im Untergeschoß des örtlichen Museums, FF. Du Parc, 11, Rue du Général-Vandenberg, ☎ 88 08 92 91, FF.

Busse: von/nach u. a. Straßburg und Colmar.

Obernai

Obernai zählt zu den touristischen Hochburgen an der Weinstraße – und das aus gutem Grund. Das Städtchen besitzt zahlreiche historische Bauten, ein geschlossenes mittelalterliches Ortsbild und einen der schönsten Marktplätze des ganzen Elsaß. Dort steht das **Hôtel de Ville** aus dem 15./16. Jh., das durch seine hübsche, wenn auch ziemlich verwitterte Fassade mit kleinen Erkern und einem von einer Maßwerkbrüstung eingefaß-

Rätselhaft und sagenumwoben

Mont Ste-Odile

Falls es im Elsaß einen geographischen Schnittpunkt seiner Geschichte gibt, liegt dieser auf dem Mont Ste-Odile an der steilen Ostflanke der Vogesen, auf der Höhe des Städtchens Obernai. Die hier vorhandenen Zeugnisse menschlichen Schaffens, die bis in die vorgeschichtliche Zeit zurückweisen, dokumentieren die Rolle des rund 760 m hoch gelegenen Bergplateaus in der Zeit von Kelten und Römern, in der Bau- und Geistesgeschichte des Mittelalters und in den nachfolgenden Jahrhunderten bis in die Gegenwart hinein.

Heute steht auf dem Mont Ste-Odile eine Klosteranlage, die bedeutendste Wallfahrtsstätte des Elsaß. In der Hochsaison wird man hier vergeblich Ruhe und innere Einkehr suchen, weil sich der ›heilige Berg‹ zu einem beliebten Ausflugsziel entwickelt hat. Vom Kloster aus überblickt man das Rheintal, bei entsprechenden Sichtverhältnissen auch den Schwarzwald, wie eine großartige Landkarte.

Wann die Geschichte auf dem Berg ihren Anfang nahm, weiß niemand genau. Das früheste steinerne Dokument ist die sogenannte Heidenmauer, die den Bergrücken auf einer Länge von etwa 10 km umgibt. Die Steinblöcke dieser ursprünglich bis zu 5 m hohen und zwischen 1,70 und 1,80 m tiefen Mauer sind so sauber zusammengesetzt, daß sie auch ohne Mörtel halten. Die 300 000 Quader sind mit sogenannten Schwalbenschwanzkerben versehen, in denen wahrscheinlich Holzzapfen steckten, um die Stabilität der Konstruktion zu erhöhen. Auf mehreren hundert Metern wurde die Mauer abgebaut; Burgenbauer benutzten sie im Mittelalter als Steindepot. An anderen Stellen hingegen ist sie gut erhalten.

Die Heidenmauer ist für Archäologen und Historiker bis heute ein Rätsel geblieben. Ihre Bauherren waren zwischen 1000 und 100 v. Chr. vermutlich die Kelten, die sich auf dem Berg eine Fliehburg errichteten. Nach Meinung der Wissenschaftler gibt es Hinweise dafür, daß der gesamte Komplex auch religiöse oder kultische Bedeutung hatte. Der Begriff ›Heidenmauer‹ wurde übrigens vom elsässischen Papst Leo IX. im 11. Jh. geprägt: Während er selbst sie für eine Festungsmauer hielt, verbreiteten viele seiner Zeitgenossen ›wilde‹ Geschichten über Hexenplätze und Feentreffpunkte.

An die Zeit der römischen Präsenz im Elsaß erinnern Reste alter Straßen. Der damals ›*Altitone*‹ genannte Berg war nicht nur Handelszentrum, sondern hatte angesichts seiner exponierten Lage auch militärstrategische Bedeutung.

Goldmosaik aus der Engelskapelle

Im 7. Jh. traf Eticho, Herzog des Elsaß, den Entschluß, auf dem Berg ein Kloster zu errichten, um auf diese Weise – so berichtet die Legende – eine Schuld zu sühnen. Anstatt eines Sohnes war Eticho ein blindes Mädchen geboren worden. Er wollte es töten, aber die Amme brachte das Kind in Sicherheit. Als es später in einem Kloster in Burgund getauft wurde, gewann es das Augenlicht zurück – daher der Name Odilia, Tochtes des Lichts. Sohn Hugo, der das Mädchen nach Hause holte, wurde vom jähzornigen Eticho erschlagen. Aus Reue über diese Tat soll der Vater seiner Tochter die Festung Hohenbourg geschenkt haben, an deren Fuß Odilia um 700 das Kloster Niedermünster gründete.

Historisch bewiesen ist, daß zur Herrschaftszeit Ludwigs des Frommen (814–840) auf dem Berg ein Kloster existierte, dessen Rechte der Kaiser in einem Dokument von 837 bestätigte. Die durch Fehden und Kriegswirren mehrfach zerstörte Anlage ließ Kaiser Friedrich Barbarossa 1150 wiederaufbauen. Unter Äbtissin Herrad von Landsberg (1167–97), die mit dem berühmten ›Hortus deliciarum‹ eine Enzyklopädie der höfischen Kultur während der Stauferzeit verfaßte, erlebte das Kloster eine Blütezeit. Während der Religionskriege im 16. Jh. verließen die letzten Nonnen die Abtei. Sie wurde von Prämonstratensermönchen aus Etival übernommen, die sie bis zur Französischen Revolution bewohnten. Über ein halbes Jahrhundert lang standen dann Kirche, Kapellen und Wirtschaftsgebäude leer und verwahrlosten, ehe der Straßburger Bischof das Anwesen zurückkaufte und wieder in ein Kloster verwandelte. Die gesamte Anlage wurde gründlich renoviert.

Einen Rundgang durch die Wallfahrtsstätte kann man auf der Terrasse beginnen, von der man einen wunderbaren Rundblick hat. Die Klosterkirche, in der seit rund 50 Jahren eine ›ewige Anbetung‹ stattfindet, entstand 1687 auf den Fundamenten eines zerstörten Vorgängerbaus. Die Chapelle de la Croix (Kreuzkapelle) im Ostteil des Odilienhofes ist als Rest eines im 11. oder 12. Jh. errichteten romanischen Baus der älteste Teil des Klosters. Ein Steinsarg soll die Überreste des Gaugrafen Eticho beherbergen. Eine Tür führt in die angrenzende Chapelle Ste-Odile (Odilienkapelle) aus dem 12. Jh., wo in einem Steinsarkophag die Gebeine der Namenspatronin des Klosters ruhen. Zwei weitere Kapellen, deren Ursprung ebenfalls ins 12. Jh. verweist, stehen im Nordosten der Klosteranlage: die Chapelle des Larmes (Tränenkapelle), wo die heilige Odilia für ihren Vater gebetet und Tränen vergossen haben soll, sowie die Chapelle des Anges (Engelskapelle), die in diesem Jahrhundert mit Goldmosaiken, Motiven aus dem ›Hortus deliciarum‹, ausgeschmückt wurde. Die Fontaine de Ste-Odile (Odilienquelle) liegt an der Straße D 33, die in die Rheinebene hinunter nach St-Nabor führt. Dem Wasser werden heilende Kräfte nachgesagt.

Wer zu Fuß zur Heidenmauer gehen will, nimmt links neben dem Klosterausgang die Treppe bergab und folgt dem Pfad, auf dem man nach wenigen Minuten die Mauer erreicht. Will man dem steinernen Rätsel auf seiner gesamten Länge folgen, braucht man dazu zwei bis drei Stunden. Der Waldpfad ist durch Wegweiser gekennzeichnet.

Im Kloster Ste-Odile finden das Jahr über zahlreiche Exerzitien, Einkehrtage, Studientagungen und Kongresse statt. In der Hostellerie du Mont Ste-Odile (✆ 88 95 80 53, telefonische Reservierungen nur mit schriftlicher Bestätigung bzw. Anzahlung per Scheck, eigene Bibliothek und Lesesaal, FF) kann man übernachten und essen. Das Kloster steht unter der Leitung der Schwestern vom Heiligen Kreuz, deren Mutterhaus sich in Straßburg-Neudorf befindet.

ten Balkon auffällt. Gleich daneben befinden sich die Überreste
der ehemaligen Kapellkirche mit
dem 60 m hohen **Beffroi** (Kapell-
turm), dem Wahrzeichen der Stadt.
Der mehrgeschossige, um das Jahr
1285 errichtete Turm zählt zu den
ältesten Bauwerken Obernais. Das
obere Geschoß stammt vom Ende
des 16. Jh.

Der dem Marktplatz zugewand-
te Giebel der **Ancienne Halle aux
Blés** (Kornspeicher, 16. Jh.) ist mit
einem Balkon und einem grazilen
Glockentürmchen geschmückt.
Die früher offenen Arkaden im Erdgeschoß sind inzwischen durch
Fenster verschlossen, hinter denen
ein Restaurant mit mittelalterli-
chem Ambiente eingerichtet wurde.

Überquert man auf der Höhe
dieser alten Kornhalle die Rue du
Général-Gouraud, so stößt man in
der gegenüberliegenden Häuserfront
auf einen Durchgang zu einem privaten Innenhof. Wer original-elsäs-
sisches Fachwerk mit geschnitzten
Fensterbalken und anderen dekorativen Elementen bewundern möchte, sollte einen Blick hineinwerfen:
So muß Obernai im 16. und 17. Jh.
ausgesehen haben.

Ein Abstecher von der Place du
Marché in die Rue des Pèlerins
führt zu dem seit 1921 denkmalgeschützten Bürgerhaus mit der Nr. 8,
der **Maison de la Dime** (Zehnthaus)
aus der ersten Hälfte des 13., vielleicht sogar aus dem 12. Jh. Das
fensterlose Untergeschoß verleiht
dem Bau einen burgartigen Cha-

rakter. An der dem Hof zugewand-
ten Giebelseite findet man einige
ursprüngliche Kleeblattfenster aus
der Stauferzeit. Auf dem Rückweg
zum Marktplatz biege man rechts
in die **Rue des Juifs** ein, eine enge,
gewundene Gasse, deren Häuser
noch Holzgalerien besitzen.

Einer der kunstvollsten Renais-
sancebrunnen der Region ist der
Puits aux Six-Seaux (Brunnen der
Sechs Eimer) am unteren Ende der
Rue du Chanoine-Gyss. Drei orna-
mentierte korinthische Säulen tragen eine wuchtige Kuppel, die mit
Masken, Bibelsprüchen und einem
posauneblasenden Engel verziert
ist, auf dessen Schild der Habsburger Doppeladler zu sehen ist. Die
Straße aufwärts kommt man zur
neugotischen **Eglise St-Pierre-et-
Paul** aus dem vergangenen Jahrhundert. Nur wenige Relikte erinnern an den Vorgängerbau des
15. Jh., so ein gotischer Wandaltar
im linken Querschiff und vier Buntglasfenster im Chor.

Man sollte Obernai nicht den
Rücken kehren, ohne der **Place de
l'Etoile** mit ihren schönen Fachwerkhäusern und den teils stilecht
restaurierten Fassaden einen Besuch abgestattet zu haben.

Information: Office de Tourisme,
Chapelle du Beffroi, ☎
88 95 64 13, Mo–Fr 8–12 und 14–18
Uhr, von Ostern bis Ende Aug. auch
Sa/So 14–17 Uhr.

Unterkunft: Le Parc, 169,
Rue du Général-Gouraud, ☎
88 95 50 08, FFF. A la Cloche, 90, Rue

Engel vom Dach
des Sechseimer-
brunnens

du Général-Gouraud, ☏ 88 95 52 89, FF–FFF. Les Vosges, 5, Place de la Gare, ☏ 88 95 53 78, FF. A l'Etoile, 6, Place de la Gare, ☏ 88 95 50 57, FF.

Camping: Terrain Municipal, Route d'Ottrott, ☏ 88 95 38 48, März bis Okt.

Restaurants: Cigogne, 49, Rue Général-Gouraud, ☏ 88 95 52 35: stilechtes elsässisches Interieur und gute Küche, z.B. Löwenzahn mit warmen Speckwürfeln, FF–FFF. Pomme d'Or, 46, Rue du Général-Gouraud, ☏ 88 95 58 79: gemütliche Weinstube mit einem Wirt, der diesen Namen verdient; größere Menüs sollten vorbestellt werden, F–FF. Le Parc, s. o., So abend und Mo geschlossen: auserlesene Spezialitäten und Spitzenweine werden serviert.

Die nördliche Weinstraße

Von Obernai aus macht die Route du Vin einen kleinen ›Ausflug‹ in die Vogesenvorberge nach **Ottrott** (über die D 426). Bekannt ist der ›Ottrotter Rote‹, einer der wenigen Rotweine im Elsaß. In dem freundlich wirkenden 1300-Einwohner-Ort gibt es ein Musée des Naïades mit exotischer Flora und Fauna, darunter sogar Piranhas (an der Straße Richtung Mont Ste-Odile, tägl. 10–18.30 Uhr). Wanderungen bieten sich zu den nahen Burgen **Château Lützelbourg** aus dem 12. und **Château Rathsamhausen** aus dem 13. Jh. an, die aber auch per Auto über den Nachbarort **Klingenthal** erreicht werden können. Wer mag, kann sich schließlich von der Dampflock der Museumsbahn von Ottrott nach Rosheim transportieren lassen (nur Juli/Aug. sonn- und feiertags, Abfahrt um 14.30 und 16.30 Uhr).

Über die Ortschaft **Bœrsch**, in der man vor allem die drei Stadttore, das schöne Rathaus (16. Jh.) und den Sechseimerbrunnen besichtigen sollte, kommt man nach **Rosheim**, das zu den alten Stadtgründungen an der Weinstraße gehört. Entlang der Durchgangsstraße passiert man drei Tore, die den Ort quasi in Stadtteile gliedern. Das untere Tor ist die Porte Basse, ein wehrhafter Turm mit steilem Dach. Durch die Unterstadt erreicht man die Porte de l'Ecole, die früher die

ältere Mittelstadt von der Unterstadt trennte. Heute ist das Geschoß über dem Torbogen ebenso bewohnt wie die umliegenden ehemaligen Stadtmauerhäuser.

Gleich hinter dem Tor liegt rechter Hand die romanische Eglise St-Pierre-et-St-Paul. Die in der Stauferzeit im 12. Jh. errichtete Kirche mit kreuzförmigem Grundriß zeichnet sich durch ihre harmonische Architektur aus. Lediglich der nach einem Brand im Jahr 1385 aufgebaute Vierungsturm wurde in ›unangemessenen‹ Proportionen wiedererrichtet. Der plastische Schmuck der Kirche dokumentiert den hohen Stand der Bildhauerkunst zur Stauferzeit: Da fällt etwa der staufische Adler auf, der auf dem Giebel über der Westfassade sitzt und seine Krallen in eine Kugel gräbt. An den Giebeltraufen hocken steinerne Löwen – Symbol der Stauferkaiser –, die Menschengestalten in den Pranken halten. Andere plastische Darstellungen schmücken die Zwickelschrägen des Vierungsturms, während die Verzierungen am Westportal im Zuge der Französischen Revolution teilweise zerstört wurden. Einen starken Kontrast zum schmuckreichen Äußeren bildet der schlichte Kirchenraum.

Das dritte Stadttor, die Porte du Lion, wird links vom barocken Hôtel de Ville und rechts von einem schmalen Fachwerkgebäude aus dem 16. Jh. flankiert. Der Sechseimerbrunnen auf der Place de la République vor dem Rathaus, weniger reich gestaltet als der von Obernai, stammt aus dem Jahr 1605.

Rosheims berühmtestes Gebäude neben der Eglise St-Pierre-et-St-Paul ist die Maison Païenne (Heidenhaus), hinter der Porte du Lion an der Ecke zur Rue de l'Hôpital gelegen. Der trutzig wirkende zweigeschossige Bau aus grob zugeschlagenen Steinen wurde in der zweiten Hälfte des 12. Jh. vermutlich durch eine adelige Familie errichtet. Er gilt als das älteste Steinhaus im Elsaß.

Molsheim, nur wenige Kilometer nördlich von Rosheim gelegen, sollte man keinesfalls auslassen. Archäologische Funde aus der gallo-römischen Zeit lassen vermuten, daß Molsheim auf den Fundamenten einer römischen Siedlung erbaut wurde. Zur Zeit der Staufer war es bischöfliches Lehen, ehe Kaiser Friedrich II. dem Ort 1219 eine Reihe von Privilegien verlieh.

Eines der drei Stadttore von Bœrsch

Um die damalige Zeit begann man, eine Stadtmauer zu errichten. In der zweiten Hälfte des 16. Jh. schlossen sich die Bürger Molsheims der Gegenreformation an. 1657 wurde Molsheim französisch.

Das Zentrum der noch teilweise von einer alten Stadtmauer umgebenen 7000-Seelen-Gemeinde ist der Rathausplatz mit einem der sehenswertesten und ältesten Renaissancegebäude der Region. Es handelt sich um das 1554 errichtete Zunftgebäude der reichen Schlachterinnung, die sogenannte Metzig. Die Hauptfassade schmücken eine doppelläufige Treppe, ein Erker mit hübschem Uhrturm und Balkone an den Giebelseiten. Die Fleischer sind aus der Metzig längst ausgezogen und haben sie dem lokalen Museum mit seinen stadthistorischen Exponaten überlassen. Vor dem Gebäude steht ein Brunnen aus dem 16. Jh.

Weitere sehenswerte historische Häuser gibt es in der Rue Saverne, der Rue de Strasbourg und der Rue de Jenner. Das wahrscheinlich älteste Wohnhaus der Stadt ist das 1422 errichtete Haus Nr. 21 an der Place de l'Hôtel de la Ville.

Ein Bollwerk der Gegenreformation bildete die zwischen 1615 und 1618 errichtete Jesuitenkirche, die man schon von der Umgehungsstraße sehen kann. Bereits um 1580 hatten sich dort Jesuitenpatres niedergelassen und ein Kolleg gegründet (aus dem sich später eine Jesuitenuniversität entwickelte), ehe der Fürstbischof von Straßburg den Auftrag zum Bau der Kirche erteilte. Finanziert wurde sie durch großzügige Spenden des österreichischen Kaiserhauses, mit dem der Bischof, ein Sproß der Habsburger, verwandt war. Getreu ihrer konservativen Einstellung wählten die Jesuiten für ihre Kirche nicht den zeitgemäßen Renaissancestil, sondern ließen die Gotik wiederaufleben, um so zugleich dem aufkeimenden Protestantismus bauliche Akzente entgegenzusetzen. Die kreuzförmige Basilika war früher farbig ausgemalt. Reste dieser Innendekoration wurden im Querschiff entdeckt und erneuert. Den reichverzierten Hochaltar bekrönt St. Georg als Drachentöter. Ein Prunkstück ist die Orgel vom berühmten Silbermann.

Avolsheim verdankt seinen großen Besucherandrang zwei bedeutenden Sakralbauten. Außerhalb des Dorfes steht neben einer rund tausend Jahre alten Linde der Dompeter, wahrscheinlich die älteste Kirche des Elsaß. Der Name des dem Apostel Petrus geweihten Gotteshauses entstand aus einer Verballhornung der lateinischen Bezeichnung ›ad dominum Petrum‹. 1049 wurde es vom ›Eguisheimer‹ Papst Leo IX. eingeweiht. Der Dompeter ist ein dreischiffiger Bau, der über den Fundamenten einer eventuell schon im 7. Jh. errichteten Basilika hochgemauert und über die Jahrhunderte mehrfach verändert wurde. Das gilt beispielsweise für den Mitte des 18. Jh. erneuerten Turm, aber auch für den Innenraum, der durch die Vergrößerung der Seitenschiffenster im 19. Jh. heller geworden ist.

Neben dem Dompeter ist die früher vermutlich als Taufkapelle benutzte Chapelle St-Ulrich kunsthistorisch bedeutsam. Der frühromanische Bau geht auf das 9. Jh. zurück. Im Innern des kleinen Zentralbaus sind – im Elsaß einmalig – Fresken erhalten, die wahrscheinlich um die Mitte des 12. Jh. entstanden und erst vor wenigen Jahren wieder freigelegt wurden. Eine Taufszene könnte Auskunft über die frühere Funktion der Kapelle geben. Andere Darstellungen hat man bis heute nicht schlüssig gedeutet. Äußerlich wurde der neben der heutigen neoromanischen Pfarrkirche stehende Bau in der Vergangenheit mehrfach verändert, Kunsthistoriker sprechen von Verstümmelung.

Über den Winzerort **Wangen**, in dem alljährlich im Juli beim Brunnenfest Gratiswein fließt, erreicht man **Marlenheim**, den nördlichen Endpunkt der Route du Vin. Wer sich von der Weinstraße stilecht verabschieden will, tut das mit einem Gläschen Rosé, der in dieser Gegend vorzugsweise angebaut wird, oder mit einem Gang über den Weinlehrpfad, den die örtlichen Winzer angelegt haben.

Unterkunft in Rosheim: Hostellerie du Rosenmeer, 45 a, Avenue de la Gare, ✆ 88 50 43 29, FFF. Relais de Rosheim, 34, Rue des Vosges, ✆ 88 50 23 07, FF.
…in Molsheim: Cheval Blanc, 5, Place de l'Hôtel de Ville, ✆ 88 38 16 87: zentral gelegen und ruhig, FF. Du Centre, 1, Rue St-Martin, ✆ 88 38 54 50, FF.

Camping in Rosheim: Camping du Fackenthal, zwischen Rosheim und Grendelbruch, ✆ 88 97 45 20, April bis Okt.
…in Molsheim: Terrain Municipal, Rue des Sports, ✆ 88 49 82 45, Anf. Mai bis Mitte Okt.

Restaurants in Rosheim: D'Rosenmeer, Winstub/Hostellerie, s. o., Mo Ruhetag: ausgezeichnete Gerichte sowohl in der Weinstube als auch im Restaurant, FF–FFF.
…in Molsheim: La Metzig, Place de l'Hôtel de Ville, ✆ 88 38 26 24, FF. Diana, Pont de la Bruche, ✆ 88 38 51 59, FF–FFF.

Verkehr: Molsheim liegt an der Bahnlinie Straßburg–St-Dié. Busse der Linie Saverne-Molsheim über Avolsheim.

Grenzland im Dornrös- chenschlaf

Im Rheintal nahe Sélestat

Von Mulhouse auf Nebenstrecken durch die stille südelsässische Provinz, auf der Karpfenstraße durch den fast vergessenen Sundgau – eine bukolische Bauernlandschaft, in weite Täler hingelagert. Entlang der ›feuchten Grenze‹ in der Rheinebene vom Großraum Basel nach Sélestat, einer Hochburg des Humanismus, und weiter durch die Heimat von Sauerkraut und Tabak bis Lauterbourg.

Im stillen Sundgau

Es ist nicht verwunderlich, daß der knapp 100 000 Einwohner zählende Sundgau auch als das ›versteckte Elsaß‹ bezeichnet wird, denn die Hügellandschaft zwischen Mulhouse und der Schweizer Grenze, zwischen Rhein und Südvogesen liegt abseits der großen Touristenströme. Ähnliches gilt für die ›feuchte Grenze‹, der Region am Rhein zwischen Basel und Lauterbourg. Für viele Besucher auf dem Weg zu bekannteren Zielen nur Durchgangsgebiet, findet sich in diesen elsässischen ›Randzonen‹ doch manch lohnende Überraschung.

Der Sundgau – der Name leitet sich von Südgau ab – ist ein bäuerlicher Landstrich geblieben. Größter Ort ist Altkirch mit knapp 7000 Einwohnern.

Seit Anfang 1991 versuchen Regionalplaner, die Entwicklung des Sundgau auf wirtschaftlichem, umweltpolitischem und auch auf touristischem Gebiet unter anderem mit Geldern der EG zu fördern. Immer stärker geriet die südelsässische Region in den Sog des Industriezentrums Basel, so daß die Zahl der hauptberuflich bewirtschafteten Bauernhöfe in den achtziger Jahren von rund 3000 auf etwa 2300 zurückging und der Landstrich immer mehr die Rolle eines Arbeitskräftereservoirs für die benachbarte Schweiz spielte.

Auf einem anderen Gebiet, nämlich dem kulinarischen, braucht der Sundgau dagegen keine Nachhilfe. Entlang den Routes de la Carpe frite (›Straßen des gebratenen Karpfens‹) haben sich gastronomische Betriebe angesiedelt, die sich auf Fischgerichte spezialisiert haben. Die Karpfenzucht hat im Sundgau eine lange Tradition, weil sich der lehmige Boden für die Anlage von Fischteichen anbietet.

Zu einer Rundreise durch den Sundgau verläßt man das Stadtzentrum von Mulhouse in südlicher

Richtung und biegt beim Bahnhof in die Serpentinenstraße ein, die zum **Parc Zoologique et Botanique** führt (1, Avenue de la 9e D.I.C., ☎ 89 44 17 44, Jan., Febr. und Dez. 10–16 Uhr, März, Okt. und Nov. 9–17 Uhr, April und Sept. 9–18 Uhr, von Mai bis Aug. 8–19 Uhr). Über **Bruebach** fährt man dann Richtung Altkirch. Vor Steinbrunn zweigt links eine Straße nach **Landser** ab, ein typisches Sundgaudorf mit einem Kloster.

Zurück auf der Straße D 21, setzt man den Weg über Steinbrunn-le-Bas nach **Rantzwiller** und **Kœtzingue** fort. In beiden Dörfern finden

sich schöne Fachwerkgebäude und Häuser im gotischen Stil. Über Kappelen und Helfrantzkirch erreicht man das 460 m hoch gelegene **Folgensbourg**, wo man wie von einem Balkon den Großraum Basel überblickt. Auch in diesem Ort sind etliche alte Fachwerkhäuser erhalten. In der Kirche mit einem typisch alemannischen Satteldach verdienen die Altäre, die früher im Kloster Lucelle standen, sowie eine aus dem 18. Jh. stammende Kanzel Beachtung. Das bekannteste Anwesen von Folgensbourg ist das außerhalb gelegene Hof- und Schloßgut St-Apollinaris, ein schöner Bau mit hohem Walmdach aus dem 18. Jh., der sich seit langem in Privatbesitz befindet. Wer die Rundfahrt abkürzen möchte, fährt von Folgensbourg am Flüßchen Thalbach

Ländliches Gasthaus an der ›Karpfenstraße‹ im Sundgau

entlang durch das schöne Hunds-
bacher Tal nach Altkirch.

Die D 16 verbindet Folgensbourg mit Hagenthal. Sobald man
im dortigen Ortsteil **Hagenthal-le-**

Bas die Straße D 12 erreicht hat,
biegt man nach rechts in die Rue
Principale ein. Haus Nr. 8, mit
schöner Veranda, stammt laut Inschrift über dem runden Kellerpor-
tal aus dem Jahr 1742, vermutlich
das Datum eines Umbaus, denn
die Architektur des Steingebäudes
läßt eher auf eine Bauzeit im 16.
Jh. schließen. Das Nachbarhaus

Der Sundgau um Ferrette und Altkirch

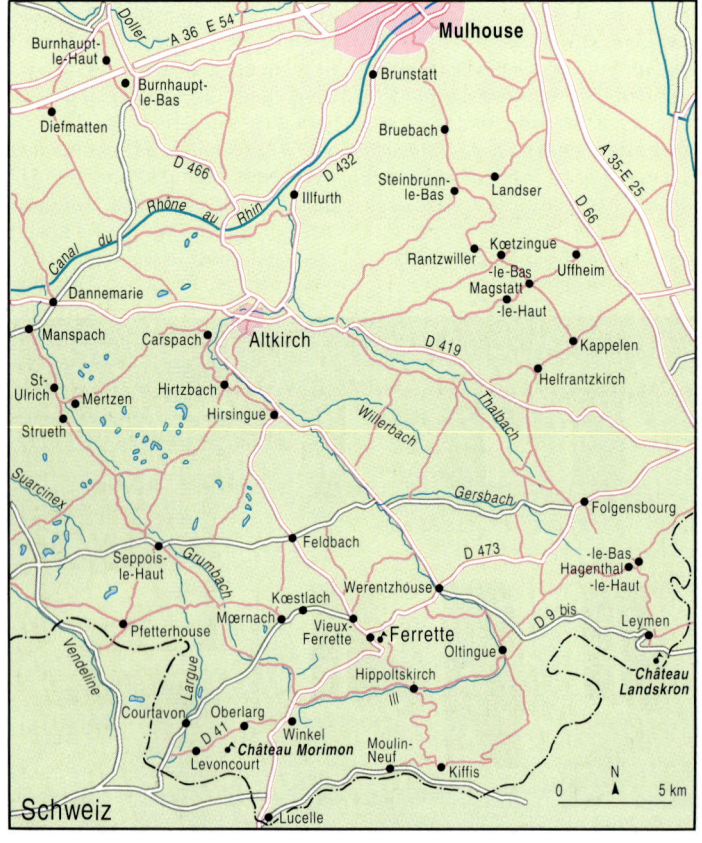

von 1730 ist mit Fassadenmalereien geschmückt.

Von Hagenthal-le-Bas bis nach **Leymen** (4,5 km) fährt man über einen bewaldeten Höhenrücken, von dem die über diesem Ort aufragende Ruine von **Château Landskron** ins Blickfeld gerät. Um dorthin zu gelangen, nimmt man vor dem Rathaus die bergan führende Rue de la Gare, biegt vor der Kirche in die Rue de l'Eglise ab und folgt dann den Wegweisern (ca. 3 km). Vom Abstellplatz für Pkw sind es noch ca. 10 Min. Fußweg bis zur Festung, die unmittelbar an der Schweizer Grenze liegt. Wahrscheinlich wurde sie gegen Ende des 13. Jh. durch den Grafen Thiébaut de Ferrette an der Stelle der früheren Burg Reineck errichtet. Ältester Teil der Anlage ist der Bergfried aus dem 13. Jh. Die nachfolgenden Besitzer von Château Landskron – so Anfang des 16. Jh. das Haus Reichenstein und später der Sonnenkönig, der seinen Festungsbaumeister Vauban beauftragte – fügten neue Befestigungen hinzu. Während der Napoleonischen Kriege erlebte Château Landskron schließlich seinen Niedergang.

In **Oltingue** (über die D 9 zu erreichen) könnte man dem Musée Paysan mit einer Sammlung typischer Einrichtungs- und Gebrauchsgegenstände sowie Kostümen einen Besuch abstatten (150, Rue Principale, Mitte Juni bis Ende Sept. Di, Do, Sa 15–18 Uhr, So 11–12 und 15–18 Uhr, Okt. bis

Ruinen des Château Landskron

Mitte Juni So 14–17 Uhr). In **Werentzhouse,** wo man die Hauptstraße D 473 erreicht, hält man sich Richtung Ferrette. Am Ortsausgang von Werentzhouse steht am Flüßchen Ill eine ehemalige Mühle mit altem Mühlrad.

Unterkunft/Restaurant in Landser: L'Etrier, ✆ 89 81 45 76, So abend und Mo geschlossen: in einem restaurierten Fachwerkhaus aus dem 17. Jh., FF.

Restaurants in Hagenthal: Auberge à l'Ancienne Forge, 52, Rue Principale, Hagenthal-le-Haut, ✆ 89 68 56 10: ›cuisine créative‹, vorzugsweise Fisch; in einer ehemaligen Schmiede, FFF–FFFF. Jenny, 84, Rue de Hégenheim, Hagenthal-le-Bas, ✆ 89 68 50 09, Mo Ruhetag: in der Jagdsaison auch Wildgerichte, FFF–FFFF.

Ferrette und Umgebung

Das mittelalterliche Städtchen Ferrette, an einer Flanke der Juraberge gelegen, war schon im 12. Jh. von einer Befestigungsmauer umgeben. Zwischen 1125 und 1324 war das dortige Schloß Stammsitz der Grafen von Ferrette, bevor es (durch eine Eheverbindung) an das Haus Habsburg überging und schließlich an die Grimaldis, so daß Prinz Rainier von Monaco heute den Titel des Grafen von Ferrette innehat.

Ferrette ist heute mit seinen knapp 800 Einwohnern nur noch ein Schatten seiner früheren Größe. Aber das Städtchen hat Atmosphäre. In der Unterstadt gruppieren sich historische Fachwerkbauten um die **Place de Mazarin**. An der Kirche vorbei führt die Rue du Château bergauf zum **Hôtel de Ville**, einem Renaissancebau von 1570, und in die Oberstadt, die ihren historischen Charakter bewahrt hat.

Hoch über dem Dorf thront an der Flanke des 613 m hohen Schloßberges die Ruine des **Château de Ferrette**. In etwa 20 Min. kann man vom Rathaus über die im 14. Jh. errichtete Unterburg zur im Kern älteren Oberburg hinaufsteigen und von hier den Blick über die benachbarten Jurahöhen genießen. Auf der oberen Plattform wird man die vorzügliche strategische Lage der Festung bemerken.

Käsefreunden ist eine Stippvisite im benachbarten **Vieux-Ferrette** zu empfehlen, wo einer der bekanntesten französischen ›Großmeister‹ der Käserei eine Käsestube betreibt (17, Rue de la Montagne, ☎ 89 40 42 22). Bernard Antony, dem der Titel ›Maître Fromager et Affineur‹ verliehen wurde, gehört zum erlesenen Kreis der französischen Käsespezialisten, deren Produkte nach althergebrachter Tradition aus Rohmilch hergestellt werden und sich deutlich von Fabrikware aus pasteurisierter Milch unterscheiden (Einkaufsmöglichkeit).

Von Vieux-Ferrette aus sollten kunsthistorisch Interessierte einen Abstecher nach **Feldbach** machen. Dort steht eine dreischiffige romanische Basilika mit Rundbogenfenstern, die wahrscheinlich 1145 errichtet wurde, vielleicht aber auch schon früher. Sie gehörte zu einem 1144 vom Grafen von Ferrette gegründeten Kloster, das die Basler um die Mitte des 15. Jh. niederbrannten. Stehengeblieben ist lediglich die Kirche, die nicht nur vom Kloster, sondern auch von der Gemeinde genutzt wurde. Die Mauer, die man zwischen Haupt- und Nebenschiff einzog, um entsprechende separate Räume zu schaffen, erinnert noch daran. Einer alten Legende zufolge sollen die Grafen von Ferrette im Kloster Feldbach bestattet worden sein, doch fehlt dafür jeglicher Nachweis.

ⓘ Information: Syndicat d'Initiative du Jura Alsacien, Hôtel de Ville, Ferrette, ☎ 89 40 40 01, Mo–Fr 9–12 und 14–18 Uhr.

Unterkunft: Collin, 4, Rue du Château, ☎ 89 40 40 72, zweite Januarhälfte und drei Wochen im Sept. geschlossen, FF. Felseneck, 42, Rue du Château, ☎ 89 40 41 54, Weihnachten bis Dreikönigstag geschlossen, FF.

Restaurant: Aux Deux Clés, 218, Rue Hennin-Blenner, Mornach (westlich von Ferrette), ☎ 89 48 61 56, Do/Fr Ruhetag: Meeresfrüchte und Wild in der Jagdsaison, FFF.

Nach Altkirch über die Karpfenstraße

Folgt man von der Ferretter Oberstadt der D 23 Richtung Sondersdorf, so erreicht man **Hippoltskirch** im Talgrund das Flüßchen Ill, das nur wenige Kilometer westlich am Fuß des Glaserbergs entspringt und in Straßburg in den Rhein mündet. Bevor man den Wasserlauf überquert, steht links der Straße die **Wallfahrtskapelle St-Martin** (sonn- und feiertags bei gutem Wetter 11–17 Uhr geöffnet). Die im 18. Jh. wiederaufgebaute Kirche ist mit einer schönen Kassettendecke mit Blumenmotiven und der Darstellung einer Szene aus dem Leben des heiligen Ulrich, des Bischofs von Augsburg, geschmückt: Man sieht ihn zu Pferd im Jahr 955 die Verteidiger seiner Stadt gegen die Ungarn anführen. Die Decke befand sich ursprünglich in der Kirche St-Ulrich in Sondersdorf. Nach deren Zerfall fand sie hier einen neuen Platz, mußte jedoch verkleinert werden, um in die Kapelle zu passen.

Durch eine bewaldete Gegend mit zahlreichen Bunkerruinen fährt man Richtung Kiffis, biegt aber vor dem Dorf nach rechts ab und gelangt auf die internationale Straße, die an der französisch-schweizerischen Grenze entlangführt. Das Flüßchen Lucelle markiert die eigentliche Grenzlinie. Zweimal wechselt die Straße über den Fluß auf schweizerisches Territorium. Vorbei am Grenzübergang Moulin-Neuf geht es nach **Lucelle**, einem direkt an der Grenze gelegenen Dorf, das nur aus einigen Häusern und Überresten einer ehemals bedeutenden Zisterzienserabtei besteht. Deren Grundstein wurde 1123 im Beisein von Bernard de Clairvaux (1091–1153), dem Mitbegründer der mittelalterlichen Mystik, gelegt. 1792 verließen die letzten Mönche Lucelle. Die meisten Kunstschätze gelangten in die umliegenden Kirchen.

Hinter dem Ortsausgang von Lucelle biegt man nach rechts in die D 432 ein. Bald ist **Le Petit Kohlberg** erreicht (rechts der Straße), die südliche Ferme-Auberge des Elsaß, bei der sich auch ein neues Hotel befindet. Vor Winkel zweigt die D 41 nach **Oberlarg** ab, dessen Durchgangsstraße von zahlreichen Dorfbrunnen gesäumt wird. Auf einer Anhöhe liegen die Ruinen von **Château Morimont**, eines vermutlich Ende des 15., Anfang des 16. Jh. von Pierre de Morimont errichteten Festungsbaus, der 1637 von den Franzosen zerstört wurde. Über Levoncourt und Courtavon erreicht man **Pfetterhouse**, wo sich seit etwa 1890 eine Uhrenindustrie herausbildete. 1917 gab es in der kleinen Ortschaft fast drei Dutzend Betriebe, in denen rund 220 Handwerker jährlich bis zu 300 000 Uhren herstellten. Der Boom endete nach dem Ersten Weltkrieg.

5 km weiter nördlich gelangt man nach **Seppois-le-Haut** im Tal des Flüßchens Largue. Der Doppelort wurde im Ersten Weltkrieg stark zerstört, doch haben eine gotische Kapelle im oberen sowie ein spätbarocker Herrensitz und das Bürgermeisteramt aus der Mitte des vergangenen Jahrhunderts im unteren Ortsteil den Krieg überstanden.

Von Seppois folgt man dem schönen Larguetal auf der durch blaue Schilder mit Teller, Besteck und Karpfenkopf ausgewiesenen **Route de la Carpe frite**, gesäumt von zahlreichen Fischweihern, in denen meistens Karpfen gezogen werden. Einer der Teiche, in denen man gegen eine Gebühr angeln kann, liegt gleich neben der **Ferme-Auberge du Paradis** in Mertzen-Strueth (✆ 89 07 21 46, in der Hochsaison tägl. geöffnet, in der Nebensaison Fr–So ab 9 Uhr, Baeckeofe, Coq au Riesling).

Abseits der Durchgangsstraße steht in **Strueth** die ursprünglich gotische Chapelle St-André (Rue de la Chapelle), die zu Beginn des 16. Jh. von Augustinermönchen gebaut wurde. Nach dem Zweiten Weltkrieg mußte sie restauriert werden.

Dem Larguetal folgend, kommt man nach **St-Ulrich**, einem Flekken, der aus einem schon zu Beginn des 12. Jh. existierenden Kloster der Augustiner-Chorherren hervorging. Von der alten Klosteranlage sind nurmehr Reste vorhanden. Die Eiche in der Dorfmitte soll zur Zeit der Großen Revolution vor über 200 Jahren gepflanzt worden sein.

🛏 **Unterkunft/Verpflegung in Kiffis:** Auberge du Jura, 45, Rue Principale, ✆ 89 40 33 33, Febr. und Mo geschlossen, FF.
...in Lucelle: Le Petit Kohlberg, ✆ 89 40 85 30, zweite Februarhälfte geschlossen, neues Hotel, FF–FFF, und Ferme-Auberge Le Petit Kohlberg, ✆ 89 40 85 30, im Jan. geschlossen, beide 3 km nördlich des Ortes gelegen.

Altkirch

Über Altenach und Manspach geht es nach Dannemarie, an der Bahnlinie Mulhouse–Paris und am Rhein-Rhône-Kanal gelegen, und dann über die D 419 nach Altkirch, der etwa 7000 Einwohner zählenden Hauptstadt des Sundgau. Vorbei an einem häßlichen Zementwerk, fahre man im Ort zur Oberstadt über der Ill hinauf. Wo heute die große, im Innern recht nüchterne neuromanische **Kirche** steht, hatte um die Mitte des 19. Jh. die Ruine einer Burg ihren Platz, die den Grafen von Ferrette gehörte. Um diese Feste, von der aus die Grafen die Burgundische Pforte kontrollierten, bildete sich seit dem 13. Jh. der Ort Altkirch. Dessen Bedeutung nahm mit dem Aussterben des Grafengeschlechts jedoch schnell ab.

In Altkirch blieb ein Teil der alten Bausubstanz erhalten. So finden sich vor allem in der Oberstadt zahlreiche sehenswerte Gebäude im spätgotischen, barocken oder spätklassizistischen Stil. Das **Rathaus** an der Place de la République wurde im 18. Jh. nach Plänen von Jean-Baptiste Kléber erbaut, der sich unter Napoléon als Heerführer profilierte. Die Mittelsäule des **Brunnens** vor dem Rathaus ist mit einer Muttergottesstatue geschmückt, die aus einer früher hier befindlichen Kirche stammt. Gleich neben dem Rathaus ist in einem Renaissancegebäude das **Musée Sundgauvien** untergebracht, das neben Gemälden einheimischer Künstler Mobiliar aus dem Sundgau, Uniformen, Waffen sowie Altkircher Trachten aus dem 19. Jh. besitzt, außerdem Mineralien, Fossilien und archäologische Funde. Interessant ist auch das Modell der Burg, die früher den Platz der neuromanischen Kirche einnahm (So 15–17.30 Uhr, im Juli/Aug. tägl. außer Mo 15–17.30 Uhr).

Information: Syndicat d'Initiative, Place Xavier-Jourdain, ☎ 89 40 21 80 und 89 40 02 90, Okt. bis Mai 9–12 Uhr, Juni bis Sept. 9–12 und 14–19 Uhr.

Unterkunft: Auberge Sundgovienne, Route de Belfort, ☎ 89 40 97 18, FF. De la Victoire, 44–46, Rue du 3e Zouaves, ☎ 89 40 90 65, Weihnachten bis 3. 1. geschlossen, FF.

Restaurants: Auberge Sundgovienne, s. o., Mo Ruhetag: z. B. Seeteufelschnitzel in Riesling, FF–FFF. **...in Carspach bei Altkirch:** A la Couronne, 9, Rue de Steinsoultz, ☎ 89 40 93 09, Di abend und Mi Ruhetag: zu den Spezialitäten zählt z. B. Canard de Barbarie, FF.

›Feuchte Grenze‹ am Rhein: Zunächst bis Neuf-Brisach

Im Osten von Altkirch erreicht die Straße D 419 hinter Ranspach-le-Bas die Ausläufer des Großstadtreviers Basel mit seinen chemischen und pharmazeutischen Industrieanlagen. Zum Ballungsraum gehört auf elsässischer Seite die Grenzstadt **St-Louis**.

Der Rhein, dem man nach Norden folgt, hat sich in den vergangenen 150 Jahren grundlegend verändert. Ende des 18. Jh. umspülte er noch Inseln und Kiesbänke und gebärdete sich als ›ungehobelter Riese‹, dessen Wassermassen bei der alljährlichen Schneeschmelze, gelegentlich aber auch nach heftigen Gewittern bedrohlich anschwellen konnten. Abhilfe zu schaffen und den Rhein in seine Schranken zu

Wiesenblühen in der Rheinebene

weisen betrachtete Großherzog Karl Friedrich von Baden als seine Herrscherpflicht.

Im Jahr 1800 beauftragte er den Geometer Johann Gottfried Tulla mit der ›Bändigung‹ des Stroms. Allein auf dem Abschnitt zwischen Basel und Straßburg ließen Tulla und seine Nachfolger Uferdämme von insgesamt 240 km Länge bauen. Bis 1866 wurden 30 Rheinschleifen durchstoßen, wodurch sich der Fluß zwischen Basel und Mainz um insgesamt 82 km verkürzte.

Jahrzehnte nach der Rheinkorrektion stellte sich heraus, daß dieser massive Eingriff in die Natur nicht nur wirtschaftliche Vorteile, sondern auch schwere ökologische Nachteile brachte. Da der Grundwasserspiegel teilweise um 7 m sank, verwandelten sich Kulturflächen in wertloses Land.

Nostalgiker, die ein Stück der alten Uferlandschaft kennenlernen möchten, sollten in St-Louis-la-Chaussée (auf elsässisch: Neuweg) an der ersten ampelgeregelten Kreuzung von der D 468 nach rechts zum Naturschutzgebiet **Petite Camargue** abbiegen, wo eine etwa 130 ha große Auenlandschaft überlebt hat. Zwar sichert dort nicht mehr Rhein- sondern Grundwasser das Überleben der Flora und Fauna, aber hier kann man eine Vorstellung davon gewinnen, wie die Rheinuferlandschaften vor Tullas ›Großtat‹ ausgesehen haben müssen (s. S. 15 f.). Heute ist die Petite Camargue alljährlich Rastplatz für rund 100 000 Zugvögel, und sie ist zudem ein kleines Orchideenparadies, in dem 14 von 48 im Elsaß vorkommenden Arten gedeihen.

Spuren menschlicher Eingriffe in den Lauf des Rheins zeigen sich auch weiter nördlich in **Kembs-Lœchle**, wo sich vermutlich schon zur Römerzeit ein wichtiger Rhein-

übergang befand. Zwischen 1928 und 1932 entstand hier das erste von inzwischen zehn elsässischen Wasserkraftwerken. Hinter Kembs kommt man an den 185 m langen und 12 m breiten **Schleusen** des Rhein-Rhône-Kanals vorbei, der nahe Kembs in den Rhein mündet.

Für kunsthistorisch Interessierte lohnt ein Stop in **Ottmarsheim** wegen einer Kirche, die zu den Perlen der Romanik im Elsaß zählt. Der achteckige Grundriß des Hauptraums ist ein typisches Merkmal der karolingischen Architektur. Als

Bauherr des wohl Anfang des 11. Jh. begonnenen Gotteshauses gilt der Habsburger Rudolf von Altenburg, der in Ottmarsheim eine Benediktinerinnenabtei gegründet hatte. Erstmals stellte der Basler Kunsthistoriker Jacob Burckhardt Ähnlichkeiten mit der Aachener Pfalzkapelle fest. Eigenartigerweise sind alle Maße der Kirche von Ottmarsheim durch drei teilbar. Das betrifft die Gesamtlänge von 96 Fuß, den Durchmesser von 66 und die Höhe von 60 Fuß, die Breite des Chors von 12 und schließlich die Mauerdicke von drei Fuß – eine architektonische Umsetzung der christlichen Zahlensymbolik, wie sie in der Dreifaltigkeit zum Ausdruck kommt. 1991 verursachte ein Brand starke Schäden an der Barockorgel, am Treppenaufgang und dem Dachstuhl des im 15. Jh. errichteten Turms sowie an den wertvollen Fresken im Innern. Die Reparaturarbeiten werden mehrere Millionen Mark kosten.

ⓘ Information in Village-Neuf: La Maison de Haute Alsace, eine regionale Besucherinformation am Grenzübergang, 81, Rue du Général-de-Gaulle, ☎ 89 70 04 49.

🛏 Unterkunft in St-Louis: Hôtel de l'Europe, 2, Rue de Huningue, ☎ 89 69 73 55, FFF. National, 71, Rue de Bâle, ☎ 89 67 20 32, FF.
... in Ottmarsheim: La Couronne, 17, Rue du Général-de-Gaulle, ☎ 89 26 05 12, FF.

🍴 Restaurants in St-Louis: Le Stelle, 2, Rue des Prés, ☎ 89 67 90 70, Mo Ruhetag.
... in Ottmarsheim: La Couronne, s.o., Fr abend, Sa und So abend geschlossen, F–FF. Porte du Bienvenue, Douane d'Ottmarsheim, ☎ 89 26 08 71.

Die Vauban-Festung Neuf-Brisach

Neuf-Brisach, eine Kleinstadt mit etwa 2300 Einwohnern, ist in erster Linie wegen der seinerzeit größten französischen **Festung** bekannt, die der Sonnenkönig zwischen 1698 und 1708 von seinem Festungsbaumeister Sébastian Vauban errichten ließ. Wer die Gesamtanlage in näheren Augenschein nehmen will, kann sie auf einem etwa 2,5 km langen Fußweg umrunden.

Aus der Vogelperspektive gibt Neuf-Brisach seinen achteckigen Grundriß noch heute deutlich zu erkennen. Nur zwei von den ursprünglich vier Toren in dieser mächtigen Festung blieben erhalten: die **Porte de Colmar** und die **Porte de Belfort.** Letztere ist zugleich die Adresse des **Musée Vauban**, das ein Modell der gesamten Anlage und viele Exponate zur Geschichte und Technik des Festungsbaus besitzt (tägl. außer Di 9–11 und 14–17 Uhr).

Den Mittelpunkt der im regelmäßigen Schachbrettmuster angelegten Stadt bildet die quadratische Place d'Armes/Place du Général-de-Gaulle, an deren Nordseite die aus dem 18. Jh. stammende **Pfarrkirche** steht.

🛏 Unterkunft: Aux Deux Roses, 11, Route de Strasbourg, ☎ 89 72 56 03, FF. Au Soleil, 6, Rue de Bâle, ☎ 89 72 51 28, FF.

⚠ Camping: Camping Municipal Vauban, an der Straße 415, ☎ 89 72 54 25, ganzjährig geöffnet.

🍴 Restaurants: Aux Deux Roses, s.o., Fr abend geschlossen, F–FF. France, 17, Rue de Bâle, ☎ 89 72 56 06, Fr Ruhetag, FF. La Petite Palette, 16, Rue de Bâle, ☎ 89 72 73 50, Mo und Di abend geschlossen FF–FFF.

Humanistenzentrum Sélestat

Eines der lohnendsten Ziele auf der Route durch das Rheintal ist Sélestat, dessen mittelalterlicher Charakter sich über die Jahrhunderte hinweg weitgehend erhalten hat. Karl der Große soll schon 775 in der Stadt geweilt haben, deren Geschichte jedoch erst im 11. Jh. deutlichere Konturen anzunehmen begann.

Hildegard von Hohenstaufen ließ hier um 1087 eine Kirche errichten und gründete wenig später ein Benediktinerkloster, dessen Mönche das Gotteshaus im darauffolgenden Jahrhundert zur **Basilika Ste-Foy** ausbauten. Der romanische Stil zeigt sich insbesondere an der von zwei Türmen flankierten Westfassade mit ihrer überaus phantasievollen Architekturplastik sowie am Vierungsturm mit dem eigenwilligen steinernen Helm. In späteren Jahrhunderten gestaltete man die Kirche nicht immer zu ihrem ästhetischen Vorteil um. Im 19. Jh. entfernte man bei einer Restaurierung den vor allem von den Jesuiten hinzugefügten barocken Dekor, um den romanischen Stil wieder zur Geltung zu bringen. Erhalten blieb jedoch beispielsweise

---

Sélestat 1 Eglise Ste-Foy 2 Eglise St-Georges 3 Humanistische Bibliothek und Museum 4 Résidence d'Ebersmunster 5 Maison Ziegler 6 Ancien Arsenal Ste-Barbe 7 Tour de l'Horloge 8 Maison Billex 9 Tour des Sorcières 10 Touristeninformation

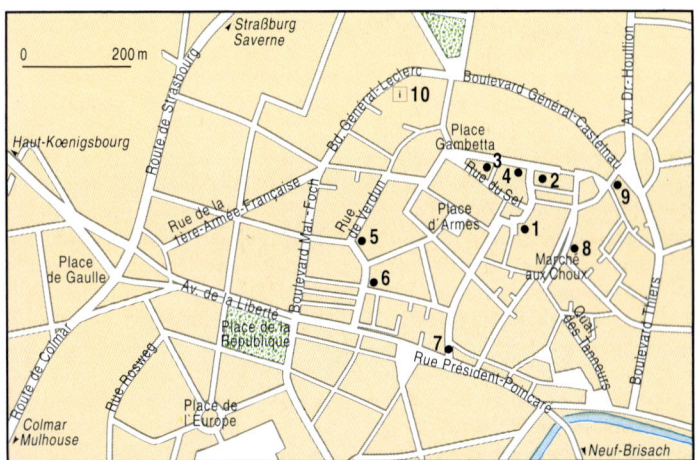

In der humanistischen Bibliothek

die Kanzel von 1733. Bei diesen Umbauarbeiten entdeckte man in der zugemauerten Krypta den Abdruck eines weiblichen Leichnams. Wer die geheimnisvolle Tote war, deren Gestalt man durch einen Gipsabguß rekonstruierte, läßt sich bis heute nicht mit Bestimmtheit sagen. Doch soll hier eine Tochter der Hildegard von Hohenstaufen bestattet worden sein.

Gleich in der Nachbarschaft steht **St-Georges**, zwischen dem 13. und 15. Jh. in Buntsandstein und Granit an der Stelle einer karolingischen Kapelle errichtet, deren Überreste man erst zu Beginn des 20. Jh. entdeckte. Im schlichten Innern der Kirche befindet sich unter dem Chor eine von einem mächtigen Mittelpfeiler abgestützte Krypta. Der Chor selbst ist mit Buntglasfenstern aus dem 15. Jh. ausgeschmückt, die erhalten blieben, weil man sie 1939 ausbau te und in Südfrankreich in Sicherheit brachte. An den Seiten des Chors führen schmale Treppen zu einem einst vorhandenen Obergeschoß, das die berühmte **humanistische Bibliothek** beherbergte. Zusammen mit einem kleinen Geschichtsmuseum ist diese Bibliothek heute in der mit einem Fassadenmosaik geschmückten ehemaligen **Kornhalle** an der Place Léon-Gambetta untergebracht. Als älteste elsässische Bibliothek, einst Bestandteil der berühmten Lateinschule von Sélestat, besitzt sie unschätzbare Werke wie die fast vollständige Privatbibliothek des großen Beatus Rhenanus, rund 450 über 500 Jahre alte Handschriften, mehr als 530 Inkunabeln, 200 Drucke aus dem 16. Jh. sowie das älteste Buch der Region, ein Lektionar, das vermutlich im 8. Jh. entstand (Eingang an der Rue de la Bibliothèque, Mo–Fr 9–12 und 14–18 Uhr, Sa 9–12, im Juli/Aug. zusätzlich Sa und So 14–17 Uhr).

Geht man von der Bibliothek über die Rue du Sel Richtung Basilika Ste-Foy, kommt man links an der **Résidence d'Ebersmunster** aus der Mitte des 16. Jh. vorbei, einst Unterkunft für Klosteräbte. Weitere sehenswerte Gebäude sind die **Maison Ziegler** aus der ersten Hälfte des 16. Jh. (18, Rue de Verdun), in der der damalige Stadtbaumeister Stephan Ziegler lebte, die **Maison Billex** am Marché aux Choux mit ihrem reich verzierten, doppelgeschossigen Erker (in diesem Haus verbrachte der Sonnenkönig die Nacht vom 14. auf den 15. Oktober 1681), der **Ancien Arsenal Ste-Barbe** an der Place de la Victoire, der heute als städtischer Festsaal dient, die **Tour de l'Horloge,** Überrest einer staufischen Stadtbefestigung aus dem 14. Jh. (das Dach mit vier Ecktürmchen wurde später aufgesetzt), sowie die **Tour des Sorcières** aus dem Jahr 1300, die ebenfalls Teil der Stadtbefestigung war und deren Obergeschoß im 17. Jh. als Gefängnis für ›Hexen‹ diente. Die erste Stadtmauer wurde 1217 errichtet, doch wuchs Sélestat so schnell, daß sie mehrfach erweitert werden mußte.

Einen Ausflug könnte man in das nordöstlich von Sélestat gelegene Dorf **Ebersmunster** machen, in dem der einzige bedeutende Barockbau der Region steht. Die ehemalige Abteikirche Ancienne Abbaye d'Ebersmunster wurde zwischen 1719 und 1727 von einem Ausländer, dem aus dem Bregenzer Wald stammenden Peter Thumb (1681–1766), errichtet. Bis 1759 waren auch die Deckengemälde und die übrige Innenausstattung vollendet, zu der auch eine kostbare Silbermann-Orgel in prächtigem Gehäuse zählt.

Information: Office de Tourisme, Boulevard du Général-Leclerc, ☎ 88 92 02 66, in der Hochsaison Mo–Fr 8–12 und 14–18 Uhr, Sa 10–12 und 14–16 Uhr, in der Nebensaison Mo–Fr 9–12 und 14–17 Uhr.

Unterkunft: Abbaye de la Pommeraie, 8, Avenue Foch, ☎ 88 92 07 84: das beste Hotel der Stadt, FFFF. Auberge des Alliés, 39, Rue des Chevaliers, ☎ 88 92 09 34, Mitte Jan. bis Mitte Febr. geschlossen, FFF. Vaillant, Place de la République, ☎ 88 92 09 46, FF–FFF.

Camping: Les Cigognes, an der N 83, ☎ 88 92 03 98, Mai bis Mitte Okt.

Restaurants: A la Vieille Tour, 8, Rue de la Jauge, ☎ 88 92 15 02, So abend und Mo geschlossen: elsässische und andere Gerichte. Edel, 7, Rue des Serruriers, ☎ 88 92 86 55, Di abend, Mi und So abend geschlossen: sehr gute Küche, FFF.

Bis Straßburg: Sauerkraut und Tabak

Die Fortsetzung der Route Richtung Nordosten führt durch das Kernland der elsässischen Sauerkrautproduktion zwischen Sélestat und Straßburg. Laut Statistik gab es zu Beginn der neunziger Jahre im Elsaß rund 130 Weißkohlproduzenten und zweieinhalb Dutzend Sauerkrauthersteller, auf die etwa zwei Drittel der gesamten französischen Produktion entfielen. Und da das Elsaß traditionell zu den ganz auf das sauer-herbe Gaumenvergnügen spezialisierten Gegenden

zählt, waren Fremdenverkehrsplaner und Gastronomen schnell dabei, Elsaßbesuchern eine Route de la Choucroute anzubieten. An dieser Sauerkrautstraße (korrekterweise müßte man von mehreren Straßen durch das *choucroute*-Gebiet sprechen) liegen knapp drei Dutzend Hotelküchen und Restau-

rants, die sich auf unterschiedliche Zubereitungsarten spezialisiert haben, aber natürlich nicht ausschließlich Sauerkrautgerichte anbieten.

Südlichste Station an der Sauerkrautstraße ist **Obenheim** an der D 468. Will man von dort der *choucroute*-Hauptroute folgen, fährt man zunächst nach Gerstheim und biegt dort nach links auf die D 131 nach **Osthouse** ab. Nur etwa 2,5 km weiter nördlich liegt **Erstein,** von wo man einen kleinen Abstecher Richtung Westen nach **Schaeffersheim** unternehmen kann. Über **Nordhouse** geht es dann weiter nach **Fegersheim,** in dessen Umgebung die Ortschaften **Eschau, Plobsheim** und **Lipsheim** zur Sauerkrautstraße zählen. Weiter westlich, unweit der N 422, befinden sich **Krautergersheim, Innenheim, Blaesheim, Geispolsheim** und **Duttlenheim.** Der nördlichste Ort an dieser ›sauren Straße‹, nämlich **Holtzheim,** gehört bereits zum Einzugsgebiet von Straßburg.

Die Sauerkrautstraße überschneidet sich teilweise mit der weniger bekannten Route du Tabac, ein Hinweis darauf, daß in der Rheinebene neben Kraut, Mais und Hopfen auch Tabak angebaut und stellenweise sogar verarbeitet wird. Die bekannteste Zigarrenmanufaktur befindet sich in Straßburg (›Sei-

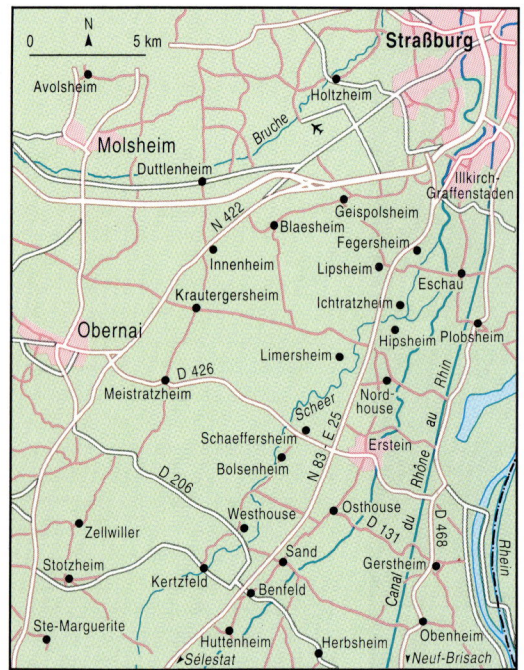

0 | N | 5 km

Straßburg

Avolsheim
Holtzheim
Molsheim
Duttlenheim
Illkirch-Graffenstaden
Bruche
N 422
Geispolsheim
Blaesheim
Fegersheim
Innenheim
Lipsheim
Krautergersheim
Ichtratzheim
Eschau
Obernai
Hipsheim
Plobsheim
Limersheim
D 426
Meistratzheim
Scheer
Nord-house
Schaeffersheim
Erstein
D 206
Bolsenheim
Westhouse
Osthouse
Zellwiller
Sand
D 131
Stotzheim
Gerstheim
Kertzfeld
Benfeld
Ste-Marguerite
Obenheim
Hüttenheim
Herbsheim
Sélestat
Neuf-Brisach
Rhin
au Rhône
Canal du Rhône
Rhin
D 468
N 83 E 25

Route de la
Choucroute
In der Rheinebene

ta‹, 7 a, Rue de la Krutenau, ☎ 88 35 29 00), in der man von Mitte Juli bis Ende August an kostenlosen Führungen teilnehmen kann. Das Hauptanbaugebiet für Tabak liegt zwischen Sélestat und Straßburg in der Nähe der Ortschaften **Stotzheim, Zellwiller, Meistratzheim, Bischoffsheim** und **Limersheim.** Alljährlich wird auf einem Tabakball die elsässische ›Miss Tabac‹ gewählt, während Pfeifenraucher Wettbewerbe in ihrer liebsten und gemächlichen Freizeitbeschäftigung veranstalten.

🍴 **Restaurants an der Route de la Choucroute** (die Orte sind in der Reihenfolge der vorgeschlagenen Route aufgeführt)

…in Obenheim: A l'Eperon d'Or, ☎ 88 98 30 79, Di abend und Mi Ruhetag, Spezialität: Sauerkrautsalat und Sauerkraut mit Seeteufel und Speckstreifen, FF.

…in Osthouse: A l'Aigle d'Or, 14, Rue de Gerstheim, ☎ 88 98 06 82, Mo und Sa bis 17 Uhr geschlossen, Spezialität: Choucroute Royal, FF–FFF.

…in Erstein-Krafft: De la Tuilerie, ☎ 88 98 08 02, Mo/Di Ruhetag, F–FF. Au Tramway, 3, Striegel, ☎ 88 98 02 02, Di nachmittag und Mi geschlossen, F.

Sürkrüt,
Choucroute oder Sauerkraut

Die Frage könnte Quiz-Runden in tiefe Ratlosigkeit stürzen: Welches war das Hauptnahrungsmittel der Erbauer der Chinesischen Mauer im 3. vorchristlichen Jahrhundert? Kaum zu glauben, aber die Historiker fanden Anhaltspunkte dafür, daß sich die Arbeiter vornehmlich von Reis und Sauerkraut ernährten. Schon vor 4000 Jahren sollen die Bauern im Reich der Mitte Weißkohl angebaut haben, den sie kleingeschnitten in Wein gären ließen und auf diese Weise haltbar machten. Die Tataren brachten das Gemüse im 13. Jh. nach Mitteleuropa mit.

Also stammen nicht nur Schießpulver und Porzellan aus China, sondern auch das Sauerkraut, das im Elsaß etwa seit dem 15. Jh. in den bürgerlichen Küchen auftauchte. Heute ist das *choucroute* ebensowenig vom regionalen Speisezettel wegzudenken wie der Baekeofe oder der Flammenkuchen. Der Name *choucroute* leitet sich übrigens von der elsässischen Bezeichnung *Sürkrüt* ab, wobei *sür* sauer bedeutet und *krüt* das elsässische Wort für Kraut ist.

Daß in Frankreich seit einigen Jahren immer weniger Sauerkraut gegessen wird – im Durchschnitt kommt auf jeden Franzosen nur ein knappes Kilo jährlich, auf jeden Deutschen hingegen 2,5 Kilo – führt die einheimische Sauerkrautindustrie auf ein Mißverständnis zurück. Viele jüngere, kalorienbewußte Leute halten eine Sauerkrautmahlzeit laut Umfrage für eine schwerverdauliche Kalorienbombe. Nahrungsmittelexperten sehen dies anders. Sie bescheinigen dem sauren Gaumenschmaus Kalorienarmut und Bekömmlichkeit. Denn Sauerkraut ist reich an Mineralstoffen wie Kalium und Kalzium sowie an verdauungsfördernden Ballaststoffen.

Für eine ›Feldstudie‹ bietet sich ein x-beliebiges elsässisches Gasthaus an, etwa entlang der Route de la Choucroute in der Rheinebene, wo sich eine Reihe von Lokalen auf das südlich von Straßburg angebaute Gemüse spezialisiert haben. Dort kann man sich Sauerkraut, auf vielfältigste Art zubereitet, bestellen. Etwa *choucroute garnie à l'alsacienne*, also Sauerkraut mit Schweineschulter, Bauchspeck und Würstchen. Bestellt man sich *choucroute royale*, bekommt man zum reich garnierten Sauerkraut Leberknödel serviert. *Choucroute noble* hingegen ist dem elsässischen Spruch verpflichtet: »S' Sürkrüt esch erscht güet, wenn's sewemal gewärmt esch« (»Sauerkraut schmeckt erst gut, wenn es siebenmal aufgewärmt wurde«).

Seit einigen Jahren erfreuen sich im Elsaß Gerichte aus Sauerkraut und Fisch einer Renaissance, die hier im Mittelalter während der Fastenzeit gegessen wurden. Dazu gehört über Weindampf gekochter Lachs auf einem Sauerkrautbett, der damals noch aus dem Rhein geholt wurde. Daß solche und andere Kreationen wiederauferstanden sind, verdankt sich einer Reihe elsässischer Meisterköche, die sich zu einer *Confrérie de la Choucroute* (Sauerkrautbruderschaft) zusammengeschlossen haben. Bei einem dieser ›sauren‹ Brüder, Tony Hartmann aus Oltingue, ist die *choucroute*-Begeisterung sogar soweit gediehen, daß er seinen Gästen ein Sauerkraut-Sorbet offeriert (L'Oltinguette, 151, Rue Principale, Oltingue im Sundgau, ☎ 89 40 77 10).

...in **Schaeffersheim:** A la Couronne, 32, Rue Principale, ☎ 88 98 02 48, Fr abend und Sa Ruhetag, FF.
...in **Nordhouse:** La Couronne, 171, Rue de l'Ecole, ☎ 88 98 06 62: in der Jagdsaison Fasan auf Sauerkraut sowie Champagner-Sauerkraut, FF. Au Soleil, 6, Rue de la Zoll, ☎ 88 98 66 18, Sa mittag, Mo- und Di abend geschlossen, Spezialität: Lachs auf Sauerkraut, FF.
...in **Fegersheim:** La Table Gourmande, 43, Route de Lyon, ☎ 88 68 53 54, So abend und Mo Ruhetag: die einsame Spitze der elsässischen Fischrestaurants mit verblüffenden Kreationen, wie Jakobsmuscheln mit Gänseleber auf Linsengemüse oder elsässisches Sauerkraut mit Fisch, FFF.
...in **Eschau:** Au Cygne, 38, Rue de la 1ère Division Blindée, ☎ 88 64 04 79: z.B. Lachs und Zander auf Sauerkraut; Sonderpreise für Package-Angebote, die eine Übernachtung, eine Mahlzeit und ein Frühstück umfassen, FF.
...in **Plobsheim:** Au Bœuf, 25, Rue du Gal-Leclerc, ☎ 88 98 58 25, Mo und Sa mittag geschlossen; Fisch mit Sauerkraut, FF.
...in **Blaesheim:** Au Bœuf, 32, Rue du M.-Foch, ☎ 88 68 81 31, So abend und Mo Ruhetag; Sauerkraut-Menüs, FFF.

...in **Geispolsheim:** S'Geisstuewel, 32, Rue du Général-de-Gaulle, ☎ 88 68 81 33, Do, Fr und Sa nachmittag geschlossen; Spezialität: gegrillter Lachs auf Safran-Sauerkraut, FF–FFF.
...in **Holtzheim:** A l'Arbre Vert, 1, Rue de l'Ecole, ☎ 88 78 13 79, Mo bzw. Di abend und Mi Ruhetag; z.B. Räucherlachs oder Ente auf Sauerkraut, F–FFF.

Nach Lauterbourg

Von Straßburg führt die parallel zum Rhein verlaufende D 468 in den nordöstlichen Winkel des Elsaß nach Lauterbourg. An der Strecke liegt **Sessenheim** (ca. 30 km), das im Leben Goethes eine nicht unwichtige Rolle spielte, verlor der große Dichter hier doch einst sein Herz (s. S. 68 f.). In der Nachbarschaft befindet sich das Töpferdorf **Soufflenheim** und nördlich des Forêt du Haguenau das ebenfalls für das Töpferhandwerk

Elsässer Ton-Art

Die Spur des traditionsreichen Elsässer Töpferhandwerks läßt sich auf zweierlei Weise aufnehmen: durch den Besuch des Straßburger Musée Alsacien, das eine Sammlung historischen Steinguts ausstellt, oder indem man sich in ein elsässisches Restaurant setzt und das regionale ›Nationalgericht‹ Baeckeofe bestellt, das in einer feuerfesten Tonschale serviert wird, während man den dazugehörigen lokalen Weißwein im Steinkrügle kredenzt.

Hinweise auf die Töpfertradition geben auch Gasthausschilder, wie hier in Kayersberg

Wer sich für die Herstellung der Ton- und Steingutwaren interessiert, sollte jedoch nach Soufflenheim und Betschdorf fahren, zwei nur 10 km voneinander entfernt liegende Gemeinden in der Rheinebene, nordöstlich von Haguenau. Sie sind das historische Zentrum der elsässischen Keramik und Töpferei, und hier werden heute noch die meisten der schönen Erzeugnisse produziert – und zwar von Hand.

Beide Dörfer besitzen eine lange Tradition in der Herstellung von Töpfen, Krügen und Schalen. In Soufflenheim existierten um die Mitte des vergangenen Jahrhunderts 55 Tonwerkstätten mit mehr als 600 Beschäftigten. In Betschdorf wurde Steingut sogar schon im 15. und 16. Jh. hergestellt. Gegenwärtig arbeiten in Soufflenheim und Betschdorf noch mehr als ein Dutzend von Werkstätten, die Besucher in der Regel freundlich empfangen und umherführen. Meist kann man die Produkte dort für weniger Geld als auf einem Markt oder in einer Boutique entlang der vielbesuchten Weinstraße erstehen.

Moderne Maschinentechnik hat natürlich auch den Weg in die beiden Dörfer gefunden. Dennoch spielt die Handarbeit nach wie vor eine große Rolle. Das gilt für die Formgebung und insbesondere für den Dekor. Meistens sind es Frauen, die beispielsweise in Soufflenheim Verzierungen auf die Gefäße aufbringen, traditionelle Muster mit Blumen- und Tiermotiven, gezackte oder gewellte Linien. Als letzter Arbeitsgang erfolgt die Bleiverglasung. In Betschdorf werden die Muster in das angetrocknete Geschirr eingeritzt und/oder mit der typischen kobaltblauen Farbe bemalt, ehe die Ware gebrannt wird und bei 1250 °C eine Salzglasur erhält.

Das Material stammt seit Jahrhunderten zu einem großen Teil aus Lehmgruben im benachbarten Haguenauer Forst. Das Recht, sich dort mit dem benötigten Rohstoff versorgen zu dürfen, räumte den ›Tonmeistern‹ aus Betschdorf und Soufflenheim schon Kaiser Friedrich Barbarossa ein. Nach alter Tradition wird dieses Recht bis heute vererbt, und zwar vom Vater auf den Sohn. Neue Verarbeitungstechniken haben dazu geführt, daß man dem einheimischen Lehm seit langem andere Lehmsorten aus dem Ausland beimischt, um eine bessere Konsistenz des Tons zu erreichen.

Elsässer Keramik und Tonwaren – von der Gugelhupfform bis zur ›Schnapsstütze‹ – werden heute auf nahezu jedem Straßenmarkt angeboten, sind ein ›Renner‹ der regionalen Souvenirindustrie. Dennoch ist das irdene Geschirr ein Gebrauchsgegenstand geblieben, der in vielen Haushalten seinen angestammten Platz hat.

bekannte **Betschdorf** (s. S. 205 f.) mit bezaubernden Fachwerkensembles.

Aufgrund seiner Grenzlage war **Lauterbourg** im Laufe seiner Geschichte häufig umkämpft. Schon im Mittelalter bewehrte man den Ort mit einer Stadtmauer. Teile dieser zwischen 1246 und 1250 entstandenen Befestigung sind noch vorhanden. So blieben von den 15 Türmen der **Metzgerturm**, der bis 1761 als Gefängnis diente, der Ober- und Mittelturm vom Abriß im Jahr 1706 verschont.

Das Lauterbourger **Rathaus** mit einem schönen Portal im Stil der Renaissance wurde 1731 erbaut. Im Gebäude ist ein römischer Altar mit der Inschrift JOM (*jovi optimo maximo* = dem Jupiter geweiht) zu sehen, der beim zerstörten Lauterbourger Schloß gefunden worden war. Im ersten Stock befindet sich ein 160 m² großer restaurierter Sitzungssaal. Gegenüber vom Rathaus steht der 1716 errichtete ehemalige **Bischofspalast**, die spätere Präparandenschule.

Das auffälligste Gebäude in Lauterbourg ist die katholische **Dreifaltigkeitskirche**, deren Chor noch aus dem 15. Jh. stammt, während das übrige Gotteshaus in seiner heutigen Form 1716 fertiggestellt war. Die schöne Kanzel wurde 1581 aus Sandstein gehauen. Die kleinere **protestantische Kirche** versteckt sich fast hinter der katholischen. Bevor die Pfarrgemeinde 1887 das Gebäude erwarb, um es in eine Kirche umzubauen, befand sich hier das städtische Pulvermagazin.

Das **Landauer Tor**, auch Unterturm genannt, entstand mit den übrigen Festungswerken Lauterbourgs zwischen 1246 und 1250 und diente der Verteidigung des östlichen Zugangs zur Stadt. 1632 installierte man ein neues Tor, von dem heute noch ein Flügel vorhanden ist. Der dazugehörige Turm wurde 1706 abgerissen. An seiner Stelle erbaute der berühmte Festungsbaumeister Vauban das jetzige Landauer Tor, ursprünglich die Wohnung des Stadtwächters.

Information in Lauterbourg: Office de Tourisme, Hôtel de Ville, ✆ 88 54 63 20, Mo–Fr 9–12 und 14–18 Uhr.

Camping in Lauterbourg: Les Mouettes, an der Straße D 3, ✆ 88 54 68 60, im Febr. geschlossen. Ein weiterer Campingplatz befindet sich in Seltz, abseits der N 63.

Restaurant: A la Poële d'Or, 35, Rue du Général-Mittelhauser, ✆ 88 94 84 16, Mi abend und Do Ruhetag; Feinschmeckerrestaurant von Rang, FFF.

Verkehr: Zwischen Straßburg und Lauterbourg verkehren Züge. Von Lauterbourg gelangt man mit Bussen in die umliegenden Orte.

Im Norden: Burgen, Schlösser, Herrensitze

Staufersitz Haguenau

Der Weg
nach Wissembourg

Zu Burgen und Ruinen

Saverne und Umgebung

Rundfahrt durch die
Nordvogesen

Die mittleren Vogesen

Château de Windstein im Nordelsaß

Haguenau, Wissembourg, Saverne: geschichtsträchtige Kleinode im ehemaligen Reich der Staufer. Halbverfallene Burgen und legendenumrankte Herrensitze auf massigen Sandsteinfelsen und bewaldeten Höhenzügen der oberen Vogesen. Wildromantische Abgeschiedenheit ist der Zauber des elsässischen Nordens.

Schreibt man dem Elsaß insgesamt einen ländlichen Charakter zu, so gilt dieses Attribut ganz besonders für den Norden. Als Ausgangspunkte für Touren durch die beschaulichen Landstriche abseits belebter Touristenrouten wählt man am besten die altehrwürdige Stauferhochburg Haguenau oder die Römergründung Saverne am Fuße der Vogesen, um sich die nördliche und mittlere Region des Gebirges zu erschließen. Natürlich sind die beiden Orte selbst auch einen Besuch wert, blicken sie doch auf eine lange Geschichte zurück, die sich in zahlreichen historischen Gebäuden widerspiegelt.

Staufersitz Haguenau

Haguenau, mit rund 31 000 Einwohnern die viertgrößte Stadt des Elsaß und Sitz zahlreicher Verwaltungsbehörden, ist ein sympathischer Provinzflecken mit großer Geschichte. Denn zur Zeit der Staufer gehörte der Ort im Hague-

nauer Forst zu den Lieblingsresidenzen deutscher Kaiser, und im 14. Jh. war er Mittelpunkt des Zehnstädtebundes.

Die Gegend um Haguenau war seit frühester Zeit besiedelt. Davon zeugen die zahlreichen Hügelgräber im Haguenauer Forst. Viele Funde aus diesen Tumuli sind im Musée Historique (s. S. 212 f.) zu sehen. Später galt der Forst als Heiliger Wald, weil dort im Laufe der Zeit zahlreiche Klöster gegründet worden waren, so 575 das Kloster Surbourg am Nordrand des Waldes und zu Anfang des 12. Jh. das benachbarte Kloster Biblisheim. Im 6. Jh. soll St. Arbogast, der spätere Bischof von Straßburg, in diesem knapp 14 000 ha großen Waldstück als Einsiedler gelebt haben. Die Überreste der 1913 umgestürzten Arbogastus-Eiche und eine kleine Kapelle, wo die Haguenauer alljährlich im Juli das nach dem Heiligen benannte Fest feiern, erinnern daran.

Die Wurzeln der Stadt reichen ins 11. Jh. zurück. Im Jahr 1030 ließ sich der Graf von Eguisheim auf einer kleinen, vom Flüßchen Mo-

der umgebenen Insel am Rande
des Haguenauer Forstes eine Burg
errichten. Aus ihr entwickelte sich
im 12. Jh. eine Kaiserpfalz der Hohenstaufen, die seit 1139 die Könige und Kaiser im Heiligen Römischen Reich Deutscher Nation
stellten.

Für Kaiser Friedrich Barbarossa
(ca. 1125–1190), der Haguenau im
Jahr 1164 das Stadt- und Markt-
recht sowie das Privileg übertrug,
den Heiligen Wald zur Beschaf-
fung von Feuer- und Bauholz zu
nutzen, gehörte die Stadt zu seinen
Lieblingsresidenzen, nicht zuletzt
deshalb, weil der Haguenauer
Forst ein wildreiches Jagdrevier
war. 1189 brach Kaiser Rotbart von
dort zum dritten Kreuzzug nach
Palästina auf – und kehrte nicht
mehr zurück: Er ertrank in der heutigen Türkei in einem Fluß. Kein
Geringerer als Richard Löwenherz
mußte sich 1193 in Haguenau bei
Barbarossas Sohn, Kaiser Heinrich VI., mit 100 000 Silbermark
freikaufen. Heinrich hatte den legendären König von England und
Herzog der Normandie wegen des
Verrats der Kreuzritter im Heiligen
Land festgesetzt.

Nachdem Haguenau im Jahr
1260 zur Reichsstadt erhoben worden war, stand es in der zweiten
Hälfte des 14. Jh. im Mittelpunkt
der Dekapolis, eines Bundes von
zehn elsässischen Städten, die in
der Zeit des Hundertjährigen Krieges ihre Rechte und den Frieden sichern wollten. Im 15. Jh. erlebte
die Stadt als wirtschaftliches wie

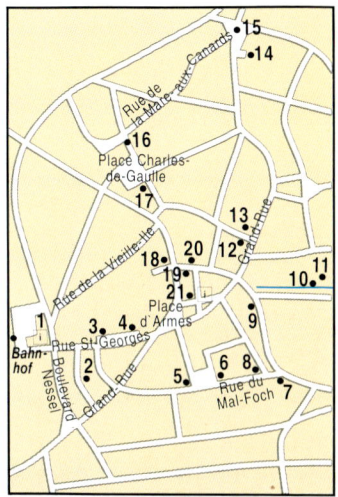

Haguenau 1 Touristeninformation
2 Speicher 3 Fontaine aux Abeilles
4 Eglise St-Georges 5 Stadttheater
6 Postamt 7 neogotische Kirche 8 Musée Historique 9 Hôtel des Fleckenstein
10 Tour des Pêcheurs 11 Nautiland
12 Maison Cassina 13 Halle aux Houblons 14 Eglise St-Nicolas 15 Porte de
Wissembourg 16 Tour des Chevaliers
17 Hôtel de Ville 18 Ancien Collège
des Jésuites 19 Ancienne Douane
20 Dischlachmühle 21 Musée Alsa-
cien/Information

geistiges Zentrum einen Aufschwung. In der Folgezeit verlor
Haguenau nach und nach seine regionale Bedeutung, nicht zuletzt
aufgrund der Fehden zwischen
Protestanten und Katholiken. Um
1650 zählte die Stadt nur noch
1000 Einwohner, ein Sechstel der

Bevölkerung des vorangegangenen Jahrhunderts. Mit dem Westfälischen Frieden im Jahr 1648 wurde Haguenau dem Königreich Frankreich zugeschlagen, behielt aber einige Privilegien, etwa das Recht, Münzen zu prägen. Haguenaus dunkelste Stunde schlug 1677, während des Holländischen Krieges: Auf Befehl des Sonnenkönigs Louis XIV. wurde die Stadt zweimal in Brand gesteckt und fast vollständig vernichtet, um zu verhindern, daß sich dort feindliche Truppen festsetzten.

Erst nach 1700 begann sich der Ort langsam zu erholen. Seine wirtschaftliche Gesundung verdankte er vor allem dem Rohstoff Holz, der im Haguenauer Forst fast unbegrenzt zur Verfügung stand. Hinzu kam später der Handel mit Tabak und Hopfen. Gegen Ende des Zweiten Weltkriegs verlief entlang dem Flüßchen Moder die Front zwischen deutschen und amerikanischen Truppen, wodurch Haguenau in die Schußlinie geriet und schweren Schaden nahm. Dennoch gilt es neben Straßburg und Colmar als Stadt mit beachtenswertem historischem Baubestand.

Ein guter Ausgangspunkt für einen Rundgang ist der Bahnhofsvorplatz im Osten der Altstadt, wo sich auch die Touristeninformation befindet. Von der ins Zentrum führenden Rue St-Georges sollte man einen kleinen Abstecher nach rechts in die Rue du Grenier machen, zu dem aus gelben Ziegeln und rotem Buntsandstein errichte-

ten dreigeschossigen **Speicher aus dem 16. Jh.** Auf dem weiteren Weg stadteinwärts gelangt man zu einer kleinen Parkanlage mit der **Fontaine aux Abeilles**, einem Brunnen aus dem 18. Jh. Gleich daneben erhebt sich die romanische **Eglise St-Georges.** Unter Herzog Friedrich dem Einäugigen wurde sie auf den Fundamenten einer bald nach ihrer Fertigstellung im 12. Jh. zerstörten Kapelle errichtet, aber bis ins 17. Jh. hinein mehrfach verändert und erweitert. Von der ursprünglichen Kapelle ist nur noch der Glockenstuhl vorhanden. Im Innern der Kirche fällt vor allem die um 1500 von Veit Wagner geschaffene steinerne Kanzel auf, die mit einer Darstellung des heiligen Georg im Kampf gegen einen Drachen geschmückt ist. Links im Chor befindet sich ein Sakramentshäuschen von 1523.

Nachdem man die **Grand-Rue** mit zwei Häusern im Louis-quinze-Stil passiert hat, öffnet sich die Rue St-Georges zur Place d'Armes. Hier sollte man nach rechts in die Rue Clemenceau einbiegen, an deren Ende sich das 1843–46 aus rotem Sandstein erbaute **Théâtre Municipal** befindet. Über die Rue du Maréchal-Foch gelangt man auf die Place Albert-Schweitzer, an der eine **neogotische Kirche** vom Ende des 19. Jh. steht. Das von einem quadratischen Turm überragte Gebäude mit dekorativem Fassadenschmuck zur Linken (1900–05 erbaut) ist das **Musée Historique,** das zahlreiche Exponate zur Lokalge-

Das Flüßchen
Moder mit der
Tour des Pêcheurs

schichte enthält (9, Rue Maréchal-Foch, Mo und Mi–Fr 9–12 und 15–18 Uhr, Sa/So 15–17.30 Uhr).

Wendet man sich beim Museum in die Rue du Sel, gelangt man rechts zum **Hôtel des Fleckenstein** aus dem 16. Jh., dem ältesten profanen Gebäude der Stadt, das auch die beiden Großbrände von 1677 überstanden hat. Durch eine kleine Passage, die durch einen Neubaukomplex führt, geht es zum Quai des Pêcheurs am Flüßchen Moder.

Überspannt wird der kleine Wasserlauf von der **Tour des Pêcheurs**, einem Rest der ehemaligen Stadtbefestigung. Das Wasserparadies **Nautiland** jenseits der Brücke gehört zu den beliebtesten Freizeiteinrichtungen der Stadt.

Auf der Rue des Dominicains erreicht man wieder die Grand-Rue. Folgt man ihr nach rechts, passiert man zunächst die über 200 Jahre alte **Maison Cassina** (links), deren Fassade mit einer Statue des heili-

213

gen Joseph geschmückt ist. Das nächste Gebäude ist die **Halle aux Houblons** (Hopfenhalle) aus der zweiten Hälfte des 19. Jh., die heute als Markthalle dient. Der Hopfenanbau wurde in der Gegend um Haguenau übrigens im Jahr 1804 eingeführt.

Im Norden der Altstadt, am Ende der Grand-Rue, steht die **Eglise St-Nicolas**, ein Bauwerk im gotischen Stil aus dem 14. Jh. Nur wenige Schritte weiter trifft man an der **Porte de Wissembourg** auf Reste der Stadtmauer, die bis zu Beginn des 14. Jh. bestand, und geht dann auf der Rue de la Mare-aux-Canards wieder stadteinwärts. Bei der **Tour des Chevaliers**, einem weiteren alten Stadtmauerrest aus der ersten Hälfte des 13. Jh., biegt man in die Rue des Chevaliers ein, passiert die Place Charles-de-Gaulle mit dem **Hôtel de Ville** und erreicht schließlich das alte Zollgebäude **Ancienne Douane** vom Anfang des 16. Jh., einen historischen Gebäudekomplex, der 1987 um- und ausgebaut wurde. Durch den Innenhof kommt man zur Place Joseph-Thierry. Von hier sollte man einen kleinen Abstecher nach links zur alten **Dischlachmühle** machen, die schon in der Stadtchronik aus dem 13. Jh. erwähnt wird.

An das alte Zollgebäude schließt sich die **Ancienne Chancellerie** an, die 1486 errichtete Stadtkanzlei. Das guterhaltene, rotgetünchte Gebäude dient heute als Kulturzentrum und beherbergt eine Touristeninformation sowie das **Musée Alsacien** mit Exponaten zur Volkskunst, zum Lebensalltag, zu Handwerk und Religion im nördlichen Elsaß des 19. Jh. (Mo, Mi–Fr 8–12 und 14–18 Uhr, Sa/So 14–18 Uhr).

Von der zentral gelegenen Place de la République geht man über die Place d'Armes und an der Kirche St-Georges vorbei zurück zum Ausgangspunkt der Tour am Bahnhof.

ℹ Information: Office de Tourisme, Place de la Gare, ☎ 88 93 70 00, Fax 88 93 69 89, Juni–Sept. Mo–Fr 9–12 und 14–18 Uhr, Sa 10–12 und 14–17 Uhr, außerhalb der Hauptsaison Mo–Sa 10–12 und 14–17 Uhr.

🛏 Unterkunft: Kaiserhof, 119, Grand-Rue, ☎ 88 73 43 43: eines der besten Hotels in der Stadt, FF. Hotel Lindbergh, Rue St-Exupéry, Aèrodrome, ☎ 88 93 30 13, ohne Restaurant, FF. Les Augustins, 6a, Rue de L'Etoile, ☎ 88 73 51 52, FF.

✗ Restaurants: Relais Princesse Maria Leczinska, 1, Rue Rothbach in Marienthal, ☎ 88 93 70 39: schmackhafte elsässische Küche, FFF. Barberousse, 8, Place Barberousse, ☎ 88 73 31 09, So abend und Mo geschlossen: Spezialitäten wie Zander auf Sauerkraut, FF–FFF. Restaurant Geiger, 5, Rue du Général–Gérard, ☎ 88 73 46 36: zu den Spezialitäten zählen Wildgerichte, FF.

❗ Unterhaltung für Kinder: Fantasialand, 116, Route de Gunstett, Morsbronn-les-Bains, ☎ 88 09 39 96 und 88 93 94 14, Ostern bis Ende Aug. tägl. außer Mo; im Sept. jeweils Mi, Sa und So 10–18 Uhr: Vergnügungspark mit Karussels, Rutschen usw.

Der Weg
nach Wissembourg

Wer möglichst schnell von Haguenau nach Wissembourg fahren
möchte, nimmt die D 263 nach
Norden. Nach ca. 12 km bietet sich
ein Abstecher nach **Surbourg** an.
Hier befindet sich eine in der zweiten Hälfte des 11. Jh. errichtete romanische Basilika, einst die Kirche
einer Benediktinerabtei. Der im 15.
Jh. hinzugekommene Langchor hat
gotische Kreuzgewölbe.

Die Nationalstraße 62 verbindet
Haguenau mit **Niederbronn-les-
Bains**, dessen Thermalquellen bereits von den Römern genutzt wurden. In einem Brunnen fand man
vor rund 400 Jahren römische
Münzen, die vermutlich dem Gott
der Quellen geopfert worden waren. Das Wasser der Römerquelle
im Stadtzentrum hat eine Tempera-
tur von 18,1 °C. Ein kleiner Trink-
brunnen befindet sich direkt vor
dem Casino. Eine zweite Quelle,
die sogenannte *Source Celtique* am
nördlichen Ortsausgang, bringt
kälteres Wasser an die Oberfläche,
das seit einigen Jahren in Flaschen
abgefüllt wird. Die Maison de
l'Archéologie des Vosges du Nord
präsentiert neben einer Ausstellung
zu römischen Heizverfahren eine
Sammlung von Öfen, Haushaltsge-
räten und Keramik sowie Ausgra-
bungsfunde von zahlreichen Burgen (44, Avenue Foch, tägl. außer
Di 14–18 Uhr, Nov. bis Febr. nur
So 14–17 Uhr).

Von Niederbronn fährt man über
Reichshoffen und das Fachwerk-
dorf **Frœschwiller** hinab in eine
Talsenke, wo das etwa 1600 Einwohner zählende **Wœrth** am Flüßchen Sauer liegt. Ein Relikt aus vergangenen Tagen ist das alte Wasch-
haus unter einem hölzernen Dach.
Vor der Brücke, die über die Sauer
zum Château führt, steht eine 1577
gefundene römische Stele, die den
vier Gottheiten Juno, Merkur, Mi-
nerva und Herkules geweiht ist.
Das Schloß von Wœrth wurde Mitte des 16. Jh. im Renaissance-Stil
erbaut. Der über 200 Jahre ältere
Turm war ursprünglich ein Teil der
Stadtbefestigung. Im Gebäude sind
heute das Rathaus des Ortes und
das Musée de la Bataille de 1870
untergebracht, dessen Gemälde,
Uniformen, Waffen und andere Exponate an die Schlacht des 6. August 1870 während des Deutsch-
Französischen Krieges erinnern
(April bis Okt. 14–17 Uhr, Febr./
März und Nov./Dez. nur Sa/So
14–17 Uhr).

Zahlreiche Gebäude in Wœrth
stammen aus dem 17./18. Jh., die
Häuser Nr. 15 und Nr. 17 in der
Grand' Rue sogar aus dem 16. Jh.

Über Soultz erreicht man von
Wœrth die D 263 von Haguenau
nach Wissembourg, von der man
kurze Abstecher in die wohl schönsten Fachwerkdörfer des Nordelsaß
unternehmen sollte, nämlich nach
Hoffen, **Hunspach** und **Obersee-
bach**. In allen drei Gemeinden sind
die meisten Häuser entlang der
Durchgangsstraßen hergerichtet wor-

den, als hätte man bei den Dorf-
bewohnern eine Kulisse für einen
elsässischen Kulturfilm in Auftrag
gegeben. Der historische Orts-
charakter blieb hier weitgehend
unverfälscht erhalten. Schließlich
sollte man dem Wissembourg benachbarten Ort **Altenstadt** einen
Besuch abstatten, in dem eine romanische Kirche des 11. Jh. mit
reich ornamentiertem Westportal
steht.

**ℹ️ Information in Niederbronn-les-
Bains:** Office de Tourisme, Hôtel
de Ville, ✆ 88 09 17 00, Mo–Fr 9–12
und 14–18 Uhr, im Winter nur bis 17
Uhr.

**🛏️ Unterkunft in Niederbronn-les-
Bains:** Le Grand Hôtel, 14, Ave-
nue Foch, ✆ 88 09 02 60; Drei-Sterne-
Hotel in zentraler Lage, FFF. Bristol, 4,
Place de l'Hôtel de Ville, ✆ 88 09 61 44,
FF.
…in Wœrth: Liebfrauenthal, im Lieb-
frauenthal, ✆ 88 09 31 77, F.
Jugendherberge in Wœrth: Auberge de
Jeunesse, 10, Rue des Moulins,
✆ 88 54 03 30 (Fahrradverleih).

**🍴 Restaurants in Niederbronn-les-
Bains:** Au Coq Blanc, 14, Rue du
Général-de-Gaulle, ✆ 89 09 01 40, Mo
und Di nachmittags geschlossen, FF.
…in Wœrth: Sans Alcool, an der
Hauptstraße, ✆ 88 09 30 79: kein Alko-
hol, Rauchverbot, das einzig ›Sündhaf-
te‹ sind selbstgebackene Kuchen.

Wissembourg

Wissembourg liegt in bergiger Umgebung direkt an der Grenze zur
Pfalz. Der Ort mit heute 7500 Einwohnern geht auf die Gründung
einer Benediktinerabtei im 7. Jh.
zurück, aus der sich durch große
Landschenkungen bis zum Jahr
973 eine unabhängige Reichsabtei
entwickelte, die sich auch als gei-
stig-kulturelles Zentrum einen bedeutenden Namen schuf. Hier verfaßte im 9. Jh. der Mönch Otfried
von Weißenburg eine Ludwig dem
Deutschen gewidmete Bearbeitung
des Lebens Jesu, genannt ›Krist‹.
Das Original dieses ersten bedeutenden Werks althochdeutscher
Dichtung wird in der Wiener
Staatsbibliothek verwahrt. Seit
etwa dem 12. Jh. wuchs um die Abtei eine Siedlung, die 1354 durch
ihren Beitritt zum Zehnstädtebund
ihre gewachsene politische Bedeutung dokumentierte.

Das kunsthistorisch bedeutendste Bauwerk der Stadt ist die **Eglise
St-Pierre-et-St-Paul**, deren Gründung auf das Ende des 8. Jh. zurückgeht. Der romanische Westturm der heutigen Kirche sowie ein
Teil der Klosterkapelle stammen
noch aus dem ausgehenden 11. Jh.,
während Chor und Hauptschiff im
13. respektive im 14. Jh. vollendet
wurden. Der nach dem Straßburger
Münster größte gotische Sakralbau
des Elsaß wurde über die Jahrhunderte hinweg mehrfach beschädigt,
wiederhergestellt und erweitert, so
daß er mehrere Architekturstile in
sich vereint. Sehenswert sind vor
allem die kostbaren Buntglasfenster aus der Zeit vom 12. bis zum
15. Jh.

Wissembourger Impression

Von der Kirche geht man über die Lauter hinweg stadteinwärts. Am **Quai Anselman** stehen schöne Fachwerkhäuser, und gegenüber blickt man auf das 1448 entstandene spätere **Salzhaus**. Das um die Mitte des 18. Jh. erbaute, klassizistische **Hôtel de Ville** an der Place de la République ist an seinem Glockenturm zu erkennen. Über die Rue de la République, dann nach rechts in die Rue de la Passerelle gelangt man auf einen kleinen Steg, der den Einheimischen als ›**Schlupfgass**‹ bekannt ist. Von hier hat man eine Bilderbuchansicht über die von Häusern und Hinterhofgärtchen eingerahmte Lauter hinweg auf den Turm der Eglise St-Pierre-et-St-Paul.

Wer sich für die Geschichte der Stadt seit der Römerzeit interessiert, sollte das **Musée Westercamp** aufsuchen (9, Rue du Musée; Mo und Mi–Sa 10–12, 14–18 Uhr, sonn- und feiertags 14–18 Uhr, Okt. bis Mai geschlossen).

In der Umgebung von Wissembourg befindet sich das nördlichste Weinbaugebiet des Elsaß. Man verläßt die Stadt auf der D 77 und folgt der Abzweigung nach Rott. **Rott**, **Cleebourg**, wo sich einmal eine Residenz des Königs von Schweden befand, **Oberhoffen** und **Steinselz** sind Weinbaudörfer. An der Straße von Rott nach Cleebourg liegt die Winzergenossenschaft Coopérative Viticole de Cleebourg (☎ 88 94 50 33, Mo–Fr 8–12 und 13.30–18 Uhr, Sa 8–12 und 14–18 Uhr, So und feiertags 10–12 und 14–18 Uhr). Die Fässer im dreistöckigen Keller sind mit 16 000 hl

Nordelsaß mit Burgenroute

Tokayer, daneben auch mit Gewürztraminer, Auxerrois und anderen Weinen gefüllt. In der Nachbarschaft der Genossenschaft gibt es seit 1987 eine Voliere für Störche.

Information: Office de Tourisme, 9, Place de la République, ☎ 88 94 10 11, Juni bis Sept. Mo–Fr 9–12 und 14–18 Uhr, Sa 10–12 Uhr, Okt. bis Mai Mo–Sa 10–12 und 14–17 Uhr.

Unterkunft: Hôtel Alsace, 16, Rue Vauban, ☎ 88 94 98 43: neues, sauberes Hotel, FF. La Couronne, Place de la République, ☎ 88 94 02 04, im Stadtzentrum unweit des Rathauses, FF–FFF. Hôtel de la Rose, 42, Rue Nationale, ☎ 88 94 03 52, einfach.

Restaurants: Petit Dominicain, 36, Rue Nationale, ☎ 88 94 90 87: kleines gemütliches Restaurant mit herzhaften Spezialitäten wie *Wädele* auf *choucroute* (Eisbein auf Kraut). Wynstub au Musée, 21, Rue des Juifs, ☎ 88 94 00 97: Weinstube im rustikalen Stil mit elsässischen Gerichten. Au Saumon, Place du Saumon, ✆ 88 94 17 60: typisch elsässische Kneipe. An Sommerwochenenden wird unter den Kastanienbäumen am Lauterufer Flammenkuchen serviert.

Zu Burgen und Ruinen

In der Gegend westlich von Wissembourg befinden sich zahlreiche Burgen. Um sie zu erreichen, verläßt man das Städtchen auf der D 77 und fährt auf der D 3 weiter Richtung Col du Pigeonnier (432 m), wo sich mehrere Wanderwege kreuzen und der Club Vosgien ein Clubheim unterhält.

In Climbach biegt man rechts Richtung Wingen ab und gelangt in Petit Wingen auf die Burgenstraße, die zum Col de Litschhof führt. Von hier aus sind die Ruinen der **Burgen Hohenbourg**, **Fleckenstein** und **Loewenstein** zu Fuß zu erreichen. Jedoch kann man auch zum Wanderertreff Gimbelhof weiterfahren, einem Hotel mit Restaurant (✆ 88 94 43 58), von dem aus die Burg Fleckenstein und andere Ruinen zu sehen sind. Eine zweite Straße führt vom Col de Litschhof in einem weiten Bogen zu einem Parkplatz direkt unterhalb der Burg Fleckenstein (Nov. bis Mitte März geschlossen; in den übrigen Monaten tägl. 9.30–18 Uhr). Die Errichtung der großartigen Burg, die mit einem riesigen Sandsteinfelsen verwachsen zu sein scheint, begann wahrscheinlich um das Jahr 1000.

Einige Räume wurden aus dem Felsen herausgeschlagen, so der Saal mit dem heutigen Burgmuseum. 1674 nahm Marschall Vauban die im Laufe der Jahrhunderte mehrfach veränderte Anlage ein, ehe sie von General Montclar, der schon Haguenau angezündet hatte, in Brand gesteckt wurde.

Lembach im Tal des Flüßchens Sauer ist durch die Verteidigungsanlage **Four à Chaux**, außerhalb des Ortes Richtung Wœrth gelegen, bekannt. Das Bunkergelände ist ein Relikt der Maginot-Linie (s. S. 221 f.). Von Lembach gelangt man auf der D 3 über Nieder- und Obersteinbach, vorbei am **Château Lutzelhardt** aus dem 12. Jh., nach Lothringen. Interessanter ist es, hinter Obersteinbach nach Süden ins Wineckerthal mit seinen schilfbestandenen Feuchtgebieten und Fischweihern abzubiegen. Dort liegen auch die beiden **Châteaux de Windstein,** die alte, um 1200 erbaute Burg, die teilweise in den Felsen gehauen wurde, sowie eine neuere Anlage vom Anfang des 13. Jh., die besser erhalten ist.

Hinter Jaegerthal sollte man die schönere Strecke über die D 653 (scharf nach rechts) wählen, um über einen Bergrücken mit herrlicher Aussicht nach **Niederbronn-les-Bains** (s. S. 215) und in den an einer Flanke der Nordvogesen gelegenen Nachbarort **Oberbronn** zu fahren. Das Kopfsteinpflaster seiner Durchgangsstraße und die schönen Fachwerkbauten mit ornamentierten Balken und putzigen Erkern er-

Ruine von Hohenbourg

geben ein malerisches Bild. Auf vielen Tür- und Fensterstürzen aus rotem Buntsandstein sieht man Familienwappen, Handwerkssymbole oder andere dekorative Darstellungen. Am Rathaus hängt eine Tafel mit Vorschlägen für einen historischen Rundgang durch den Ort.

Am Rathaus vorbei führt eine schmale Straße bergan zum **Château de Wasenbourg**. Nach etwa 5 km erreicht man auf dem schönen Höhenweg den Col de l'Ungerthal, wo man das Auto stehenlassen muß, um die letzten tausend Meter zu Fuß zur Ruinenanlage zurückzulegen. Folgt man dann weiter der Autostraße, so stößt man nach einem großen Bogen bergab auf eine Querstraße, die links Richtung Zinswiller führt. Von dort fährt man auf der D 242 zur Hauptstrecke N 62 und nach Haguenau zurück.

Information in Lembach: Syndicat d'Initiative, 45, Route de Bitche, ☎ 88 94 43 16, Mo–Fr 8–12 und 13–17 Uhr.

Unterkunft in Niedersteinbach: Cheval Blanc, 27, Route de Bitche, ☎ 88 09 55 31, F.
... bei Jaegerthal: Ferme Mellon, an der D 653 zwischen Jaegerthal und Niederbronn, ☎ 88 09 08 47: alter Bauernhof in ländlicher Umgebung, FF.

Restaurant in Lembach: Le Cheval Blanc, 4, Route de Wissem-

Gänsehaut unterirdisch

Die Maginot-Linie

Einst errichtet, um die Deutschen abzuschrecken, ist die Maginot-Linie, Frankreichs befestigter Verteidigungswall an der östlichen Landesgrenze, nun längst zur Sehenswürdigkeit geworden. Interessierte werden (zu Fuß oder motorisiert) durch die teilweise kilometerlangen Stollen zu Kommandozentralen und Kampfständen, zu Feuerleitstellen und Panzertürmen, zu Waschräumen, Feldküchen und Schlafsälen geführt. Bis zu 1200 Frontsoldaten versahen in dieser unterirdischen Welt oft monatelang ihren Dienst – eine Vorstellung, die beklemmende Gefühle und Gänsehaut verursacht.

Auf ihrer gesamten Länge vom Jura bis zu den Ardennen wurde die Maginot-Linie während ihres Baus zwischen 1927 und 1940 mit insgesamt 108 Befestigungswerken, 410 Kasematten (Bunkeranlagen), mehreren hundert Artilleriegeschütztürmen und Beobachtungsposten ausgestattet. Ihren Namen verdankt sie André Maginot, von 1929 bis 1932 Kriegsminister, dem bei Verdun ein Denkmal errichtet wurde. Der Wall, der eine rein defensive Funktion besaß, wurde von deutschen Truppen zu Beginn des Zweiten Weltkriegs umgangen, indem sie durch das neutrale Belgien und die Niederlande nach Nordostfrankreich vorstießen.

Eine der am häufigsten besuchten Anlagen ist **Four à Chaux** (Kalkofen), ein Fort der Maginot-Linie südöstlich von Lembach im Nordelsaß (Öffnungszeiten: Mitte März bis Mitte Nov. tägl. ab 10 Uhr, pro Tag drei bis sechs Führungen, Besichtigungsdauer 1,5 Std., ✆ 88 94 48 62). Das Fort wurde zwischen 1930 und 1935 gebaut und drei Jahre später mit Soldaten besetzt.

Wichtig innerhalb der Maginot-Linie war auch das **Befestigungswerk Simserhof** bei Bitche, das ebenfalls im Nordelsaß unweit der Grenze zur Pfalz gelegen ist. Wer durch diese Gegend fährt, wird zunächst von den militärischen Einrichtungen wenig sehen, denn sie sind überwiegend unterirdisch angelegt. Nur den Betonklotz, der die 7 t schwere Panzertür hält, einige Ausgucke und Panzertürme entdeckt man sofort.

Zur Besichtigung freigegeben ist auch das **Artilleriewerk Schœnenbourg** zwischen Haguenau und Wissembourg in der Nachbarschaft von Hunspach (Mai bis Sept. jeden Sonntag 10–12 und 13.30–18 Uhr;

Besichtigungsdauer: 30 Min.). Diese Festung lag ab Mitte Mai 1940 unter schwerem Artilleriebeschuß. Ihre Besatzung feuerte zur Verteidigung mit ihren 75-mm-Kanonen rund 16 000 Schüsse ab. Am 20. Juni begann die deutsche Luftwaffe dann mit einer Bombardierung, während der ein ›Regen‹ von etwa 3000 Geschossen, Bomben und betonbrechenden Mörsergranaten auf die Bunkeranlagen niederging.

Im südlichen Elsaß sind die **Kasematten von Marckolsheim** östlich von Sélestat zur Besichtigung freigegeben (in der Hauptsaison an Wochenenden 10–12 und 14–17 Uhr).

bourg, ✆ 88 94 41 86, Mo/Di geschlossen: auserlesene Feinschmeckerküche, die überregionale Bekanntheit genießt; FFFF.

...in Oberbronn: Au Cerf, 23, Rue Principale, ✆ 88 09 12 21, Mo abend und Di geschlossen: ein Paradies für Freunde von deftigen ländlichen Gerichten wie Schlachtplatten und Saumagen, am ersten Sonntag im Monat Couscous, FF.

Saverne und Umgebung

Das knapp 11 000 Einwohner zählende Städtchen am Fuß der Saverner Steige wird auch als ›westliches Tor‹ zum Elsaß bezeichnet. Daß hier Jahr für Jahr rund 120 000 Besucher einen Stop einlegen, mag nicht zuletzt mit der verkehrsgünstigen Lage des Ortes zusammenhängen. Denn wer auf der Fahrt von Straßburg nach Paris der Passage über das Vogesengebirge nicht allzuviel Zeit opfern will, wählt die Autobahn an Saverne

vorbei, die an einer nur 410 m hohen Stelle über das Mittelgebirge führt. Diesen Übergang am Col de Saverne kannten offensichtlich bereits die Römer, die am Ausgang des Zorntales die strategisch wichtige Siedlung Tres Tabernae (›Drei Tavernen‹) gründeten. Sie entwickelte sich zu einem wichtigen Handelsplatz und Militärposten, von dem aus die Vogesenpassage zwischen der Rheinebene im Osten und dem lothringischen Plateau im Westen kontrolliert werden konnte.

Im Spätmittelalter war der Name Savernes mit einer der dunkelsten Stunden des Bauernkrieges verbunden: Die Landsknechte des Herzogs Anton von Lothringen schlachteten 1525 etwa 18 000 unbewaffnete Bauern ab, die sich hier versammelt hatten.

Im Dreißigjährigen Krieg nahm Saverne durch Belagerungen und Besetzungen schweren Schaden. Bereits seit dem ausgehenden 18. Jh. begann der Ort als Industrie-

und Handelszentrum Geltung zu erlangen. Vor allem die Mitte des 19. Jh. fertiggestellte Eisenbahnlinie Paris–Straßburg sowie die Eröffnung des Rhein-Marne-Kanals kamen ihm dabei zugute.

Ein guter Ausgangspunkt für eine Stadtbesichtigung ist die Place du Général-de-Gaulle. Hier steht ein Brunnen mit dem Saverner Wappentier, einem Einhorn, das als Inbegriff der Treue und Tapferkeit gilt. Beherrscht wird der Platz vom **Château des Rohan**, das seit Ende des 18. Jh. errichtet wurde. Die Einheimischen nennen es auch das ›elsässische Versailles‹, eine Übertreibung, doch ist das Schloß zweifellos das bedeutendste Bauwerk der Stadt. An seiner Stelle stand im 12. Jh. eine Burg, deren Fundamente teilweise in die Stützmauern des Rhein-Marne-Kanals oberhalb der Schleuse integriert wurden. Am 8. September 1779 legte ein Groß-

brand das Schloß in Schutt und Asche, so daß sich der Fürstbischof von Rohan entschloß, einen größeren und prächtigeren Palast schaffen zu lassen. Nach der Französischen Revolution stand der repräsentative Bau jahrelang leer und verfiel. Napoléon III. ließ ihn 1852 restaurieren und als Altenheim für Beamten- und Offizierswitwen einrichten. Seit 1952 befindet sich das Schloß im Besitz der Stadt Saverne, die hier ein Archäologie- und Geschichtsmuseum untergebracht hat (Musée Archéologique et Historique mit archäologischen und historischen Exponaten aus der Region, Juni bis Sept. tägl. außer Di 14–18 Uhr). Im Nordflügel wird ein Kulturzentrum eingerichtet. Im Schloßpark finden alle zwei Jahre (in den ungeraden Jahren) unter freiem Himmel Theaterfestspiele statt.

Der Weg vom Château zur **Pfarrkirche** führt an einem Garten

Saverne
1 Information
2 Château des Rohan
3 Einhornbrunnen
4 Pfarrkirche
5 Sous-Préfecture
6 Route de Paris Nr. 5
7 Park mit Stadtmauerresten
8 Altes Fachwerkhaus
9 Maison Katz
10 Hôtel de Ville

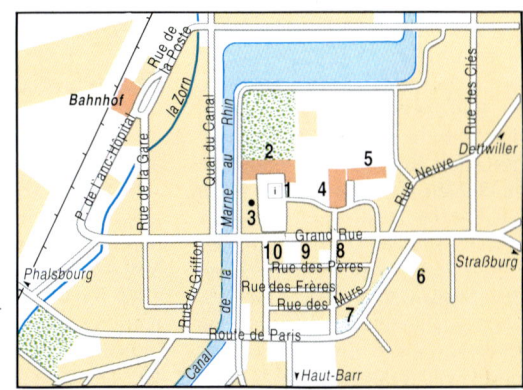

Vertäuter Frachtkahn am Ufer des Rhein-Marne-Kanals in Saverne

vorbei, der früher als Friedhof diente. Die spätgotische Kirche besitzt noch einen romanischen Viereckturm aus dem 12. Jh., während Chor und Schiff im 14. bzw. 15. Jh. fertiggestellt wurden. Östlich der Kirche schließt sich die **Sous-Préfecture** aus dem 17. Jh. an, das Amts- und Landgericht. Früher diente das Gebäude als bischöfliche Kanzlei. Geht man von dort in Richtung Grand' Rue, trifft man an der Kreuzung auf eine Apotheke, deren Platz bis Anfang des 19. Jh. das Obertor der Stadt einnahm. In der nahen **Route de Paris** ist in Haus Nr. 5 aus dem 18. Jh. noch der Torbogen eines Gebäudes aus dem Jahr 1574 erhalten. Einige Schritte weiter gelangt man in einen kleinen Park, in dem man überbaute Reste der mittelalterlichen Stadtmauer sehen kann.

An der Rue des Eglises liegen einige historische Gebäude, so das große Fachwerkhaus an der Ecke zur Rue des Pères. Ein Spaziergang durch die schmalen Straßen Rue des Pères und Rue des Frères ist empfehlenswert, weil hier noch teils auf das 16. Jh. zurückgehende Häuser stehen. Zurück auf der Grand' Rue, sollte man unbedingt der **Maison Katz** aus dem Jahr 1605 einen Besuch abstatten. Sie zählt zu den ältesten und schönsten Lokalen des nördlichen Elsaß und besitzt eine herrliche geschnitzte Fachwerkfassade. Weitere schöne Fachwerkbauten entlang der Grand' Rue sind die **Maison Mitterspach** (Nr. 96) aus dem Jahr 1569 sowie rechts neben dem Rathaus das **Haus Nr. 76** mit seinem dreigeschossigen Erker aus dem Jahr 1575.

Information: Office du Tourisme de Saverne et Environs, Pavillon du Château des Rohan, ✆ 88 91 80 47, Juni bis Sept. Mo–Fr 9–12 und 14–18 Uhr, Okt. bis Mai Mo–Fr 10–12, von Mitte April bis Anf. Nov. Sa/So und feiertags 10–12 und 15–18 Uhr.

Unterkunft: Hôtel Europe, 7, Rue de la Gare, ✆ 88 71 12 07, FF–FFF. De la Marne, 5, Rue de Griffon, ✆ 88 91 19 18, FF.

Jugendherberge: Auberge de Jeunesse, Château des Rohan, ✆ 88 91 14 84, Mitte Mai bis Okt.

Camping: Terrain Municipal, Rue du Père-Liebermann, ✆ 88 91 35 65, April bis Sept.

Restaurants: Du Bœuf Noir, 22, Grand' Rue, ☎ 88 91 10 53, So abend und Di geschlossen: einfallsreiche und sehr schmackhafte Küche, FF. Chez Jean, 3, Rue de la Gare, ☎ 88 91 10 19, So abend und Mo geschlossen: elsässische Spezialitäten, FFF. S'Kärpfel/A La Carpe d'Or, 58, Grand' Rue, ☎ 88 71 20 41, So abend und Mo geschlossen: sehr preiswerte Gerichte, F–FF. Taverne Katz, 80, Grand' Rue, ☎ 88 71 16 56, Di abend und Mi geschlossen: elsässische Spezialitäten in einem der ältesten Lokale des nördlichen Elsaß, FF–FFF.

Verkehr: Züge der Linie Straßburg–Paris bzw. Luxemburg–Metz. Busse von/nach Haguenau, Molsheim, Sarrebourg u. a.

Château du Haut-Barr

Château du Haut-Barr

Einer der beliebtesten Aussichtspunkte in der Umgebung von Saverne ist das etwa 5 km südlich der Stadt gelegene Château du Haut-Barr, das auch als ›Auge des Elsaß‹ bezeichnet wird. Die exponierte Lage der Burg auf einem riesigen Sandsteinfelsen ist einzigartig. Schon vom Parkplatz aus fällt die Teufelsbrücke auf, die den südlichen Felsen mit der Anlage verbindet. Im Innenhof der Festung befindet sich eine romanische Kapelle, die seit dem 12. Jh. aus glatten, sauber verfugten Sandsteinblöcken errichtet wurde. Für einen Franc können sich Besucher von andächtiger Musik empfangen lassen. Im Burghof von Château du Haut-Barr, das für keinen Geringeren als Kaiser Fried-

Giebel und Türme vom Westwerk der
Abteikirche in Marmoutier

rich Barbarossa erbaut wurde, steht
ein neugotisches Herrenhaus, in
dem im Sommer die zahlreichen
Ausflügler bewirtet werden.

Marmoutier

Marmoutier liegt ca. 6 km südlich
von Saverne an der N 4. Der Ort
geht auf ein Kloster zurück, das Abt
Maurus in der ersten Hälfte des
8. Jh. gründete. Die heutige **Abteikirche,** eine Perle der romanischen
Baukunst, entstand zur Zeit der
Kreuzzüge, während der Herrschaftszeit von Kaiser Friedrich
Barbarossa. In der Folgezeit gehör-

te das Kloster zu den begütertsten
und einflußreichsten der Region,
bevor vermutlich während der
Bauernkriege sein Niedergang einsetzte. Nicht seine Plünderung,
wohl aber eine Brandschatzung
konnte Anton von Lothringen mit
seinen Truppen im letzten Moment
verhindern. Den Dreißigjährigen
Krieg überstand jedoch nur die Abteikirche ohne größere Schäden.

An die Glanzzeit des klösterli-
chen Lebens in Marmoutier erinnert in erster Linie die romanische
Westfassade der ehemaligen Abteikirche aus rotbraunem Sandstein,
die wie eine Festung aus den Bürgerhäusern der Stadt ragt. Die von
drei Giebeln gekrönte Fassade flan-
kieren zwei Achtecktürme, zwischen denen sich der viereckige,
36 m hohe Hauptturm erhebt. Obwohl er nur 20 m breit ist, macht

Bäuerliche Landschaft um Saverne

der Bau einen mächtigen Eindruck. Außer der figurengeschmückten Front zeugt auch der Säulen- und Bogenschmuck in der gedrungen wirkenden Vorhalle von der Bildhauerkunst in der Romanik. Das Langhaus ist bereits gotisch geprägt, und der neugotische Chor stammt aus dem 18. Jh.

St-Jean-lès-Saverne

Nördlich von Saverne, jenseits der vielbefahrenen Autobahn Straßburg–Paris, liegt St-Jean-lès-Saverne mit einer 1127 gegründeten ehemaligen Benediktinerabtei, die zum Kloster St. Georgen im Schwarzwald gehörte. Von den ursprünglichen Gebäuden stehen nur noch das Pfarrhaus und die **Abteikirche,** eine mit drei Apsiden versehene dreischiffige Basilika ohne Querhaus. Sie entstand in den ersten zwei Dekaden nach der Klostergründung. Der Turm gibt sich heute unverkennbar barock, doch sein Portal ist eindeutig romanischen Ursprungs, und auch die reichverzierten Beschläge gehen wahrscheinlich auf das 12. Jh. zurück. Beachtung verdient die Architekturplastik: Skulpturen und Halbskulpturen, Blattkapitelle und verzierte Gesimse, eine Vielfalt an Bildhauerarbeiten mit tierischen, pflanzlichen und anderen Motiven.

Neuwiller-lès-Saverne

Wenige Kilometer nördlich von St-Jean-lès-Saverne liegt dieses 1000-Seelen-Dorf, das sich um eine vermutlich schon im 8. Jh. gegründete Benediktinerabtei entwickelte. Zentrum des Ortes ist der von schönen Häusern gesäumte Stiftsplatz. Unter dem Chor der **Abteikirche St-Pierre-et-St-Paul** befindet sich der von einem Tonnengewölbe über-

spannte Grabraum (›Confessio‹), der nach Überzeugung von Kunsthistorikern noch aus karolingischer Zeit stammt. Er soll für die aus Metz herangeschafften Reliquien des dortigen Bischofs errichtet worden sein, durch deren Besitz sich Neuwiller im 12./13. Jh. zu einem bekannten Wallfahrtsort entwickelte. Die Abteikirche selbst weist Spuren von unterschiedlichen Baustilen und Epochen auf. Chor, Quer-

schiff, Kapellen und der mächtige Vierungsturm stammen aus romanischer Zeit, während sich an anderen Bauteilen der Übergang von der Spätromanik zur Gotik zu erkennen gibt oder – wie am Westbau – der barock-klassizistische Stil dominiert.

An die Nordseite des Hauptbaus schließt sich eine Doppelkapelle an, gleichsam der um die Mitte des 11. Jh. entstandene Kern der Kirche. Über der unteren, einer Krypta ähnlichen **Katharinenkapelle** mit gedrungenen Säulen befindet sich die **St-Sebastians-Kapelle**, deren kunstvoll mit Tier- und Blumenmotiven verzierte Kapitelle wie zu Stein erstarrte filigrane Silberziselierungen wirken. Die Bildteppiche aus der zweiten Hälfte des 15. Jh. erzählen Szenen aus dem Leben des heiligen Adelphus. Diesem Heiligen ist die **Eglise St-Adelphe** gewidmet, eine dreischiffige Pfeilerbasilika mit niedrigem Querhaus, die seit Ende des 12. Jh. entstand.

Rundfahrt durch die Nordvogesen

Saverne bietet sich als Ausgangspunkt für Touren durch die abwechslungsreiche Landschaft der Umgebung an. Für die im folgenden beschriebene Route durch die Nordvogesen verläßt man Saverne in nordöstlicher Richtung, überquert bei Steinbourg den Rhein-Marne-Kanal und folgt jenseits der Autobahn der D 6, die am 326 m hohen Bastberg vorbei nach **Bouxwiller** führt. Unter dem Namen ›Puxuvilare‹ wurde der heute rund 3700 Einwohner zählende Ort im 8. Jh. erstmals urkundlich erwähnt. Da er im späten Mittelalter Sitz der Grafen von Hanau-Lichtenberg war, heißt die Gegend bis heute ›Hanauer Ländchen‹. Vom Schloß,

das die hohen Herren seinerzeit bewohnten, ist nur noch die Place du Château übrig sowie die an ihrer Ostseite gelegene ehemalige Schloßkapelle aus dem frühen 15. Jh. Daneben steht die alte Kornhalle. In der ehemaligen gräflichen Kanzlei, einem Renaissancebau aus der zweiten Hälfte des 17. Jh., ist heute das Rathaus untergebracht sowie ein Volkskunde- und Heimatmuseum, das Musée de Bouxwiller et du Pays de Hanau (Mo–Fr 8–12 und 14–18 Uhr, von Mai bis Dez. auch Sa/So 14–18 Uhr, Jan. bis April So 14–18 Uhr). Im historischen Kern des Ortes stehen sehenswerte Fachwerkhäuser, manche über 400 Jahre alt. Ein schöner Spaziergang führt auf den in vielen Sagen und Hexengeschichten verewigten **Bastberg,** der für Hobby-Geologen eine wahre Fundgrube für Fossilien ist. Die Verwaltung des Parc Naturel Régional des Vosges du Nord hat auf dem Berg einen geologischen Lehrpfad angelegt.

Über die D 6 fährt man nach Ingwiller und dann durch das Tal des Flüßchens Moder bis zur Abzweigung der Straße nach Lichtenberg, wo man dem **Château de Lichtenberg** einen Besuch abstatten kann (April bis Okt. tägl. 10–12 und 13.30–18 Uhr). Es liegt wie eine steinerne Krone auf dem 415 m hohen Schloßberg über der Ortschaft. Im Zentrum der Ruinenanlage steht der mächtige, aus dem 13. Jh. stammende Kernbau mit zwei mehrstöckigen Rundtürmen.

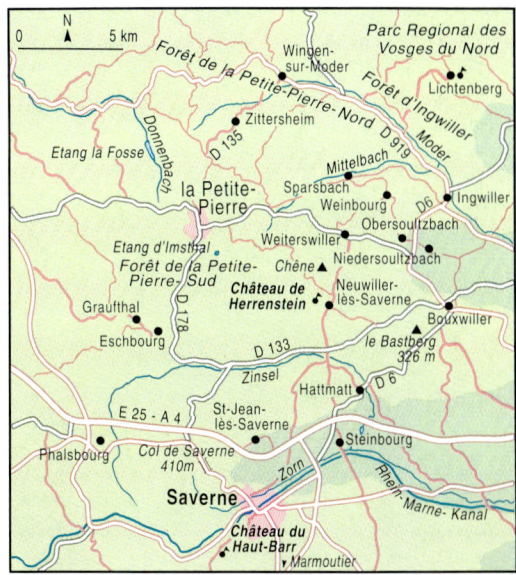

Nordvogesen

Von seiner Plattform läßt sich an klaren Tagen am Horizont sogar das Straßburger Münster erkennen, dessen großartige Westfassade übrigens von Conrad von Lichtenberg in Auftrag gegeben wurde.

Über das durch seine Kristall- und Glasproduktion bekannte Wingen-sur-Moder fährt man nach Zittersheim und von dort weiter zum Städtchen **La Petite-Pierre,** dessen reiche Geschichte sich im historischen Baubestand spiegelt. In erster Linie gilt das für die alte Burg am Ende des Felsspornes, auf dem die Altstadt ihren Platz hat. Die Entstehung der Anlage läßt sich nicht exakt datieren, doch befand sie sich im Jahre 1206 nachweis-

lich im Besitz des Grafen Hugo von Lucelenstein, wovon sich der frühere Burgname Lützelstein (›kleine Burg‹) ableitete. Über die Jahrhunderte hinweg wechselte die Festung häufig ihren Besitzer und erfuhr auch bauliche Veränderungen. Die ältesten, romanischen Teile finden sich im Palas, dessen starke Mauern einen aus zwei Schiffen bestehenden gewölbten Keller mit mehreren kleinen Rundbogenfenstern einfassen. Die hier zu sehenden Kapitelle mit Blatt- und Knospenornamenten lassen auf eine Bauzeit um 1220 schließen. An der Ostseite war die Burg von einer Schildmauer geschützt, die noch an den großen Steinquadern zu er-

kennen ist. Vom fünfeckigen Bergfried existieren nur noch die Fundamente.

Unterhalb der alten Festungsmauer, die nach Plänen Vaubans entstand, führt ein Fußweg um die Altstadt herum. Von ihm gewinnt man einen Eindruck von der imponierenden Gesamtanlage des Ortes. In der Altstadt selbst lohnt sich ein Besuch der mit Wandmalereien aus dem 15. Jh. ausgeschmückten Simultankirche. Sie enthält das Grabmal des Pfalzgrafen Jerrihans.

Das in der Chapelle St-Louis untergebrachte Museum des elsässischen Siegels (Musée du Sceau Alsacien) enthält originale Siegel, historische Dokumente und Faksimile sowie Schilder, Wappen, Helme u. ä. (17, Rue du Château, tägl. außer Mo 10–12 und 14–18 Uhr, von Okt. bis Juni auch So 10–12 und 14–17 Uhr). Im Museum der

In die Längskluft des Felsüberhangs gebautes Haus in Graufthal

nen Nebenlauf der Zinsel, folgt, und biegt dann nach rechts in die D 122 ein, auf der man nach 2,3 km **Graufthal** erreicht. Diese kleine, zwischen felsigen Hügeln eingebettete Gemeinde verdankt ihre Existenz einer seit der ersten Hälfte des 10. Jh. nachgewiesenen Benediktinerabtei, die später mit dem Kloster St. Georgen im Schwarzwald in Verbindung stand. Im 18. Jh. benutzten die Einwohner Graufthals die Steine des inzwischen verfallenen Klosters als Baumaterial. Eine Besonderheit im Ort sind die Felswohnungen, die 1938 unter Denkmalschutz gestellt wurden. Ende des 19. Jh. hatte der Archäologe R. Forrer festgestellt, daß die ersten Grotten von Graufthal im Mittelalter als Lagerschuppen angelegt worden waren. Vermutlich schon im 17. Jh. dienten sie auch als Unterkünfte, und im 18. Jh. traten Steinmauern an die Stelle der ursprünglichen Holzfassaden (Besichtigung der Wohnungen in der Hauptsaison Sa/So 9–12 und 14–18 Uhr).

Von Graufthal fährt man durch das Zinseltal zurück, bis die D 122 scharf nach rechts abknickt. Sie überquert die Autobahn Straßburg–Paris und stößt auf die Nationalstraße N 4, auf der man über den Col de Saverne zum Ausgangspunkt der Rundtour zurückkehrt.

Volkskunst und -traditionen (Musée des Arts et Traditions Populaires) gibt es unter den Exponaten Formen für Weihnachtsgebäck. Daher heißt es auch ›Springerle-Museum‹ (Rue des Remparts, Juli bis Sept. tägl. 10–12 und 14–18 Uhr, Okt. bis Juni nur So 10–12 und 14–16 Uhr).

Man verläßt La Petite-Pierre in südlicher Richtung auf der D 178, die dem Dielebächle, einem klei-

ℹ️ Information in La Petite-Pierre:
Office de Tourisme du Pays de la
Petite-Pierre, Hôtel de Ville, ☎
88 70 42 30, Mo–Fr 9–12 und 14–18
Uhr; Parc Natural Régional des Vosges
du Nord, Maison du Parc-Château, ☎
88 70 46 55, Mo–Fr 9–12 und 14–18
Uhr, Sa/So 10–12 Uhr.

🛏️ Unterkunft in Bouxwiller:
Au Soleil, 71, Grand-Rue,
☎ 88 70 70 06, FF.
…in La Petite-Pierre: Hôtel des Vosges,
15, Rue Principale, ☎ 88 70 45 05,
FF–FFF. Hôtel Lion d'Or, gegenüber
dem Rathaus, ☎ 88 70 45 06, mit Hal-
lenbad/Sauna, FF–FFF. Aux Trois Roses,
an der Hauptstraße, ☎ 88 89 89 00: mit
Hallenbad und Tennisplatz, alle Zimmer mit Farb-TV, FF–FFF.
…in Graufthal: Au Cheval Blanc, 38,
Rue Principale, ☎ 88 70 17 11, einfa-
ches Hotel, FF.
Gîtes d'Etape in La Petite-Pierre: Commune de La Petite-Pierre, 8, Rue du
Château, ☎ 88 70 45 30, ganzjährig geöffnet, zwei Schlafsäle für je zehn Personen, Küche. Centre de Vacances Am-
broise Croizat, 31, Rue d'Ingwiller, ☎
88 70 45 22, Ferienkolonie für Schulklassen und Vereine.
…in Lichtenberg: Commune de Lichtenberg, 7, Rue de la Mairie, ☎
88 89 98 99, Ostern bis Ende Okt., zwei
Zimmer für je acht Personen, mit Küche.
…in Wingen-sur-Moder: Colonie de
Vacances St-Augustin, Rue du Hoch-
berg, ☎ 88 89 71 55 und 88 62 27 15, 15
Dreibettzimmer, Gemeinschaftsküche.

⛺ Camping in La Petite-Pierre: Im-
sterfeld, Route forestière d'Imsthal, kein Telefon, April bis Okt.

🍴 Restaurants in Bouxwiller: Heintz,
84a, Grand-Rue, ☎ 88 70 72 57,
FF.

…in Lichtenberg: Au Château, 4, Place
de l'Eglise, ☎ 88 89 96 11: Pot au Feu
und Wildgerichte, FF.
…in La Petite-Pierre: Hôtel des Vosges,
s. Unterkunft: Fisch- und Wildspeziali-
täten, FFF. Hôtel Lion d'Or, s. Unterkunft: regionale Spezialitäten, wie
Quiche Lützelstein und Foie Gras en
Brioche. Auberge d'Imsthal, an der
Route forestière D 178, ☎ 88 70 45 21:
Süßwasserfische und Wild, FF–FFF.

Rundfahrt durch die mittleren Vogesen

Im Westen von Saverne führt die
D 132 bzw. D 38 am Südufer des
Rhein-Marne-Kanals entlang zur
lothringischen Grenze, die man
nach etwa 9 km erreicht. Der Abstecher in die Nachbarregion des Elsaß
stellt nicht nur eine der landschaftlich lohnendsten Verbindungen in
die mittleren Vogesen her, sondern
führt darüber hinaus zu einer Sehenswürdigkeit ganz besonderer
Art: dem **Schiffshebewerk von St-
Louis-Arzwiller**. Seit 1969 werden
hier Schiffe ›per Lift‹ über einen
Höhenunterschied von 44,55 m
gehoben. Die Vorrichtung erspart
Schiffen bis zu 350 BRT einen rund
4 km langen Umweg auf dem eigentlichen Kanal, auf dem 17
Schleusen passiert werden müssen.
Durch das obere Tal des Flüßchens Zorn geht es auf der D 98
weiter Richtung Süden und dann
auf der D 45 in das Vogesenberg-

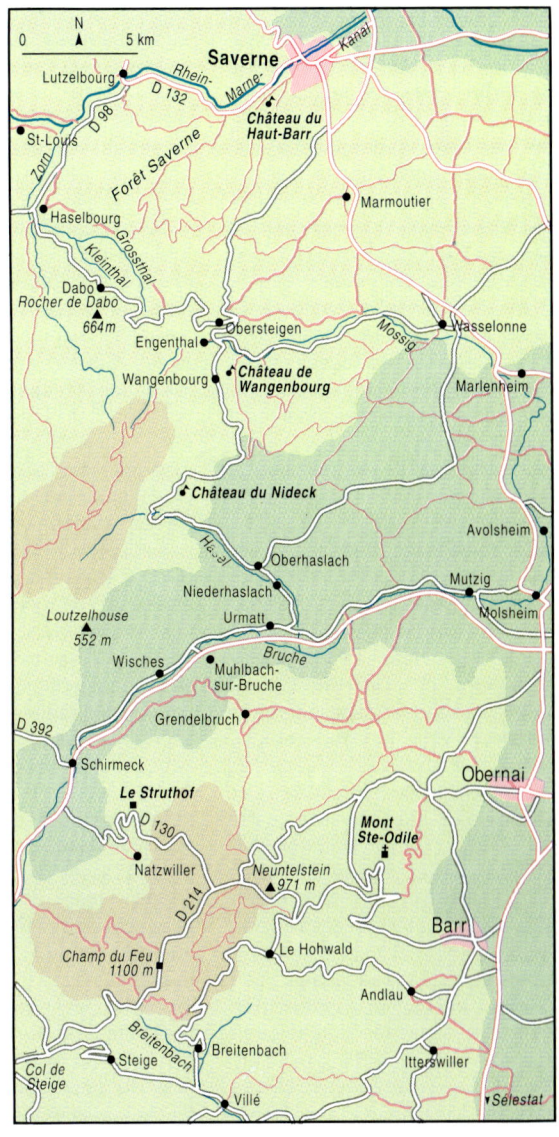

Die mittle-
ren Vogesen

land von **Dabo**, das zu Lothringen gehört. Der gleichnamige Ort liegt am Fuße des 664 m hohen **Rocher de Dabo**, eines hochaufragenden Felsens, auf dem bis Ende des 17. Jh. die Festung der Grafen von Dagsburg thronte. An gleicher Stelle entstand im 19. Jh. die neoromanische Leokapelle. Sie erinnert an den elsässischen Papst Leo IX., dessen Mutter aus Dabo stammte.

Auf der kurvigen Straße D 45 bzw. D 143 kehrt man auf elsässisches Territorium zurück und erreicht über Obersteigen das Feriengebiet **Engenthal-Wangenbourg**, die ›elsässische Schweiz‹. Das verfallene **Château de Wangenbourg**, das man vom Ort aus bequem zu Fuß erreicht, wurde im 13. Jh. erbaut. Durch ein waldreiches Gebiet führt die D 218 weiter bis zum Forsthaus Nideck (rechts der Straße). Von hier kann man der auf einem 600 m hohen Felsen gelegenen Ruine des **Château Nideck** einen Besuch abstatten (eine gute Stunde Fußweg hin und zurück). Die Anlage aus dem 13./14. Jh. ist der malerische Schauplatz der Ballade ›Das Riesenspielzeug‹, die der Dichter und Naturforscher Adelbert von Chamisso schrieb (1781–1838). In der Nähe liegen die 25 m hohen Fälle des Nideckbaches.

Auf der D 218 kommt man nach wenigen Kilometern zu einer markierten Aussichtsstelle, an der man noch einmal einen Blick auf Burg Nideck samt bewaldeter Umgebung werfen kann. Im Tal des Flüß-

chens Hasel geht es dann abwärts über Oberhaslach nach **Niederhaslach** mit seiner sehenswerten gotischen Kirche. Ein Schmuckstück ist der mit einer Rosette ausgestattete Westturm. Im Innern fallen in erster Linie die schönen Buntglasfenster auf.

Etwa 2 km südlich von Niederhaslach erreicht man mit dem Bruche-Tal die Trennlinie zwischen Nord- und Südvogesen. In südwestlicher Richtung überquert man in der Gegend um Wisches eine Sprachgrenze, denn westlich davon hört man Elsässerdeutsch nur noch selten. Von Schirmeck kann man über die D 392 einen Abstecher zum rund 12 km entfernten **Donon** (1009 m) unternehmen.

Südlich von Schirmeck zweigt die D 130 nach links in die Südvogesen ab. Vorbei an Natzwiller geht es bergan. In einer weiten Kurve liegt **Le Struthof**, wo das Nazi-Regime zwischen 1941 und 1944 ein Konzentrationslager unterhielt (April bis Aug. 8–12 und 14–18 Uhr, Sept. bis 24. Dez. 9–12 und 14–17 Uhr, 25. Dez. bis Ende März geschlossen). Dann überquert man ein Hochplateau und stößt bald auf die D 214.

Folgt man ihr nach rechts, kommt man nach ungefähr 5 km zum **Champ du Feu,** der mit 1100 m höchsten Erhebung der mittleren Vogesen. Direkt an der Straße befindet sich ein Aussichtsturm, von dem sich ein weiter Blick über die gesamte Region bietet. Über Breitenbach oder in einem etwas größeren Bogen über den **Col de Steige** und das Dorf Steige kann man nach Villé fahren und dann durch das untere Giessen-Tal nach Sélestat gelangen, von wo man über die N 422 nach Saverne zurückkehrt.

Wer der D 214 in entgegengesetzter Richtung folgt, um kurz danach in die D 130 nach rechts einzubiegen, kommt am 971 m hohen Berg Neuntelstein vorbei nach **Le Hohwald**, einem beliebten Feriengebiet. Vom Mittelalter bis zum Jahr 1867 wurde Le Hohwald von den Bischöfen von Straßburg und den Herren von Val de Villé beherrscht. Nach dem Dreißigjährigen Krieg, der viele Vogesentäler entvölkert hatte, siedelte man dort Kolonisten aus der Schweiz, aus Vorarlberg und aus Tirol an, zu deren Nachfahren heute viele Einwohner der Gegend gehören. Durch das Andlau-Tal fährt man Richtung Andlau bzw. Barr und dann auf der N 422 zurück nach Saverne.

Information in Wangenbourg-Engenthal: Syndicat d'Initiative, Mairie (an der Durchgangsstraße), ℰ 88 87 32 44, Mo–Fr 14–18 Uhr.

Unterkunft in Wangenbourg-Engenthal: Du Parc, 39, Rue de Gaulle, ℰ 88 87 31 72, in schöner Lage, FF. Hostellerie Belle-Vue, 16, Route de Dabo, Obersteigen, ℰ 88 87 32 39, FFF.

Gîtes d'Etape in Wangenbourg-Engenthal: Refuge du Grand Tétras, 2, Impasse des Papillons, ℰ 88 87 34 34, Schlafsaal für 15 Personen, Küche.

Camping in Wangenbourg-Engenthal: Les Huttes, an der D 218, ℰ 88 87 33 12 und 88 87 32 44, April bis Sept.

...in Le Hohwald: Terrain Municipal, Rue du Herrenhaus, ℰ 88 08 30 90, und Terrain Municipal, 15, Rue de Louisenthal, ℰ 88 08 33 41, beide ganzjährig geöffnet.

Restaurants in Wangenbourg-Engenthal: Le Freudeneck, 3, Route de Wangenbourg, Freudeneck, ℰ 88 87 32 91, FF–FFF. Du Windsbourg, 4, Rue du Hengst, Windsbourg, ℰ 88 87 31 83, Di Ruhetag, Holzfällerplatten, F. Aux Huttes, 5, Rue des Huttes, Schneethal, ℰ 88 87 32 67, Fr Ruhetag: Flammenkuchen und Wildbret, FF.

...in Le Hohwald: Auberge de la Rothlach, Le Hohwald, ℰ 88 08 31 88, Fr. Ruhetag, F–FF. Maréchal, 12, Rue du Wittertalhof, ℰ 88 08 31 04, Di Ruhetag, FF–FFF.

Sprachführer

Allgemeines

Guten Tag	bonjour
Auf Wiedersehen	au revoir
Entschuldigung	excusez-moi
Danke/bitte	merci/s'il vous plaît
Ja/nein	oui/non
Einverstanden	d'accord
Wie geht's?	Comment ça va?
Wieviel kostet das?	Combien ça coûte?
Wieviel Uhr ist es?	Quelle heure est-il?
Um wieviel Uhr öffnet…?	A quelle heure ouvre…?
Können Sie mir helfen?	Pourriez-vous m'aider?
Gute Reise	bon voyage
Täglich geöffnet außer sonntags	ouvert tous les jours sauf le dimanche
Dienstags geschlossen	fermé le mardi

Im Restaurant

Können Sie mir ein gutes Restaurant empfehlen?	Pourriez-vous m'indiquer un bon restaurant?
Ist dieser Platz noch frei?	Cette place est libre?
Herr Ober, die Speisekarte, bitte!	Garçon, la carte, s'il vous plaît!
Speisesaal	salle à manger
Ich möchte…	je voudrais…
Wir möchten…	nous voudrions…
…nur etwas trinken	…juste boire quelque chose
…eine Kleinigkeit essen	…manger une petite chose
Ich nehme…	je prends…
Bringen Sie uns bitte…	pourriez-vous nous apporter…
Das war ausgezeichnet	c'était très bon
Die Rechnung, bitte	l'addition, s'il vous plaît
Ich zahle alles	je règle tout
Es stimmt so	gardez la monnaie

Im Hotel

Ich möchte ein Doppelzimmer/ Einzelzimmer.	Je voudrais une chambre pour deux personnes/une personne.
…mit Bad	…avec salle de bains
…mit Dusche	…avec douche
…mit eigener Toilette	…avec des toilettes privées
Ist das Frühstück inbegriffen?	Le petit déjeuner est-il compris?

Haben Sie nichts Billigeres?	N'avez-vous rien de meilleur marché?
Wir bleiben nur eine Nacht	Nous resterons une nuit seulement
…einige Tage	…quelque jours
Handtuch/Seife	serviette/du savon
Nadel und Faden	une aiguille et du fil
Fahrstuhl	ascenseur

Unterwegs

Bitte eine Fahrkarte nach Colmar	Je voudrais un billet pour Colmar
hin und zurück.	aller et retour
Wo ist der Bahnhof?	Où se trouve la gare?
Wann fährt der nächste Bus	A quelle heure est le prochain
nach Rouffach?	car pour Rouffach?
Ich möchte ein Fahrrad leihen.	Je voudrais louer une bicyclette.
Wo ist die nächste Tankstelle?	Où est la station service la plus proche?
Volltanken, bitte	le plein, s'il vous plaît
Öl/Wasser	l'huile/l'eau
Können Sie den Reifen flicken?	Pourriez-vous réparer le pneu?
Könnten Sie mir sagen, wo sich	Pourriez-vous me dire où se trouve
das Museum befindet?	le musée?
Wie komme ich nach Riquewihr?	Comment puis-je aller à Riquewihr?
Darf ich hier parken?	Puis-je me garer ici?
Parken verboten	stationnement interdit
Umleitung	déviation
Rollsplit	gravillons
Langsam fahren	ralentir
Schwerverkehr	poids lourds
Rechts/links halten	serrez à droite/à gauche
Lastwagenausfahrt	sortie de camions
Steinschlag	chute de pierres
Verkehrspolizei	gendarmerie
Touristenbüro	Office de tourisme, syndicat d'initiative

Notfälle

Ich habe eine Autopanne.	Je suis en panne.
Es ist ein Unfall passiert.	Il est arrivé un accident.
Rufen Sie die Polizei!	Appelez la police!
Bitte schicken Sie einen	Pourriez-vous faire venir une
Abschleppwagen.	dépanneuse.
Ich brauche rasch einen Arzt.	J'ai besoin d'un médecin, vite.
Es tut weh.	Cela me fait mal.
Ich bin krank.	Je suis malade.
Ich habe Fieber.	J'ai de la fièvre.
Krankenhaus	hôpital

Tips und Adressen

Bei Scherwiller

Reisevorbereitung

Informationsstellen

...in Deutschland: Informationsmaterial über das Elsaß: Französisches Fremdenverkehrsamt, Westendstr. 47, PF 10 01 28, 60325 Frankfurt, ☎ 0 69/75 60 83 27, Fax 75 21 87; Keithstr. 2–4, 10787 Berlin, ☎ 0 30/ 2 18 20 64, Fax 2 14 12 38.

Französische Kulturinstitute gibt es in Berlin, Bonn, Bremen, Dresden, Düsseldorf, Frankfurt, Freiburg, Hamburg, Hannover, Heidelberg, Karlsruhe, Kiel, Köln, Leipzig und Mainz. In Tübingen befindet sich ein Institut Culturel Franco-Allemand.

...in Österreich: Französisches Fremdenverkehrsamt, Hilton Center 259 C, Landstraßener Hauptstr. 2A, PF 11, 1033 Wien, ☎ 02 22/7 15 70 62, Fax 7 15 70 62 10.

...in der Schweiz: Französisches Verkehrsbüro, Löwenstr. 59, PF 72 26, 8023 Zürich, ☎ 01/2 21 35 78, Fax 2 12 16 44. Office Français du Tourisme, 2, Rue Thalberg, 1021 Genf, ☎ 0 22/7 32 86 10, Fax 7 31 58 73.

Reisezeit

Das Elsaß hat zu jeder Jahreszeit seine Reize. Im Frühjahr beginnt die Blüte meist früher als andernorts in unseren Breiten. Im Sommer bieten die Höhenlagen im Sinne des Wortes Sommerfrische, während die Temperaturen im Rheintal oft kräftig anstei-

gen. Der Herbst ist unbestritten die beste Reisezeit für die Weinbaugebiete an der Ostflanke der Vogesen. Im Winter erfreuen sich die Vogesen bei Wintersportlern großer Beliebtheit.

Reisekasse

In größeren Hotels und Restaurants, in vielen Läden sowie an manchen Tankstellen werden Kreditkarten akzeptiert. Mit Euroscheckkarten kann man an den Automatenschaltern unterschiedlicher Banken täglich bis zu 1000 FF (französische Francs) abheben. Die Umtauschgebühr beträgt jeweils 5 FF. Banken und Postämter lösen Euroschecks über maximal 1400 FF ein, wobei die Umtauschgebühr höher als am Automatenschalter ist. Inhaber von Postsparbüchern können bei vielen Postämtern (entsprechende Verzeichnisse erhält man bei deutschen Poststellen) Francs bis zu umgerechnet 1000 DM pro Tag abheben, innerhalb von 30 Tagen jedoch nicht mehr als insgesamt 2000 DM.

Reisen mit Kindern

Als vornehmlich ländliche Region bietet das Elsaß gute Voraussetzungen für Reisen mit Kindern. Besonders zu empfehlen ist ein Besuch der folgenden Einrichtungen:
Montagne des Singes: Der ›Affenberg‹ ist ein 20 ha großes bewaldetes

Gelände mit mehr als 300 frei herumlaufenden Berberaffen, die mit Popcorn gefüttert werden dürfen (bei Kintzheim, erreichbar über die Straße Richtung Haut-Kœnigsbourg, ✆ 88 92 11 09, April bis 14. Okt. 10–12 und 13.30–18 oder 19 Uhr. 15. Okt. bis 11. Nov. nur Mi, Sa und So).

Volerie des Aigles: Die Attraktion dieser Vogelwarte sind spektakuläre Vorführungen mit Geiern, Adlern und Falken (an derselben Strecke gelegen wie der ›Affenberg‹, ✆ 88 92 84 33, April bis Sept. 14 Uhr bis zur Dämmerung; Demonstrationen Mo–Fr 15 und 16 Uhr, So und feiertags im Sommer 14.30 und 17 Uhr, Okt. bis 11. Nov. nur Mi, Sa und So. Vorführungen können wegen schlechten Wetters abgesagt werden).

Zwischen Kintzheim und Sélestat befindet sich ein kleiner Vergnügungspark mit einer Storchenzucht. Bei Ribeauvillé gibt es ebenfalls eine Storchenzucht, dazu ein Becken, in dem fischfressende Tiere wie Kormorane oder Otter gehalten werden, das **Centre de Réintroduction des Cigognes** (Abfahrt von der Straße zwischen Ribeauvillé und Riquewihr, ✆ 89 73 72 62, April bis Okt. 10–12 und 14–18 Uhr, 1. bis 11. Nov. nur Mi, Sa und So, Vorführungen 15–16 Uhr, im Sommer auch 17–18 Uhr). Eine empfehlenswerte Adresse in Herbsheim ist das **Centre de Loisir** mit einer Pony-Ranch (✆ 88 74 46 79, in der Hochsaison täglich außer Mo), wo man Affen, Störche, Damhirsche und andere Tiere sehen kann. Auf dem Gelände verkehrt ein Mini-Zug für die kleinen und großen Passagiere.

Die Organisation **Gîtes de France** organisiert für Kinder Ferien auf dem Bauernhof sowie in speziellen Ferienzentren für Kinder und Jugendliche (Information: Maison des Gîtes de France, 35, Rue Godot-de-Mauroy, 75009 Paris, ✆ 1-47 42 25 43).

Wissenswertes für Behinderte

Behinderte, die ins Elsaß reisen möchten, sollten sich bei A.P.F., Délégation de Paris, 22, Rue du Père-Guérin, 75013 Paris, einen speziellen Hotel- und Restaurantführer für Frankreich besorgen, der behindertengerechte Häuser aufführt, aber auch nützliche allgemeine Informationen enthält.

Einreisebestimmungen

Mit der Verwirklichung des EG-Binnenmarktes seit 1. Januar 1993 sind im Prinzip die Kontrollen des privaten Reise- und Personenverkehrs an der deutsch-französischen Grenze entfallen. Auch die früheren Beschränkungen für die Mitnahme von Alkoholika und Tabakwaren für den persönlichen Bedarf oder von Geschenkartikeln sind aufgehoben.

Wer ein Haustier mit in den Urlaub nehmen will, muß die Bescheinigung über eine Tollwutimpfung vorlegen können, die vor mindestens vier Wochen durchgeführt wurde, aber auch nicht über ein Jahr zurückliegen darf.

Unterwegs im Elsaß

...mit dem Auto

Das Straßennetz im Elsaß ist im allgemeinen gut ausgebaut. Vorsichtiges Fahren ist an der relativ steil abfallenden Ostflanke der Vogesen geboten, wo sich die Straßen kurvenreich durch das Gelände schlängeln.

Im Elsaß gibt es drei Autobahnen, teils Streckenabschnitte von internationalen Fernstraßen. Die A 36, die mit der deutschen Autobahn A 5 Karlsruhe–Basel verbunden ist, führt an Mulhouse vorbei Richtung Lyon und Paris. Westlich von Mulhouse befindet sich die erste *Péage*-Stelle. Die Autobahn von Basel über Colmar nach Straßburg ist größtenteils fertiggestellt und vorerst noch nicht gebührenpflichtig. Die Autobahn von Straßburg an Haguenau und Saverne vorbei nach Paris ist nur im Einzugsgebiet von Straßburg gebührenfrei.

An den Zahlstellen *(Péage)* werden auch ausländische Währungen akzeptiert. Wechselgeld wird allerdings nur in französischen Francs ausgegeben.

Die französischen *Routes Nationales* (RN) entsprechen den deutschen Bundesstraßen, die Départementstraßen (D) sind mit deutschen Landstraßen vergleichbar.

Tanken: Benzin ist in Frankreich teurer als in Deutschland. Die Preise der Tankstellen miteinander zu vergleichen kann sich lohnen, denn Unterschiede von 30 oder 40 Centimes pro Liter sind keine Seltenheit. Bleifreies Benzin *(essence sans plomb)* ist an den meisten Tankstellen erhältlich; die Zapfsäulen sind grün gekennzeichnet.

Notrufsäulen: Drückt man auf den Knopf, ist man automatisch mit der Gendarmerie verbunden, die einen Pannendienst schicken kann. Bei Reparaturen, die mehr als 30 Min. in Anspruch nehmen, wird das Auto in die Werkstatt abgeschleppt.

Verkehrsregeln: Die Geschwindigkeitsbeschränkung beträgt innerhalb geschlossener Ortschaften 60 km/h, auf Landstraßen 90 km/h. Auf Straßen mit vier Fahrbahnen darf 110 km/h und auf Autobahnen 130 km/h, bei Regen jedoch nur 110 km/h gefahren werden. Kreisverkehr hat immer Vorfahrt. Es besteht Gurtpflicht. Die Promillegrenze liegt bei 0,8. Die Mitnahme der Grünen Versicherungskarte wird empfohlen.

Leihwagen: Leihwagen sollte man in den größeren Städten anmieten, weil das Angebot hier am besten ist. Die Mietpreise entsprechen den international üblichen Standards und sind nach Wagengröße, -typ und Ausleihdauer gestaffelt. Am preisgünstigsten ist die Reservierung eines Wagens durch eine internationale Agentur vom Heimatort aus, weil in Frankreich höhere Steuern anfallen. Für den Abschluß des Vertrages, in dem je nach Unternehmen Freikilometer enthalten sind, genügt ein nationaler Führerschein. Die allgemein üblichen Kreditkarten werden akzeptiert.

...mit dem Bus

Mit Linienbussen gelangt man im Elsaß auch in entlegene Gebiete. Zu den wichtigsten regionalen Linien gehören die folgenden: Busse der S.N.C.F. verkehren von Vogelsheim nahe der deutschen Grenze über Neuf-Brisach nach Colmar. Eine andere Linie verbindet die drei Städte Molsheim, Saverne und Haguenau, und auf einer dritten Strecke fahren Busse von Sélestat durch den Tunnel bei Ste-Marie-aux-Mines bis nach St-Dié in Lothringen. In größeren Orten bieten kommerzielle Busunternehmen Ausflugs- und Rundfahrten, aber auch einen regelmäßigen Linienverkehr in viele Regionen des Elsaß an.

...mit der Bahn

Seit September 1991 verkehren auf der Strecke Straßburg–Mulhouse–Basel die ersten regionalen Hochgeschwindigkeitszüge, die ein Tempo von bis zu 200 km/h erreichen und die gesamte Strecke in rund eineinviertel Stunden zurücklegen. Größter S.N.C.F.-Bahnhof *(Societé Nationale des Chémins de Fer Français)* im Elsaß ist Straßburg. Von hier bestehen Verbindungen nach Mulhouse und Basel, über Saverne nach Paris, über Sarreguemines nach Saarbrücken, über Haguenau nach Wissembourg, nach Lauterbourg sowie über Kehl nach Offenburg. Des weiteren verkehren Züge auf den Strecken Mulhouse–Thann–Kruth, Colmar–Munster–Metzeral, Straßburg–Molsheim–St-Dié sowie Straßburg–Haguenau–Niederbronn–Bitche.

Der Preis einer Fahrkarte setzt sich aus einer von der Zugklasse abhängigen Grundgebühr und dem Betrag für die gefahrenen Kilometer zusammen. Die S.N.C.F. bietet eine Reihe von Fahrpreisermäßigungen an:

Die Ferienkarte *France Vacance*, gültig für das gesamte französische Eisenbahnnetz, gilt für vier Reisetage innerhalb von 15 Tagen oder für neun Reisetage innerhalb eines Monats.

Mit der *Euro-Domino*-Karte dürfen die französischen Züge innerhalb eines Monats an fünf frei auswählbaren Tagen benutzt werden.

Das *Interrail-Ticket* für unter 26-jährige gilt einen Monat lang auf den Bahnstrecken verschiedener europäischer Länder, darunter in Frankreich.

Beim *Billet de séjours* für eine Rundreise bzw. für die Hin- und Rückfahrt zwischen Deutschland und Frankreich werden 25 % Ermäßigung auf den normalen Fahrpreis gewährt; Kinder im Alter von vier bis zwölf Jahren zahlen die Hälfte. Die Fahrstrecke in Frankreich muß mindestens 1000 km betragen und der Aufenthalt im Land einen Sonntag einschließen.

Die *REF*-Karte ist (mindestens drei) gemeinsam reisenden Familienmitgliedern vorbehalten, wobei nur eine Person den vollen Preis zahlt, alle weiteren die Hälfte, Kinder zwischen vier und zwölf Jahren sogar nur 25 %.

Mit der *Jugendgruppenkarte* für mindestens sechs Reiseteilnehmer zahlen Jugendliche unter 18 Jahren 50 % des normalen Fahrpreises. Auf den nur in Frankreich erhältlichen Juniorpaß werden Reisenden unter 26 Jahren an bestimmten Tagen 20 oder

50 % Ermäßigung gewährt (Auskunft an den Bahnhofsschaltern).

Mit der *RES*-Karte zahlen Senioren (Damen ab 60, Herren ab 65 Jahre) 50 % des regulären Fahrpreises.

Informationen über günstige Pauschalangebote für Zugfahrt plus Unterkunft oder Zugfahrt plus Mietwagen erhält man an Bahnhöfen und in Reisebüros.

Vom 1. Mai bis zum 27. September werden auf französischer Seite Ausflugsfahrten auf dem Rhein, auf dem Grand Canal d'Alsace (Rheinseitenkanal) und auf dem Rhein-Rhône-Kanal angeboten, wobei Schleusen passiert werden. *Information:* Sonal, 22, Rue du Ruisseau, 68680 Kembs-Loechle, ✆ 89 48 33 36, Fax 89 48 32 32.

...mit dem Schiff

Kurs- bzw. Sonderfahrten auf den Wasserwegen des Elsaß bietet die Basler Personenschiffahrt. Tägliche Verbindungen bestehen zwischen dem Basler Rheinhafen und Huningue. Einige Sonder- und Ausflugsfahrten führen von Basel über den Rhein-Rhône-Kanal bis nach Mulhouse. *Information:* Basler Personenschiffahrt, Schiffsgelände, Basel, ✆ 061/2 61 24 00; automatische Telefonauskunft über Fahrpläne erhält man unter ✆ 061/2 61 56 42, über Sonderfahrten unter ✆ 061/2 61 29 03.

...mit dem Fahrrad

Die elsässischen Fremdenverkehrsplaner haben in den letzten Jahren zahlreiche Anstrengungen unternommen, um die Attraktivität der Region für Radfahrer zu erhöhen. Neue Radwege wurden angelegt, existierende Routen besser ausgeschildert. Während sich die bergigen Südvogesen eher für Radprofis anbieten, kommen Pedal-Amateure in der Rheinebene, im Sundgau und im Hügelland der Nordvogesen auf ihre Kosten (s. S. 249 f.).

Unterkunft

Hotels

Je nach Reiseziel und -saison ist zur rechtzeitigen Hotelreservierung zu raten. Entlang der Weinstraße, in Straßburg, Colmar und anderen vielbesuchten Orten im Elsaß wird man in der Hochsaison, vor allem an Wochenenden, ohne vorherige Buchung unter Umständen vergeblich nach einer Übernachtungsmöglichkeit suchen. Anders sieht es beispielsweise im südelsässischen Sundgau aus, wenngleich an Wochenenden viele Schweizer zu einer Stippvisite über die Grenze fahren.

Fast überall, zumindest in größeren Orten, stehen Unterkünfte in mehreren Preiskategorien zur Verfügung. Hotels sind mit einem bis vier Sternen (*–****) klassifiziert. Für die Übernachtung in einer Ein-Sterne-Unterkunft, deren Zimmer meist nicht mit eigenem Bad, sondern nur mit einer Dusche ausgestattet sind, muß man mindestens 100 FF veranschlagen. Vier-Sterne-Hotels zählen zur Luxusklasse und kosten pro Zimmer und Nacht ab 500 FF aufwärts. In der Regel schließen die ausgewiesenen Preise kein Frühstück ein (außer bei Luxushotels). Paare haben oft die Wahl zwischen zwei Betten und einem (meist ziemlich schmalen) französischen Doppelbett.

In den praktischen Hinweisen des Leseteils sind die Kategorien der Unterkünfte mit Franc-Kürzeln ausgewiesen: Ein ›F‹ entspricht einem ›*‹, die teuerste Kategorie ›FFFF‹ bedeutet vier oder mehr Sterne (= Preise ab 500–600 FF pro Doppelzimmer).

Ein jährlich aktualisiertes *Hotelverzeichnis* geben die Tourismusbehörden der beiden elsässischen Départements heraus: Office Départemental du Tourisme du Bas-Rhin, Maison du Tourisme, 9, Rue du Dôme, B.P. 53, 67060 Straßburg Cédex, ✆ 88 32 17 77, Fax 88 75 67 64; Association Départementale du Tourisme du Haut-Rhin, Hôtel du Département, 68006 Colmar Cédex, ✆ 89 20 10 68, Fax 89 23 33 91. Diese Broschüre bekommt man auch in vielen Touristeninformationsbüros.

Andere Unterkünfte

Fermes-Auberges: bewirtschaftete Vogesenbauernhöfe, die Übernachtungsmöglichkeiten in Zimmern oder in Schlafsälen anbieten (s. z. B. S. 122 f.).

Gîtes Rurales: einfach ausgestattete Ferienwohnungen auf dem Lande; meist sind sie einem nationalen Verband angeschlossen, dessen ständige Kontrolle ein ausgewogenes Preis-Leistungs-Verhältnis garantiert.

Chambre d'Hôte: Unterkunft mit Frühstück bei Privatleuten, entspricht dem britischen Bed & Breakfast; Ausstattung der Zimmer, Verpflegung und Preise differieren erheblich.

Gîte d'Enfant: Unterkunft für unbegleitete Kinder bei einer Familie auf dem Lande, wo man das bäuerliche Leben kennenlernen kann.

Gîte d'Etape: einfache, mit Jugendherbergen vergleichbare Unterkünfte für Wanderer und Radler, die allein oder in Gruppen unterwegs sind.

Informationen über die Gîtes und Chambres d'Hôtes erteilt: Gîtes de France, Sachsenhäuser Landwehrweg 108, 60598 Frankfurt.

Camping/Caravaning

Im Elsaß gibt es gute Caravaning- bzw. Campingmöglichkeiten. Die Klassifizierung der Plätze (*–***) hängt von ihrer Ausstattung ab. Wasser und Elektrizität sind überall vorhanden. Zu Plätzen mit mehreren Sternen gehören oft ein Tennisplatz, ein Schwimmbad oder andere Sport- und Freizeitanlagen. Die meisten Campingplätze sind nur während der Hauptsaison geöffnet. Ein entsprechendes Verzeichnis geben die Tourismusbehörden der beiden elsässischen Départements heraus (s. o.).

Neben kommunalen und kommerziell betriebenen Anlagen gibt es im Elsaß etwa zwei Dutzend Bauernhöfe, auf deren Gelände gecampt werden kann, und sogenannte *Aires*

Naturelles de Camping, d.h. sehr einfache Plätze ohne Komfort. Die Adressen sind ebenfalls im offiziellen Campingführer enthalten.

Kultur und Unterhaltung

Diskotheken

Auf dem Lande gibt es kaum Diskotheken. Etwas besser ist die Situation in den größeren Städten. Im folgenden einige Adressen:

in Straßburg: La Péniche, Ponts Couverts: Diskothek auf einem ausgedienten Frachtschiff. Le Chalet, 376 Route de la Wantzenau, Straßburg-Robertsau: an der nördlichen Stadtperipherie gelegenes Lokal für etwas etabliertere junge Leute. Centre d'Information pour les Jeunes d'Alsace: die beste Nachrichtenbörse für junge Leute, die wissen wollen, was in der Stadt ›abgeht‹.

in Colmar: Jugendzentrum, 17, Rue Camille Schlumberger: unterschiedliche Veranstaltungen.

in Mulhouse: Centre d'Action Culturelle, 7, Rue Alfred-Engel: das städtische Kulturzentrum bietet zahlreiche Veranstaltungen für junge Leute.

Konzerte/Musik

Das zweifellos vielfältigste Musikangebot gibt es in Straßburg, der Hauptstadt der Region: Großveranstaltungen wie das internationale Musikfestival,

die jährlichen Musikwochen, Orgelkonzerte im Münster und den Kirchen St-Thomas sowie St-Pierre-les-Jeunes und Konzerte des Philharmonieorchesters im Palais de la Musique et des Congrès. Das *Orchestre Philharmonique de Strasbourg* konzertiert auch in Colmar und Mulhouse.

Jazz- und Rockmusik im ›kleineren‹ Rahmen kann man in Straßburg häufig in folgenden Lokalen hören: Zanzib'art, 1, Place Saint-Etienne; Le Funambule, 3, Rue Klein; L'Esclave, 20, Rue du Vieux-Marché-aux-Grains.

Museen

Elsässische Geschichte, Archäologie, Kunst, Volkskunst und Heimatkunde spiegeln sich in der Vielzahl der regionalen Museen wider, von denen vor allem diejenigen in Straßburg, Colmar und Mulhouse eine über die Landesgrenzen hinausreichende Reputation genießen. Am bekanntesten ist wohl das Unterlindenmuseum in Colmar, dessen herausragendes Schaustück der berühmte Isenheimer Altar ist (s. S. 94 f.). In Straßburg findet man insbesondere in den Musées du

Château des Rohan großartige Kunstschätze. Und auch Mulhouse ist reich mit Museen ausgestattet. Ruhetag ist meist der Dienstag.

Theater/Oper

Für die ›klassische‹ Theater- und Opernlandschaft im Elsaß ist in erster Linie die *Opéra du Rhin* zuständig, eine von den Städten Straßburg, Colmar und Mulhouse getragene Einrichtung, deren Produktionen nicht nur im Elsaß zu sehen sind. Die *Opéra du Rhin* arbeitet mit dem Badischen Staatstheater in Karlsruhe, seit einiger Zeit sogar mit der Hamburger Staatsoper zusammen. Ein zweites renommiertes Theater mit Sitz in Straßburg ist das *Théâtre National de Strasbourg*. Daneben gibt es in der elsässischen Hauptstadt, aber auch in Colmar und Mulhouse kleinere Theater mit einem mannigfaltigen Angebot.

Sport und Freizeit

Angeln

Angeln ist im Elsaß eine beliebte Freizeitbeschäftigung. Die örtlichen Touristenbüros informieren über Möglichkeiten zum Erwerb eines entsprechenden Angelscheins, der als Tages- oder Wochenkarte ausgestellt wird.

Gute Angelmöglichkeiten bieten sich beispielsweise im südelsässischen Sundgau entlang der Route de la Carpe frite (s. S. 191 f.).

Jagen

In einigen Teilen der Vogesen bestehen Jagdmöglichkeiten. So verwaltet z. B. das *Office National de la Forêt* (12, Côte de Weinbourg, Ingwiller, ✆ 88 89 42 24) ein rund 1200 ha großes Jagdgebiet zwischen Reipertswiller und Wimmenau. Wer dort auf die Jagd gehen will, muß sich mindestens acht Tage vorher anmelden. Weitere *Informationen* bei: Fédération Départemental des Chasseurs du Bas-Rhin, 5, Rue Staedel, Straßburg, ✆ 88 79 12 77.

Radfahren

Im Elsaß gibt es eine Reihe an Fahrradverleihern. *Mountain Bikes verleiht* Jacky Bergmann, 7, Rue de Zittersheim, Wingen-sur-Moder, ✆ 88 89 75 06, tägl. 8–20 Uhr, So/Mo nur nach Reservierung (auch geführte Touren und Hin- bzw. Rücktransport der Räder per Auto). Auch Claude Taesch, 15, Rue du Prêteur, Haguenau, ✆ 88 73 94 34, bietet Räder an. Weitere Verleihfirmen gibt es an elsässischen Bahnhöfen, so in Colmar, aber auch an verschiedenen deutschen Grenzbahnhöfen, so in Kehl oder Breisach.

Eine *Mountain Bike-Entdeckungstour* mit Begleitung bieten an: Tour Axe, 5, Quai Koch, 67000 Straßburg, ✆ 88 36 08 88, Fax 88 37 04 72 und G.I.E. Tourhotels Alsace, La Claquette, 67570 Rothau, ✆ 88 97 01 95, Fax 88 47 17 34.

Reiten

Pferdeliebhaber, die sich selbst nicht in den Sattel trauen, können auf der im Norden von Straßburg gelegenen Rennbahn der *Société des Courses de Strasbourg* (Hoerdt, ✆ 88 51 32 44) auf ihre Kosten kommen. Wer ein Pferd besitzt und nach Trainingsmöglichkeiten sucht, wende sich an das *Centre Hippique Rural,* Paul Beyer, 14, Grand-Rue, Haguenau, ✆ 88 93 17 27. *Informationen* über Reiterferien: A.D.T.E. Haut-Rhin, Maison des Associations, 5, Rte d' Ingersheim, 68000 Colmar, ✆ 89 24 43 18, Fax 89 23 15 08 und A.D.T.E. Bas-Rhin, 4, Rue des Violettes, 67201 Eckboldsheim, ✆ 88 77 39 64, Fax 88 76 05 46.

Tennis

Mit dem Aufstieg französischer Tennisstars in die Weltrangliste begann sich dieser Sport auch im östlichen Frankreich immer größerer Beliebtheit zu erfreuen. Wer im Urlaub oder während eines Wochenendaufenthalts Spielmöglichkeiten sucht, kann sich jeweils vor Ort in den Tourismusbüros bzw. bei den Gemeindeverwaltungen erkundigen. Außerdem gibt es eine Reihe renommierter Hotels, die über eigene Plätze verfügen, sie in der Regel aber nur an Hausgäste vermieten. In jedem Falle sollte man seine eigene Ausrüstung mitnehmen.

Wandern

Die Vogesen sind eine sehr abwechslungsreiche Landschaft, die zum Wandern wie geschaffen ist. Der elsässische Club Vosgien (Vogesenclub) hat dies schon vor Jahrzehnten erkannt und für den Aufbau eines dichten Netzes von markierten Wanderwegen gesorgt, teils Abschnitte europäischer Fernwanderwege (*Sentiers de Grandes Randonnées* – GR). Dazu zählt z. B. der GR 53, der in Wissembourg beginnt und quer durch den Nordvogesen-Naturpark bis zum Donon führt. *Information:* Comité Central du Club Vosgien, 16, Rue Sainte-Hélène, 67000 Straßburg, ✆ 88 25 57 96. Wanderkarten des Club Vosgien sind ebenso im Handel erhältlich wie zahlreiche Wanderführer.

Die Organisation des *Parc Naturel Régional des Vosges du Nord* hat sich in den vergangenen Jahren bei der Planung und Durchführung von Wandertouren hervorgetan. Gegenwärtig werden im nördlichen Elsaß sieben unterschiedliche Touren mit einer Länge zwischen 35 km (3 Tage) und 165 km (11 Tage) angeboten. Im Preis sind jeweils Übernachtungen, Frühstück und Abendessen, Gepäckbeförderung, Eintrittskarten für eine bestimmte Anzahl von Museen und Kartenmaterial inbegriffen. Zudem kann man zwischen unterschiedlichen

Hotelkategorien wählen. *Information/ Buchung:* Maison du Parc, F 67290 La Petite-Pierre, ✆ 88 70 46 55, Fax 88 70 41 04.

Auch die verschiedenen Lehrpfade bieten sich zum Wandern an. Auf den Weinlehrpfaden, die viele Kommunen entlang der bekannten Weinstraße anlegten, erhalten Spaziergänger Informationen über Rebsorten, Anbaugebiete u. ä., die auf Tafeln angebracht sind. Die Verwaltung des Nordvogesenparks hat am Bastberg den ersten geologischen Lehrpfad im Elsaß (rund 6 km Länge) eingerichtet. Im Naturschutzgebiet Petite Camargue am Oberrhein gibt es drei jeweils 2–3 km lange Naturlehrpfade mit Erläuterungen zu landschaftlichen Phänomenen und zur heimischen Flora und Fauna. *Information:* Centre d'Initiative à la Nature de l'Au, Rue de la Pisciculture, 68300 St-Louis, ✆ 89 69 08 47.

Wassersport / Bootstouren

In den vergangenen Jahren sind Ferien auf dem Wasser immer populärer geworden, so auch auf dem Rhein-Marne-Kanal und dem Rhein-Rhône-Kanal, wo man Boote unterschiedlicher Kategorien leihen kann.

Wurden die Kanäle ursprünglich als kostengünstige Transportwege, v. a. für Schwergut gebaut, so nimmt nun ihre Bedeutung für den Tourismus immer mehr zu. Um einen kleineren Kahn zu steuern, braucht der Freizeitkapitän kein Patent. Eine kurze Unterweisung genügt, und die Formalitäten sind normalerweise schnell erledigt. Die Dieselmotoren

sind auf eine Fahrgeschwindigkeit von 5 bis 10 km/h gedrosselt. Die Zeichen der Flußschiffahrt und das Durchqueren von Schleusen hat man schnell erlernt.

Die Boote sind unterschiedlich ausgestattet. Zur Standardausrüstung gehören eine Küche mit Kühlschrank, Heizung, WC, Waschbecken, Dusche und eine der Personenzahl entsprechende Bettenzahl. Hunde dürfen mitgenommen werden. Für einen Kanalurlaub sollte man sich Zeit nehmen, weil viele Schleusen zu bewältigen sind, die im Normalfall von 17–9 Uhr geschlossen sind. *Information/Buchung:* Kühnle-Tours GmbH, Nagelstraße 4, 70182 Stuttgart, ✆ 07 11/16 48 20, Fax 1 64 82 60; Locaboat Plaisance GmbH, Ludwigstr. 1, 79098 Freiburg, ✆ 07 61/38 10 85.

Wintersport

Daß sich das Elsaß auch für den Wintersport anbietet, ist kaum bekannt. In einigen Gebieten der elsässischen Vogesen bestehen jedoch ausgezeichnete Möglichkeiten für den Skisport. Zu den größeren Skisportzentren zählen Champ du Feu mit 13 Liften, Le Markstein mit sieben und La Bresse mit 38 Pisten für Ski alpin.

Weitere Abfahrtspisten gibt es in Bussang, am Grand Ballon und am Ballon d'Alsace sowie in Le Hohwald, Gaschney und Frenz, Le Bonhomme, am Col de la Schlucht, in Orbey und Schnepfenried. Zudem gibt es hervorragende Langlaufmöglichkeiten auf instandgesetzten Loipen, z. B. im Mossig-Tal, am Donon, in der Gegend um den Champ du

Feu, bei La Petite-Pierre, in Nieder-bronn-les-Bains sowie im Tal der Bruche.

Schneetelefon:
Haut-Rhin ✆ 89 41 34 76
Bas-Rhin ✆ 88 32 58 00

Praktische Informationen von A bis Z

Ärztliche Versorgung

Wer sich bei seiner Krankenkasse einen Auslandskrankenschein besorgt hat, kann diesen im Elsaß bei der jeweiligen Ortskasse *(Caisse primaire d'assurance maladie)* bzw. beim Bürgermeister *(Mairie)* in einen französischen Krankenschein *(feuille de soins l'assurance maladie)* umtauschen, um kostenlos behandelt zu werden. Wer keinen französischen Krankenschein besitzt, muß Arztrechnungen an Ort und Stelle bezahlen. Allerdings kann man die Rechnung zwecks (zumindest teilweiser) Erstattung der Kosten bei der Krankenkasse im Heimatland einreichen. Nicht in jedem Fall wird die ausgegebene Summe in vollem Umfang zurückgezahlt.
Allgemeine Notrufnummer: 17

Apotheken

Apotheken sind mit der Aufschrift *Pharmacie* gekennzeichnet. Nachts ist ein wechselschichtiger Notdienst eingerichtet. Die jeweils diensthabende *Pharmacie du Nuit* ist auf einer Tafel angezeigt.

Auskunft

In den meisten stark besuchten Orten gibt es ein *Office de Tourisme* oder ein *Syndicat d'Initiative*, die Informationsmaterial über den Ort und meistens auch einen Stadtplan bereithalten. Außerdem kann man hier Auskünfte über Verkehrsverbindungen, Unterkünfte u. ä. einholen.

Diplomatische Vertretungen

Deutsches Generalkonsulat – Außenstelle: 15, Rue des Francs-Bourgeois, 67081 Strasbourg, ✆ 88 32 61 86

Generalkonsulat der Republik Österreich: 20, Avenue de la Paix, 67001 Strasbourg, ✆ 88 36 64 04 sowie 88 35 13 94

Schweizer Konsulat: 11, Boulevard du Président-Edwards, 67083 Strasbourg, ✆ 88 35 00 70

Einkaufen

Typische Mitbringsel aus dem Elsaß sind ›klassische‹ Landesprodukte wie Munsterkäse und Wein, die man am günstigsten auf den Wochenmärkten der Dörfer bzw. in Winzereien und Käsereien kauft. Sehr beliebt sind auch die vielerorts angebotenen Töpferwaren, die vor allem in Soufflenheim und Betschdorf hergestellt werden (s. S. 205 f.), darunter Weinkrüge aus Steingut mit kobaltblauen Verzierungen.

Gutsortierte Kaufhäuser und Supermärkte findet man nur in den größeren Städten, während man sich in den Dörfern häufig mit einer Bäckerei und einer Fleischerei zufriedengeben muß. Die meisten Lebensmittel sind teurer als in Deutschland. Ladenschlußzeiten sind nicht gesetzlich geregelt. Die meisten Geschäfte öffnen von 9–12 und von 14–18 Uhr, Supermärkte und Kaufhäuser oft bis 21 Uhr. Viele Konditoreien bieten auch am Sonntagvormittag ihre Produkte an.

Elektrizität

Üblich sind 220 Volt Wechselspannung. Da auch noch 110-Volt-Anschlüsse existieren und die Steckbuchsen keine einheitliche Form haben, sollte man einen Adapter mitnehmen.

Feiertage

Gesetzliche Feiertage: 1. Januar (Neujahrstag), Ostermontag, 1. Mai (Tag der Arbeit), 8. Mai (Waffenstillstand 1945), Christi Himmelfahrt, Pfingstmontag, 14. Juli (Nationalfeiertag, Sturm auf die Bastille 1789), 15. August (Mariä Himmelfahrt), 1. November (Allerheiligen), 11. November (Waffenstillstandsabkommen des Jahres 1918) und 25. Dezember (erster Weihnachtsfeiertag).

Feste

Viele der lokalen und regionalen Feste und Veranstaltungen sind auch für Nicht-Elsässer interessant. Die genauen Daten erfährt man in den Touristenbüros und über die Tagespresse.

Januar
Schlittenhundrennen zwischen Col de la Schlucht und Gazon du Faing

Februar
Faschingsumzug in Saverne und Marlenheim

März
Scheibenschlagen in Offwiller
Internationales Filmfestival in Straßburg
Marathonlauf in Soufflenheim

April
St. Georgsfest in Molsheim (23. 4.)

Mai
Wallfahrt in Trois-Epis
Frühlingsfest in St-Hippolyte
Maiglöckchenfest in Neuf-Brisach

Juni
Pfingstfest mit Trachtenumzügen in Wissembourg
Rosenfest in Saverne
Lindenfest in Hoffen
Gugelhupf-Fest in Ribeauvillé
Tannenverbrennung in Thann
Licht- und Tonschau in Riquewihr

vor dem Dolder (Juni bis Sept. freitags um 22 Uhr)

Juli
Internationale Musikfestspiele in Straßburg
Sommerfestival in Saverne
Floh- und Antiquitätenmarkt in Harskirchen
Waldfest in Hunspach
Streisselhochzeit in Wissembourg
Heidelbeerfest in Dambach-Neunhoffen
Arbogastus-Fest in Haguenau
Volksschauspiel ›Der Ami Fritz‹ mit Trachtenumzug in Hunawihr (2. So)
Fest des Pinot noir in Rodern
Weinfest in St-Hippolyte
Kirschenfest in Thannenkirch
Flußschiffer-Fest in Illhaeusern
Brunnenfest in Wangen an der Weinstraße (So nach dem 3. 7.)
Weinfest in den Orten Barr und in Ribeauvillé
Mineralienschau und -börse in Ste-Marie-aux-Mines (erstes Juliwochenende)
Festival des Nations in Munster

August
Pfeifertag mit historischem Festzug in Bischwiller
Hopfenfest in Haguenau
Pferdefest in Niederbronn-les-Bains
Mandelbaum-Fest in Mittelwihr (1. So)
Elsässer Weinfest in Bennwihr (2. So)
Winzerfest in Dambach-la-Ville (1. So)
Volksfest ›Hochzeit des Ami Fritz‹ in Marlenheim
Weinfest in Colmar und Sélestat
Bierfest in Schiltigheim

September
Töpferfest in Betschdorf
Fest der lokalen Spezialitäten in Obersteinbach
Internationale Musikspiele ›Musica‹ in Straßburg (bis Okt.)
Fest der Gaukler und Spielleute in Ribeauvillé (1. So, der ›Gratisweih‹ wird mit dem Eintritt bezahlt)
Sauerkrautfest in Colmar
Sélest'art (Ausstellung von Amateurkünstlern) in Sélestat
Altabürafascht (Altbauernfest) in Bernwiller
Fête du Pain (Brotfest) in Michelbach-le-Haut
Corso des Capitales Européennes in Rosheim

Oktober
Weinlesefest und Jahrmarkt in Marlenheim
Kastanienfest in Oberbronn
Weinfest mit Umzug in Barr (1. So)
Traubenfest in Molsheim

Dezember
Odilienfest auf dem Mont Ste-Odile

Geld und Geldwechsel

Ein französischer *Franc* (FF) ist in 100 *Centimes* (c) unterteilt. Die kleinste Münze ist das Fünf-Centimes-Stück, die größte das Zehn-Franc-Stück. Banknoten gibt es von 10 bis 500 FF. Banken sind meist Mo–Fr 9–12 und 14–16 Uhr geöffnet. Hotels legen gewöhnlich einen ungünstigeren Wechselkurs zugrunde als Banken.

Märkte und Messen

Colmar: Wochenmarkt am Do und Sa; Antiquitätenmarkt am 1. und 3. Fr im Monat; Weinmarkt im Parc des Expositions im August; Marché de Noël (Weihnachtsmarkt) auf dem Dominikanerplatz im Dezember
Durmenach: Büramart (Bauernmarkt) im September
Folgensbourg: Haffelemarkt (Töpfereimarkt) im Juli
Guebwiller: Christkindlämarkt um das Dominikanerkloster an den beiden letzten Wochenenden vor Weihnachten
Habsheim Simon-und-Judas-Markt, größter Jahrmarkt des Elsaß, jeweils im Oktober
Haguenau: Weihnachtsmarkt in der Fußgängerzone ab Ende November
Husseren: *Fêtes des Guinguettes d'Europe* (Fest der Gartenlokale) im Juli
Kaysersberg: Weihnachtsmarkt an den Adventswochenenden
Molsheim: Weinmarkt am 1. Mai; Weihnachtsmarkt im Dezember
Mulhouse: Flohmarkt jeden letzten So im Monat; Weihnachtsmarkt auf der Place de la Réunion vom 6. bis 29. Dezember
Obernai: Weihnachtsmarkt auf der Place de l'Etoile im Dezember
Riquewihr: Auf der Place Trois-Eglises Weihnachtsmarkt am dritten Adventswochenende
Rixheim: Wochenmarkt jeden Do vormittag
Rosheim: Weihnachtsmarkt auf der Place de la République an den beiden Wochenenden vor Weihnachten
Rouffach: Wochenmarkt jeden Sa vormittag; Ökomesse im Mai; eintä-

giger Weihnachtsmarkt auf der Hauptstraße Mitte Dezember
Sélestat: Wochenmarkt am Marché aux Choux jeden Di vormittag
Soufflenheim: Antiquitätenmarkt im September
St-Louis: Wochenmarkt jeden Sa vormittag; Büchermesse im April; Quartalsmarkt auf der Avenue du Général-de-Gaulle jeden dritten Monat im Jahr
Straßburg: Frühlingsmesse im Parc des Expositions im Mai; Johannismesse im Parc des Expositions und Internationales Musikfestival Ende Juni, Anfang Juli; Europamesse auf dem Ausstellungsgelände im September; Christkindlesmarkt am Rathaus von Ende November bis zum Heiligabend
Ste-Marie-aux-Mines: Mineralienbörse im Juli

Post

Postämter (abgekürzt: PTT) gibt es auch in den meisten kleineren Orten. Öffnungszeiten sind in der Regel Mo–Fr 9–12 und 14–18.30 Uhr.

Restaurants

Für ein aus Vorspeise, Hauptgericht und Nachtisch bestehendes Menü muß man mindestens 80 FF veranschlagen, für ein Touristenmenü im Durchschnitt zwischen 90 und 100 FF. Essenszeit ist von 12–14 und von 18–21 Uhr. Viele einfachere Restaurants servieren die Mahlzeiten in Speiseräumen, die von den dazugehörigen Bars abgetrennt sind.

Preiskategorien sind in den praktischen Hinweisen des Leseteils mit Franc-Symbolen gekennzeichnet. Ein ›F‹ steht für durchschnittliche Preise bis etwa 80, ›FF‹ bis 150, ›FFF‹ bis 240 und ›FFFF‹ über 240 FF pro Menü. Die Auflistung beginnt mit den besten Restaurants, die in der Regel auch die teuersten sind.

Sicherheit

Bei Unfällen und Notfällen wendet man sich in den Städten an die Polizei, auf dem Land an die Gendarmerie, die in vielen Orten Posten unterhält. **Notruf** ✆ 17.

Auf Parkplätzen in vielbesuchten Orten mahnen Schilder, keine Wertsachen im Auto zu lassen. Diesen gutgemeinten Rat sollte man gerade in der Hochsaison beherzigen. Geld, Ausweise, Kreditkarten, Fotoausrüstung und andere Wertgegenstände sollte man nicht unbeaufsichtigt im Hotelzimmer oder gar in einem Zelt zurücklassen, sondern – wenn möglich – im Hotelsafe deponieren.

Telefonieren

Zahlreiche Telefone in öffentlichen Telefonzellen funktionieren nur mit einer Telefonkarte *(télécarte),* die in der Post, in Tabakläden, manchmal auch in Restaurants und Hotels erworben werden kann. Für Münztelefone benötigt man 1-, 2- oder 5-FF-Stücke.

Die Tarife für Ferngespräche sind nach Tageszeit gestaffelt: Zwischen 12 und 13.30 Uhr sowie nach 18 Uhr

reduzieren sich die Telefongebühren; am niedrigsten sind sie zwischen 23 und 8 Uhr (sie betragen dann nur 60 % des Normaltarifes). Bei Auslandsgesprächen ist die ›19‹ vorzuwählen, nach Ertönen des Brummtons dann die jeweilige nationale Vorwahl (Deutschland 49, Schweiz 41, Österreich 43), die Ortsvorwahl ohne Null und schließlich die Rufnummer des gewünschten Teilnehmers.

Die französischen Rufnummern haben acht Ziffern, wobei die ersten zwei der Vorwahl des Départements entsprechen.

Trinkgeld

Im allgemeinen läßt man in Bars und Restaurants ein Trinkgeld zurück. Ähnliches gilt für Zimmermädchen in den Hotels. Taxifahrern und Platzanweiserinnen im Kino oder Theater gibt man einen Zuschlag von 10 bis 15 Prozent, Gepäckträgern im Hotel ein Trinkgeld je nach Gepäckmenge.

Zeitungen

Die großen überregionalen Zeitungen ›Le Monde‹, ›Le Figaro‹, ›Libération‹ und ›L'Humanité‹ dominieren die ›Presselandschaft‹ im Elsaß. Doch gibt es zwei bedeutende zweisprachige Regionalzeitungen: ›Dernières Nouvelles d'Alsace‹ sowie ›L'Alsace‹, die auch als deutschsprachige Ausgabe auf den Markt kommt. In diesen Presseorganen findet man Hinweise auf Veranstaltungen in der Region.

Abbildungsnachweis

Archiv für Kunst und Geschichte, Berlin   S. 25, 28, 44, 45, 46, 95

Manfred Braunger, Freiburg   Titel, Umschlagrückseite, Umschlagklappe vorn/hinten, S. 10/11, 19, 40 o., 52, 69, 71, 77, 98, 101, 103, 107, 115, 119, 120, 122, 135, 153, 162, 164, 179, 187, 194/195, 198, 213, 224/225, 226, 232/233

Christian Heeb, St. Gallen   S. 1, 17, 109, 110, 138/139, 144, 158/159, 176, 181, 228/229

Christian Heeb/Look, München   S. 48/49, 82/83, 184/185

Gernot Huber/Laif, Köln   S. 8, 40/41 u., 64/65, 75, 87, 88, 91, 208/209, 220

Petra Juling, Bonn   S. 57

Luise Oertel, Odenthal-Glöbusch   S. 41 li. und re., 59

Werner Richner, Saarlouis   S. 2/3, 30, 51, 55, 58, 74, 84/85, 100, 112/113, 123, 129, 148, 150/151, 156, 172, 174, 205, 217, 227, 240

Werner Stuhler, Hergensweiler   S. 22/23, 35, 38, 43, 97, 130/131, 169, 189

Martin Thomas, Aachen   S. 31, 154, 167

Karten und Pläne: DuMont Buchverlag, Köln

Register

Personen, Völker

Adolf von Nassau 154
Alemannen 24, 29, 66, 137, 187
Anton von Lothringen, Herzog 27, 171, 222, 227
Antony, Bernard 190
Arbogast, Bischof 66, 146, 210
Ariovist 24, 142
Armagnaken 27, 143, 154
Arp, Hans 43, 88

Baldung Grien, Hans 42, 87, 97
Bartholdi, Frédéric Auguste 27, 43, 97, 101, 102
Benni, Claude-Gérard 35
Blondel, Jean-François 84
Bockstorffer, Christian 102
Bongart, Hans 156, 169
Brant, Sebastian 45, 67
Brion, Friederike 69
Brion, Johann Jacob 69
Bruno von Eguisheim s. Leo IX.
Büchner, Georg 47, 130

Burckhardt, Jacob 195
Bucer, Martin 67

Cäsar, Gaius Julius 24, 50, 142
Chamisso, Adelbert von 236
Charles VIII. 81
Chatrian, Alexandre 47
Clairvaux, Bernard de 191
Clodwig, König 24
Clothar II., König 24
Columbanus, Missionar 24
Conrad von Lichtenberg 231
Cotte, Robert de 78

Dagobert I., König 24
Dagobert II., König 146
Dasypodius, Conrad 76
Dietrich, de 81
Doesburg, Theo van 88
Dürer, Albrecht 42, 94

Ebhardt, Bodo 167
Edward III., engl. König 26
Eguisheim-Dagsburg, Grafen von 152, 154, 210 f., 236

Erasmus von Rotterdam 67
Erckmann, Emile 47
Erwin von Steinbach 37, 42, 67, 73, 75, 140
Eticho, Herzog 24, 176
Etichonen, Herrschergeschlecht 24

Felsenstein, Hans von 130
Ferrette, Grafen von 141, 190, 192 f.
Fischart, Johann 45, 67
Forret, R. 233
Franken 26, 43
Friedrich I. Barbarossa 26, 43, 73, 92, 168, 176, 211, 226 f.
Friedrich I., Fürst von Württemberg 161
Friedrich II. von Hohenstaufen, Kaiser 181
Friedrich von Staufen (Büren) 26, 36
Friedrich der Einäugige, Herzog 212
Friedrich der Große 77, 115

Gabriel, Jean 106
Gerhaert von Leyden, Nikolaus 42
Geiler, Johannes (von Kaysersberg) 45, 67, 156